Fábio
Dantas

O poder do
Arcanjo
Miguel

Fábio
Dantas

O poder do Arcanjo Miguel

UMA JORNADA DE
ENSINAMENTOS COM UM
DOS MAIORES ANJOS
GUERREIROS DE DEUS

academia

Copyright © Fábio Dantas, 2025
Copyright © Editora Planeta do Brasil, 2025
Todos os direitos reservados.

Preparação: Ligia Alves
Revisão: Valquíria Matiolli e Caroline Silva
Projeto gráfico e diagramação: Gisele Baptista de Oliveira
Ilustrações de miolo: Jean Carlo da Silva
Capa: Anderson Junqueira
Imagem de capa: Naypong Studio / Shutterstock

O conteúdo a seguir é baseado nas experiências profissionais e estudos do autor. Seu objetivo é fornecer material útil e informativo sobre os assuntos abordados e de maneira alguma substitui aconselhamento médico ou psicológico.

DADOS INTERNACIONAIS DE CATALOGAÇÃO NA PUBLICAÇÃO (CIP)
ANGÉLICA ILACQUA CRB-8/7057

Dantas, Fábio
    O poder do Arcanjo Miguel : uma jornada de ensinamentos com um dos maiores anjos guerreiros de Deus / Fábio Dantas. -- São Paulo : Planeta do Brasil, 2025.
    272 p. : il.

Bibliografia
ISBN 978-85-422-2990-5

1. Miguel (Arcanjo) 2. Anjos 3. Espiritualidade 4. Ocultismo I. Título

24-5327   CDD 235.3

Índice para catálogo sistemático:
1. Miguel (Arcanjo)

Ao escolher este livro, você está apoiando o manejo responsável das florestas do mundo

2025
Todos os direitos desta edição reservados à
Editora Planeta do Brasil LTDA.
Rua Bela Cintra, 986, 4º andar – Consolação
São Paulo – SP – 01415-002
www.planetadelivros.com.br
faleconosco@editoraplaneta.com.br

❝ Houve uma grande batalha: Miguel e seus anjos lutaram contra o dragão. O dragão também lutou, junto com seus anjos, mas foram derrotados, e não houve mais lugar para eles no céu."

– Apocalipse, 12:7-8

A você, que se conecta com este livro, dedico meus sinceros votos de luz e sabedoria. Que cada palavra aqui escrita se torne um farol em sua jornada espiritual, iluminada pela força e proteção do Arcanjo Miguel, dedicado defensor e guia ao qual expresso minha profunda gratidão.

Desejo que você encontre coragem e inspiração para enfrentar os desafios da vida, confiando na presença constante e protetora desse poderoso guardião celestial. Que sua luz nos inspire a abraçar nossa própria essência e a caminhar com confiança sob suas asas protetoras.

17 **Apresentação à nova edição**

18 **Prefácio**

20 **Introdução**

Capítulo 1
25 **Hierarquia angelical**
- 32 PRIMEIRA HIERARQUIA
  - 32 Serafins
  - 33 Querubins
  - 34 Tronos
- 34 SEGUNDA HIERARQUIA
  - 34 Dominações
  - 35 Virtudes
  - 35 Potestades
- 36 TERCEIRA HIERARQUIA
  - 36 Principados
  - 37 Arcanjos
  - 37 Anjos
- 38 COMUNICAÇÃO COM OS ANJOS
- 39 ANJO DA GUARDA E DATA DE NASCIMENTO
- 42 MEDITAÇÃO PARA SE CONECTAR COM O ANJO DA GUARDA

Capítulo 2
43 **Quem é o Arcanjo Miguel?**

- **57** A LINHA SACRA DO ARCANJO MIGUEL NO PLANETA
  - 58 Os sete santuários da Linha Sacra
- **61** MEDITAÇÃO PARA SE CONECTAR COM O ARCANJO MIGUEL

Capítulo 3
63 **Os sete raios e sua missão de vida**

- **70** APRENDA A CALCULAR O SEU RAIO
- **71** PRIMEIRO RAIO – AZUL – DOMINGO
- **73** SEGUNDO RAIO – DOURADO – SEGUNDA-FEIRA
- **75** TERCEIRO RAIO – ROSA – TERÇA-FEIRA
- **78** QUARTO RAIO – BRANCO – QUARTA-FEIRA
- **80** QUINTO RAIO – VERDE – QUINTA-FEIRA
- **81** SEXTO RAIO – RUBI – SEXTA-FEIRA
- **84** SÉTIMO RAIO – VIOLETA – SÁBADO
- **86** EXERCÍCIO DE CONEXÃO COM SEU RAIO CÓSMICO

Capítulo 4
89 **Os sete arcanjos**

- **93** ARCANJO MIGUEL
  - 94 Oração ao Arcanjo Miguel
- **94** ARCANJO JOFIEL
  - 96 Oração ao Arcanjo Jofiel
- **96** ARCANJO SAMUEL
  - 97 Oração ao Arcanjo Samuel
- **98** ARCANJO GABRIEL
  - 99 Oração ao Arcanjo Gabriel

100 ARCANJO RAFAEL
    101 Oração ao Arcanjo Rafael
102 ARCANJO URIEL
    102 Oração ao Arcanjo Uriel
103 ARCANJO EZEQUIEL
    104 Oração ao Arcanjo Ezequiel
105 MÚSICAS DOS ARCANJOS
106 COMUNICAÇÃO COM OS ARCANJOS
107 DIVÓRCIO ENERGÉTICO
    107 Fazendo o divórcio energético

Capítulo 5
109 **Chakras, cromoterapia, cristais, velas e incensos**

    111 CHAKRAS

    111 CROMOTERAPIA

    113 CRISTAIS

    115 VELAS

    116 INCENSOS

    119 BANHO DE ERVAS PARA SE CONECTAR COM OS ANJOS E FORTALECER O ESPÍRITO

    120 ASSOCIAÇÕES
        120 Chakra básico ou raiz (Muladhara)
        122 Chakra umbilical ou sacral (Svadhisthana)
        123 Chakra plexo solar (Manipura)
        125 Chakra cardíaco (Anahata)
        127 Chakra laríngeo (Vishuddha)
        128 Chakra frontal (Ajna)
        129 Chakra coronário (Sahasrara)

    131 MEDITAÇÃO PARA ALINHAMENTO DOS CHAKRAS

Capítulo 6
133 A musicalidade celestial

- **139** AS NOTAS-CHAVE
- **140** NOTAS-CHAVE PARA CADA RAIO
  - **141** Músicas do primeiro raio da vontade Divina
  - **142** Músicas do segundo raio da iluminação
  - **142** Músicas do terceiro raio do amor
  - **143** Músicas do quarto raio da pureza
  - **144** Músicas do quinto raio da cura e da verdade
  - **144** Músicas do sexto raio da paz e do serviço
  - **145** Músicas do sétimo raio da liberdade e da chama violeta
- **146** EXERCÍCIO

Capítulo 7
147 O poder do "Eu Sou"

- **151** VIVENCIANDO O "EU SOU" EM ESTADO DE PRECE
- **154** APRENDENDO A USAR O PODER DO "EU SOU"
- **156** AFIRMAÇÕES DO "EU SOU" COM A FORÇA DO ARCANJO MIGUEL
  - **157** Decreto

Capítulo 8
161 As dimensões da consciência humana

- **164** A TERCEIRA DIMENSÃO
  - **167** As crenças limitantes da terceira dimensão
  - **171** Transmutando as crenças limitantes
- **173** A QUARTA DIMENSÃO E O DESDOBRAMENTO DOS SONHOS
  - **177** Conexão com o Arcanjo Miguel em seus sonhos
  - **178** Você acorda às 3 da manhã?

179 A QUINTA DIMENSÃO
    181 Como acessar a quinta dimensão?
    183 Exercício para ativar a quinta dimensão
185 EXERCITANDO A LEI DA ATRAÇÃO
    186 Afirmações positivas para ativar a lei da atração

Capítulo 9
191 Geometria sagrada

195 VESICA PISCIS

196 SEMENTE DA VIDA

197 FRUTO DA VIDA

198 FLOR DA VIDA

199 ÁRVORE DA VIDA

200 CUBO DE METATRON

201 TORO

202 MERKABAH
    203 Relação entre o Merkabah e a estrela de Davi

204 OS SÓLIDOS PLATÔNICOS

206 COMO USAR A GEOMETRIA EM NOSSA VIDA?
    208 Ativação da espada do Arcanjo Miguel
    211 Ativação da chave de união de Metatron

Capítulo 10
213 Ritual do Conselho Cármico

220 O QUE SE DEVE ABORDAR NA CARTA DIRECIONADA AO CONSELHO CÁRMICO?

221 O RITUAL DE ENTREGA DA CARTA AO CONSELHO CÁRMICO

222 A GRANDE INVOCAÇÃO

222 APELO AO CONSELHO CÁRMICO

Capítulo 11
227 **Orações e decretos**

230 APELO AO ARCANJO MIGUEL CONTRA AS FORÇAS DO MAL

230 APELO AO ARCANJO MIGUEL PELO PLANETA TERRA

231 PROTEÇÃO DO ARCANJO MIGUEL PARA INÍCIO DE UM TRABALHO

232 ORAÇÃO AO ARCANJO MIGUEL PARA ABERTURA DOS CAMINHOS

232 ORAÇÃO AO ARCANJO MIGUEL PARA PROTEÇÃO DIÁRIA

233 INVOCAÇÃO À PROTEÇÃO DA ESPADA DE LUZ AZUL DO ARCANJO MIGUEL

234 APELO AO COMANDO DO ARCANJO MIGUEL PARA UM FIM ESPECÍFICO

234 DECRETO DE PROTEÇÃO DO ARCANJO MIGUEL

235 ORAÇÃO DO MANTO DA INVISIBILIDADE DO ARCANJO MIGUEL

235 ORAÇÃO DAS SETE DIREÇÕES DO ARCANJO MIGUEL

236 LIMPEZA DO ARCANJO MIGUEL PARA AFASTAR INIMIGOS

237 ORAÇÃO AO ANJO DA GUARDA

237 ORAÇÃO AO SANTO ANJO

238 INVOCAÇÃO ÀS HIERARQUIAS ANGÉLICAS

239 PRECE DOS AFLITOS (SERÁPIS BEY)

239 PRECE DE DEVOÇÃO (SERÁPIS BEY)

240 CELEBRAÇÃO DO APOSENTO INTERIOR (SERÁPIS BEY)

241 CHAVE DE DEVOÇÃO (SERÁPIS BEY)

241 APELO À CHAMA TRINA

241 APELO ÀS POTÊNCIAS DIVINAS

242 APELO ÀS MILÍCIAS CELESTES

- 243 INVOCAÇÃO À LUZ UNIVERSAL
- 244 DECRETO DE PROTEÇÃO PARA JOVENS COM O ARCANJO JOFIEL E A MÃE MARIA
- 245 DECRETO PARA QUEBRA DE CONTRATOS
- 247 LIMPEZA ESPIRITUAL DOS 21 DIAS DO ARCANJO MIGUEL
- 251 INVOCAÇÃO AOS GRANDES MESTRES (IMPIRIUS DE DARVIN)
- 252 DECRETO DE CURA DO QUINTO RAIO
- 252 INVOCAÇÃO À CHAMA VERDE DA CURA
- 253 TERÇO DE MIGUEL ARCANJO
- 255 RITUAL PARA QUANDO PRECISAR DE AJUDA

Capítulo 12
257 Mensagens sagradas
- 259 O PODER DO "EU SOU" (SERÁPIS BEY)
- 261 RECADO DO BEM (SERÁPIS BEY)
- 262 OS SETE CAMINHOS (MESTRA NADA)
- 263 EU SOU SAINT GERMAIN
- 263 O CÓDIGO DA NOVA ERA (METATRON)

269 Eu Sou gratidão

270 Referências

Apresentação à nova edição

Seja bem-vindo(a) a esta obra *O poder do Arcanjo Miguel*, revisada e ampliada pela Editora Planeta. Desde sua primeira edição, publicada pelo Águas de Aruanda, este livro tem tocado a vida de inúmeras pessoas, inspirando uma profunda conexão espiritual. Devido ao seu impacto transformador, a obra foi revista para incluir informações adicionais que enriquecerão ainda mais a sua experiência.

Nesta nova edição, você encontrará oportunidades para se conectar com dimensões superiores, desconstruindo crenças limitantes que possam ter impedido sua conexão espiritual e expansividade material. A obra oferece ao final de cada capítulo exercícios práticos de conexão com os anjos, arcanjos e Mestres Ascensionados, proporcionando uma experiência interativa e prática de crescimento espiritual. Além disso, para aprofundar este desenvolvimento, incorporamos vídeos de meditações e orientações que podem ser acessados facilmente por meio de QR codes.

Convidamos você a explorar estas novas dimensões de *O poder do Arcanjo Miguel* e se conectar de maneira ainda mais significativa com a sabedoria e proteção que este livro proporciona. Embarque nesta experiência transformadora e inspiradora, uma jornada de ensinamentos com um dos maiores anjos guerreiros de Deus.

- Prefácio -

As brumas podem atravessar seu olhar em relação à vida, mas as bênçãos celestiais sempre o acompanharão para possibilitar o desabrochar do novelo da magnitude existencial de maneira harmônica com a FÉ.

Na vida devocional, o majestoso saber dimensional vem com o abrir do coração, conectando-nos com o bálsamo do jardim da vida primado pela proteção dos anjos espalhados pelos planetas e espaço-tempo a guiar toda a humanidade à luz de Miguel Arcanjo.

Ó Glorioso Comandante celestial, com sua espada flamejante azul, neutralize os magmas sombrios dos pensamentos em permanência humana, cortando e seccionando as inquietudes d'alma nessa grande espiral da vida em essência.

Nada nem ninguém poderá alcançar a sua fortaleza guiada pelo poder da oração em plenitude com o âmago do ESTAR no desabrochar infinito do SER. Os cânticos angelicais soam, calibrando cada célula plasmática do estado humano, num mergulho profundo nas mais profundas camadas do SER.

Onde houver trevas, que haja luz.
Onde houver tristeza, que haja luz.
Onde houver miséria, que haja luz.
Onde houver lágrimas, que haja luz.
Onde houver escuridão, que haja luz.

Luz azul para guiar a caminhada. Luz azul para acalmar as mentes. Luz azul para expandir o Dínamos consciencial. Luz azul para unir-se ao TODO dentro da unicidade que é Deus, em um só pulsar de inteligência suprema para tudo que há manifestado.

Eu Sou potência Divina em ação no SER.
Eu Sou o raio da chama branca que atravessa a escuridão.
Eu Sou o poder e o caminho.
Eu Sou as possibilidades.
Eu Sou a existência do início e do fim.
Eu Sou o infinito da existência fractal.
Eu Sou o alfa e o ômega.
Eu Sou o poder da misericórdia disponível para a humanidade.
Eu Sou o poder que rompe a dúvida.
Eu Sou o raio branco e cristalino que ascensiona almas.
Eu Sou o perdão manifestado.
Eu Sou o caminho.
Eu Sou a fagulha Divina dentro de cada experiência humana.
Eu Sou o Logos Maior manifestado.
Eu Sou a paz e a harmonia.
Eu Sou Mestre Jesus.

Amado fractal, espalhe luz e desperte a essência do SER a todos os que receberem este bálsamo da potência máxima da chama azul manifestado em palavras do Arcanjo Miguel. A cada letra, palavra, frase e página de saber, ativações são empreendidas na essência do leitor, tenha certeza. Não desista jamais de aprimorar-se no SER em plenitude.

Haja luz!

Mestre Jesus
Canalização de Thyago Avelino

– Introdução –

Desde criança, sempre tive muita devoção pelos Anjos, principalmente pelo Arcanjo Miguel, a quem recorro diariamente e que já me proporcionou diversas curas físicas e espirituais.

Certa feita, em 31 de maio de 2014, eu voltava para casa com uma forte dor de cabeça, até que percebi que um Ser de Luz me acompanhava ao passar por cada esquina. A dor era muito forte, e, ao chegar em casa, imediatamente deitei na cama, momento em que me foi transmitida uma mensagem denominada "Dínamos":

> *O equilíbrio planetário está ameaçado por forças que evocam o mal em cada Ser humano para a autodestruição, mas nada pode estar perdido se os humildes de coração voltarem seus pensamentos para a verdadeira fé pregada e destinada ao bem.*
> *Nada o surpreenderá enquanto estiver preservando seu talismã chamado "essência espiritual". O alvorecer pode tardar, mas chegará no momento oportuno para sancionar os dilemas da balança da humanidade.*
> *Nunca o planeta Terra esteve em tamanho desequilíbrio, apesar de épocas primitivas já vividas, com destinação dos pensamentos sempre para a prosperidade íntima e o combate ao próximo que se aproxima em riquezas.*

O pesar não é de agora, diuturnamente conhecido e delegado ao outro para a prosperidade do coletivo, sem fazer a parte individual cabida aos encarnados.
O preencher das lacunas espirituais com enigmas da matéria confundirá ainda mais as cabeças dos desordeiros que tenham a certeza do saber infinito. Pobres criaturas, relegadas ao fel do próprio apodrecimento das entranhas desiguais.
O ápice de tudo isso é a sabedoria do olhar para o outro nessas condições e não despertar ódios adormecidos, prezando por vítimas infinitas. Por que será que os Seres sempre sentem a sede de humilhar o outro em situação análoga? Projeção? Não adianta sentir medo dos ventos uivantes que as noites traiçoeiras trazem impiedosamente com calor despertante das omissões do agora.
Desde sempre a humanidade passa por desafios clericais e nem por isso tudo ficou como antes, na espera de sempre, iluminados para destruírem conceitos e decodificarem outros, formando assim uma roldana dos balizares da vida. Altos e baixos, sem pesar.
Há criaturas que não entendem de história e mesmo assim conseguem primar por desafios bem superados; já outras, nem mesmo todos os livros da minha biblioteca serão capazes de exprimir o sacrifício de muitos para deixar aos atuais.
Sei que tais palavras são difíceis de alicerçar seu pensamento do agora, mas com o tempo olhe para cada frase contida neste chamado e faça suas próprias anotações. Afinal, estou transmitindo a mensagem para Seres dotados de inteligência, mesmo que em momentos outros a tratem como simbioses do além.
Os códigos são emprestados aos donos das chaves de Javé para serem usados em Murad e colocadas no trono das Potestades.

A cuia que secará os lábios do Salvador será a mesma que acalmará os seus ímpetos rumo ao desconhecido dos iluminados que rondam as estradas e transmitem mensagens nem pensadas.

O calabouço de todos os sentimentos pode ser trancado para nunca mais saírem os ratos do oculto que te atormentam e perseguem com primazia de detalhes e disciplina. Cuidado!

O inimigo de ontem sempre te espera para o próximo passo errado, por isso não precisa fechar os olhos, fingir não saber de nada e continuar andando. Pare, pense e siga com a sabedoria dos ímpios e seguidores da luz. Como posso te chamar de soldado se o comportamento apresentado é de mero plebeu?

Dignai-vos sempre com o resplendor das singelas palavras trazidas à baila com riqueza de atenção para emanação de energia positiva e desde que tenha reaquecido seu coração com a disciplina exigida para trilhar no escolhido.

Suicídio? Isso é o resultado de tantas agonias sem resposta e com pesar aumentado em cada esquina da vida. Ninguém para se comunicar e nada para ouvir.

E agora? O melhor realmente é seguir no silêncio dos loucos e reprimir sentimentos até que bons, mas... pouco usados.

Pensamento certo ou errado? A resposta está com você, morador de si mesmo e sabedor de muitas levas de informações já comprometidas com o saber do agora.

Acalme-se, estou quase finalizando a proposta do bem. Siga com retidão em pensamento e atos, sem me dizer que é difícil apesar das tentativas, afinal quem se prostra dessa forma curva-se diante das trevas com perfeição.

Não adianta seguir sem querer efetivamente saber quais os passos dados com pilares já construídos pela vasta experiência espiritual e com rondas de conhecimento. Vasto pode ser o seu olhar, mas nunca deixe seus olhos pararem de brilhar pela vida, do jeito que ela se apresenta, construindo sólidos planejamentos para atingir o nível de consciência celestial, além do concreto apresentado.

Por detrás da matéria consegue enxergar o aprender? Não sou o justiceiro, nem o agricultor perfeito, mas sou a chama branca que te guarda e te ilumina todas as noites, a lamparina que te chama para a verdade e aquece seu coração, derretendo as culpas dos ressentimentos já ultrapassados.

Com uma mão seguro a espada, com a outra pilo todas as mazelas da vida, e com meu capacete metálico protejo a sua cabeça com a torácica que protege seu coração das grandes batalhas que te aguardam.

Não baixe a cabeça para os espinhos da vida, pois já te fiz convites anteriores e o de agora é para valer a sua libertação das amarras já vividas.

No Dínamos você encontrará as respostas para as noites silenciosas e solitárias no pensar, voltando às bibliotecas nos desdobramentos e retornando com certezas fortalecidas para pisar cada vez mais firme. O cisco pode até te fazer chorar, mas, com brevidade, tira-o e prossegue por amor aos Dínamos que te reconhecem como representante das hostes[1] que militam contra o mal.

Fique em paz e com a força do seu Deus. Amém.

---

[1] Hoste é a palavra hebraica "sava" que se estende a toda a formação do exército celestial de Deus, uma força militar que luta as batalhas e cumpre a vontade de Deus (Lc 2:13; Ef 6:12; Hb 12:22).

A partir dessa mensagem, canalizada por um dos meus mentores, tive ainda mais certeza de que somos convidados a viver nossa verdade, nosso propósito, a manifestar nossa essência e a aceitarmos que somos seres em despertar espiritual, em total conexão com o Divino.

Temos o poder de criar nossa realidade, e essa força inerente a cada um de nós deve ser retroalimentada diariamente pela prática do autoconhecimento.

A era de Aquário marca um novo período que estamos a atravessar coletivamente, simbolizando um momento de expansão da consciência em que temos maior compreensão a respeito da elevação da nossa vibração, de modo a mudar o foco do planeta Terra para a regeneração, para a máxima de que SOMOS TODOS UM.

Este livro é um convite para entrarmos em conexão com o propósito de vida, de reconexão com a presença do Eu Sou.

Desejo a você uma leitura guiada com as bênçãos da espiritualidade orientadora.

Fábio Dantas

1
Hierarquia angelical

A existência dos anjos[1] é demonstrada por meio da literatura antiga, escrita e oral, desde os tempos mais remotos. Nas Escrituras Sagradas, tanto do Antigo quanto do Novo Testamento, a eles cabe a função de mensageiros responsáveis por interferir na vida humana.[2]

Os anjos são seres espirituais de alta evolução que vibram em dimensões superiores e estão a serviço do Divino, podendo assumir a forma que desejarem. Para facilitar nosso signo linguístico, geralmente aparecem para nós na forma humana e com asas, com a finalidade de nos relacionarmos mais facilmente.

A palavra "anjo" tem origem no latim *angelus* e no grego *ángelos* e significa "mensageiro de Deus". Existe um ramo da teologia, chamado angeologia

---

[1] Os anjos são criaturas sem sexo, de uma vibração que é puro espírito, podendo ser considerados andróginos, cujas qualidades masculinas e femininas são perfeitas e completas. Os anjos crescem através de radiações. Pelo controle das energias de que podem dispor, desenvolvem-se até chegar à categoria de membros de ordens superiores, angélicas ou dos Grandes Seres que zelam e protegem o Universo.

[2] Antigo Testamento: Gn 32:1-2; Jz 6:11 e seguintes; 1 Rs 19:5; Ne 9:6; Jó 1:6, 2:1; Sl 68:17, 91:11, 104:4; Is 6:2-3; Dn 8:15-17. Novo Testamento: Mt 13:39, 13:41, 18:10, 26:53; Mc 8:38; Lc 22:43; Jo 1:51; Ef 1:21; Cl 1:16; 2 Ts 1:7; Hb 1:13-14, 12:22; 1 Pe 3:22; 2 Pe 2:11; Jd 9; Ap 12:7, 22:8-9.

ou angelologia, que estuda os anjos. Esses mensageiros de Deus estão entre o Céu e a Terra servindo à vontade Divina. Eles têm a missão de ajudar a humanidade, levando suas preces aos Planos Superiores.[3]

No Judaísmo, no Cristianismo e no Islamismo, foram os anjos que revelaram preceitos aos profetas. Na antiga religião persa, o Zoroastrismo (559 a.C. a 651 d.C.), são reconhecidas várias classes de seres espirituais, entre eles os anjos patronos para a proteção de seus adeptos, que ao longo da vida dedicam preces a tais seres.[4] Para o Budismo tibetano, os anjos são entidades que estão na origem dos cinco elementos – a terra, a água, o fogo, o ar e o espaço.

No Hinduísmo, os anjos são chamados de Devas. Seu nome deriva da raiz sânscrita, que significa "brilhar". São os "seres brilhantes" ou "autoluminosos", descritos nas escrituras védicas. São considerados entidades angelicais pertencentes a um reino superior ao reino hominal, que atuam sob inspiração do Cristo Planetário, cuidando dos elementais e sintonizando com seres humanos para auxiliar na preservação da natureza.[5]

São os anjos, portanto, os trabalhadores mais próximos dos seres humanos, e ao mesmo tempo grandes soldados do exército de Deus, dedicando-se a auxiliar a humanidade e obedecendo às leis cósmicas. Esses seres, que fazem parte da hierarquia angelical, são responsáveis por estimular a evolução do ser humano no plano espiritual, transmutando as cargas psíquicas do mental e do emocional. Além disso, equilibram a harmonia do Universo, pois são a manifestação do pensamento de Deus.

---

[3] "Eis que envio um Anjo diante de ti, para que te guarde pelo caminho e te conduza ao lugar que tenho preparado para ti. Respeita a sua presença e observa a sua voz, e não lhe sejas rebelde, porque não perdoará a vossa transgressão, pois nele está o Meu Nome. Mas, se escutares fielmente a sua voz e fizeres o que te disser, então serei inimigo dos teus inimigos e adversário dos teus adversários." (Ex 23:20-22)

[4] GRZICH, Mirna A. Anjos: tudo que você queria saber para entrar em contato agora. São Paulo: Lua de Papel, 2011. p. 24.

[5] Por serem os espíritos guardiões dos elementos, são chamados de elementais. Podem assumir a forma que quiserem, mas geralmente se apresentam para os humanos com a forma como são mais conhecidos, para facilitar a interação. Eles não têm corpo físico tão denso como o nosso, nem tão sutil como o dos anjos. Podemos dizer que se posicionam entre ambos, com corpo energético, mente e espírito.

==Os anjos podem nos ajudar em qualquer situação da vida, desde que seja para o bem maior e para elevar nossa frequência evolutiva.== Há um consenso entre as diversas religiões no sentido de que são seres celestiais de luz que emitem uma frequência vibratória diferente da nossa, o que os torna invisíveis aos nossos olhos.[6]

Quando crianças, ouvimos sempre falar de Anjo da Guarda e até fomos ensinados a fazer uma oração para ele. É importante observarmos quando as crianças falam com os amigos imaginários, pois muitas vezes estão se comunicando com o anjo da guarda delas. Nesse momento podemos orientá-las a respeito da existência dos anjos e de como eles podem auxiliar em todos os momentos. Infelizmente os anjos da guarda são esquecidos quando adentramos a vida adulta.

Embora nosso signo linguístico tenha se acostumado a visualizar o anjo como um pequeno querubim com asas, tais seres podem nos aparecer de diversas formas: como uma pessoa, um animal, uma luz a brilhar ou em qualquer formato. O inconsciente coletivo costuma associar os anjos à figura do cupido, divindade infantil ligada à Deusa Vênus, que transmite mensagens aos enamorados.

Há quem diga que existem anjos que podem assumir temporariamente a forma humana, como "anjos encarnados", para nos proteger. Na verdade, o que importa é que todos nós temos um Anjo da Guarda, que nos protege a cada dia e não nos julga, apenas nos ajuda e nos inspira a olhar para o caminho do nosso crescimento espiritual.

Os anjos, assim como os seres humanos, pertencem a famílias, e cada família tem uma vocação, uma função e nomes específicos. Naturalmente, são famílias espirituais, que têm sua própria hierarquia. Jesus Cristo mencionou os anjos ao falar para as crianças: "Não desprezai nenhum desses pequeninos, porque eu vos digo que seus anjos nos céus sempre veem a face de meu Pai que está no céu" (Mt 18:10).

---

[6] Para o Espiritismo, doutrina que tem o Cristianismo por base e que foi iniciada no século XIX por intermédio de Allan Kardec, os anjos seriam os espíritos elevados de benignidade superior que são protetores dos necessitados e mensageiros do amor.

É o nosso Anjo da Guarda quem nos ajuda na transição do mundo espiritual para o material, quando reencarnamos, e quando deixamos o corpo físico e voltamos para nossa verdadeira morada.

Nosso Anjo da Guarda está sempre nos acompanhando e faz acontecer a sincronicidade em nossa vida para o reencontro com pessoas em situações que muitas vezes achamos serem coincidências. É possível que nosso Anjo da Guarda fale com o Anjo da Guarda de outra pessoa em nosso nome, desde que nós estejamos conectados com ele.

A Bíblia, em diversas outras passagens, menciona os anjos, a exemplo dos Salmos de Davi: "Pois em teu favor ele ordenou os seus anjos que te guardem em todos os teus caminhos. Eles te levarão em suas mãos para que teus pés não tropecem numa pedra" (Salmos 91:11-12).

Foi um "Anjo do Senhor" que impediu Abraão de sacrificar seu filho Isaque (Gn 22:10). São Paulo, em Atos dos Apóstolos, ao narrar sua viagem para Roma, menciona a aparição de um anjo de quem ouviu que não tivesse medo da tempestade de muitos dias (At 27:23).

Há uma quantidade incontável de anjos a quem podemos invocar a força de forma verbal ou mental, e eles têm diversas especialidades, como os Anjos da Cura,[7] os Anjos Guerreiros[8] e os Anjos da Família.[9]

João descreve no livro do Apocalipse: "Ouvi a voz de muitos anjos ao redor do trono, e dos animais, e dos anciãos; e o número deles era milhões de milhões, e milhares e milhares" (Ap 5:11). Daniel teve uma visão de milhões e milhões de anjos (Dn 7:10). Quando o profeta Enoque voltou do Céu, afirmou ter visto "inúmeros anjos, milhares de milhares, miríades de miríades" (1 Enoque 70:10).

---

[7] Liderados pelo Arcanjo Rafael, orientam as decisões sobre tratamento médico, ajudam curadores espirituais e envolvem pessoas doentes em uma energia de cura.

[8] Liderados pelo Arcanjo Miguel, lutam pelos que sofrem violência, auxiliando nas causas sociais e organizações de caridade que tratam desse assunto.

[9] Liderados pelo Arcanjo Gabriel, ajudam em todos os aspectos da criação dos filhos e na paz da família.

Quando trabalhamos com os anjos, precisamos dedicar algum tempo para conhecê-los, pois cada um tem suas particularidades e são especializados em determinados assuntos. Eles estão prontos para nos ajudar.

Suas asas lhes permitem transitar entre o Céu e a Terra, demonstrando o seu caráter de ser intermediário entre esses dois mundos, investidos no poder e na imortalidade necessários para cumprir o comando Divino.

A Bíblia faz várias menções ao "Anjo do Senhor", que transmite mensagens importantes, a exemplo do nascimento de Sansão, do sacrifício de Isaque por seu pai, Abraão, da anunciação a Maria.

Nas Escrituras Sagradas, encontramos diversas atribuições aos anjos, que estabelecem as especialidades anunciar,[10] guiar e instruir,[11] guardar e defender.[12] São mais de trezentas menções aos anjos na Bíblia como mensageiros de Deus.

Os anjos desempenham um papel muito importante nas obras de escritores conhecidos que descrevem inspirações angelicais, a exemplo do poeta italiano Dante (1265-1321) e de São Tomás de Aquino (1225-1274). Também na história da arte os anjos aparecem em diferentes representações, como nas obras de Leonardo da Vinci (1452-1519) e Rafael (1483-1520).

Existe uma hierarquia celestial que estabelece a dimensão de cada tarefa, com dons e responsabilidades dos seres que a compõem. Podemos compreender essa divisão em três ordens e nove coros celestes.

A hierarquia segue um sistema piramidal, no qual os mais evoluídos se encontram nos níveis mais elevados. Aqueles que estão em um patamar superior tanto servem aos que estão no mesmo nível como aos que estão acima e abaixo, visto que todos formam diversos sistemas piramidais. Por isso se fala tanto em hierarquia.

---

[10] "Mas o anjo lhe disse: Não tema, Zacarias; porque a tua oração foi ouvida, e Isabel, tua mulher, te dará à luz um filho, e lhe porás o nome de João." (Gn 18:9; Lc 1:13-30)

[11] "Então o anjo de Deus, que ia adiante do exército de Israel, se retirou e se pôs atrás deles; também a coluna de nuvem se retirou de diante deles e se pôs atrás." (Gn 24:7-20; Ex 14:19; At 7:38-53)

[12] "Porque aos seus anjos dará ordem a teu respeito, para te guardarem em todos os teus caminhos." (Sl 34:7; 2 Rs 6:17; Sl 91:11)

São Tomás de Aquino explicou que os anjos se comunicam e viajam para a Terra, utilizando a sua energia para criar a forma física sempre que necessário.

Essa divisão foi postulada pelo monge Dionísio, no século VI. São Tomás de Aquino, no século XIII, com base na estrutura de Dionísio, desenvolveu posteriormente essa teoria quando escreveu a *Summa Theologica*.[13]

PRIMEIRA HIERARQUIA

Serafins

Esse vocábulo deriva do hebraico *saraph*, que significa "ardente, refulgente ou brilhante". Os serafins pertencem à mais alta ordem na hierarquia angelical, a categoria angelical que está mais próxima de Deus. São anjos do fogo celestial que transmitem o amor aos demais anjos. Possuem seis asas e cultuam a Deus sem parar.

Eles são considerados os anjos mais antigos, sendo por isso dotados de muita sabedoria e responsabilidade. Detêm os poderes de purificação e da iluminação da humanidade e são lembrados como os anjos da luz, do amor e do fogo.

Os três pares de asas com que os serafins são representados têm origem na única passagem da Bíblia que menciona esses anjos:

> *Serafins estavam por cima dele; cada um tinha seis asas; com duas cobriam os seus rostos, e com duas cobriam os seus pés, e com duas voavam. E clamavam uns aos outros, dizendo: Santo, Santo, Santo é o Senhor dos Exércitos; toda a Terra está cheia da sua glória. E os umbrais das portas se moveram à voz do que clamava, e a casa se encheu de fumaça (Is 6:2-4).*

---

[13] É importante ressaltar que, por essa hierarquia ser uma construção teológica, pode variar em diferentes tradições religiosas. Além disso, algumas tradições espirituais não seguem uma hierarquia rígida de anjos, preferindo enfatizar a unicidade e a igualdade de todos os seres espirituais.

Podem assumir a aparência de serpentes ou dragões, ou ainda segurar uma serpente em cada mão. São chamados de Kadosh. Seu regente é Metatron, cujo nome em hebraico significa "rei dos anjos" e que tem o poder de governar todas as forças da criação em benefício dos habitantes da Terra.

Querubins

No hebraico o termo *queruv* ou *kerub* tem o sentido de "cheio de conhecimento". Depois dos serafins, são os mais próximos de Deus, os guardiões da luz, pois carregam a energia do Sol, da Lua e das estrelas.

Segundo a Bíblia, os querubins têm a responsabilidade de magnificar a santidade e o poder de Deus. Não há um consenso na representação dos anjos Querubins. A maioria dos estudiosos garante que eles são seres alados. Em uma visão moderna, tendo origem em parte do Judaísmo, os querubins seriam anjos representados como bebês alados, imagem difundida durante o Renascimento.

Na Bíblia, Ezequiel fala de seres híbridos, que misturam a aparência humana com a animal:

> *Cada um tinha quatro faces – a de um homem, de um leão, de um boi e de uma águia – e cada um tinha quatro asas. Em sua aparência, os querubins tinham a semelhança de homem [...]. Esses querubins usavam duas de suas asas para voar e as outras duas para cobrir seus corpos [...]. Sob suas asas os querubins aparentavam ter a forma, ou semelhança, da mão de um homem (Ez 1:5-8, 41:18).*

Eles são a luz Divina, a luz que é filtrada por eles, a própria luz que você recebe sempre que sente alegria, amor e inspiração, e guardam os caminhos da árvore da vida (Ez 1:5-8, 41:18). Ajudam as pessoas a adquirir mais sabedoria Divina e cuidam dos registros de Deus, a exemplo da Arca da Aliança, um baú de madeira que contém as Tábuas da Lei.¹⁴

São liderados por Raziel, cujo nome significa "Segredo de Deus" em hebraico. Este é o guardião dos conhecimentos profundos e dos mistérios Divinos e traz energia de positividade e prosperidade para a humanidade.

Tronos

Os tronos zelam pelo trono de Deus, oferecendo ao homem o sentido de união e paz. Recebem de Deus as ordens para depois comunicá-las às dominações e aos outros espíritos de menor poder. Ajudam a cuidar das estrelas e dos planetas.

São descritos como redemoinhos de luz e, também, como os músicos dos céus, por isso são representados sempre com instrumentos musicais nas mãos, como a harpa e a trombeta.

Trata-se de criaturas belas, sensíveis e muito ligadas aos humanos, e conhecidas por serem as responsáveis por inspirar a beleza e a admiração pela arte. Também são consideradas mensageiros que transmitem as ordens e os ensinamentos de Deus para os demais anjos da hierarquia por meio de cantos.

Eles são os justiceiros e aplicam a justiça aos seres da Terra para manter as leis universais (Cl 1:16). Seu líder é Auriel (Tzaphkiel), que tem o poder de reconciliar adversários e nos auxilia a escolher o melhor caminho, regente do tempo e do destino.

SEGUNDA HIERARQUIA

Dominações

São os "gerentes" do mundo celestial, também chamados de domínios ou senhores. Embora não estejam diretamente em contato conosco,

---

14 "E, havendo lançado fora o homem, pôs querubins ao oriente do jardim do Éden, e uma espada inflamada que andava ao redor, para guardar o caminho da árvore da vida." (Gn 3:24). Mais citações em: Ex 25:18-22; Sl 18; Ez 1, 41:18 e 10:3; Dn 3:55.

eles trabalham em seu próprio caminho para estabelecer contatos entre o mundo celestial e o mundo terrestre e auxiliam nas emergências e conflitos que precisam ser resolvidos imediatamente.

Eles são enviados por Deus para as missões mais relevantes e chamados por nós para emergências ou conflitos que não podem esperar. São os executivos, os governantes de todos os grupos angelicais situados além deles, além dos encarregados das decisões sobre o que deve ser feito para cumprir a vontade Divina, incluindo as obrigações cotidianas.

São considerados "anjos mais velhos" e supervisionam os anjos abaixo de sua hierarquia, emitindo comandos necessários ao bom funcionamento do Universo. Em algumas literaturas são vistos com mantos verdes e dourados e duas asas. Seu líder é Uriel.

Virtudes

Na hierarquia angelical, essa categoria representa os responsáveis por manter a ordem e as leis que regem o Universo. Eles são os encarregados de eliminar os obstáculos que se opõem ao cumprimento das ordens de Deus.

Afastam os anjos maus que assediam as pessoas para desviá-las do seu caminho e têm, portanto, grande capacidade de transmitir energia Divina. São detentores de poder sobre os fenômenos da natureza.

Entre seus atributos estão a pureza e a realeza. São associados aos milagres, por isso são frequentemente invocados como heróis. Sua função consiste em orientar as pessoas quanto à sua missão na Terra. Os anjos das virtudes nos ajudam a compreender o nosso carma e a viver bem a vida através da nossa missão. Eles são também muito fortes e poderosos contra doenças do corpo e da alma.

Quando invocados, interferem contra todas as tentações. Seu líder é Rafael, que auxilia nos trabalhos de cura.

Potestades

Conhecidos como "potências", integram uma ordem angélica que preside a organização universal, a remoção de obstáculos e a harmonia. Por isso, são anjos que auxiliam no desenvolvimento espiritual de seus protegidos de maneira intensa, inspirando-os a buscar soluções para questões coletivas e a lutar contra as injustiças do mundo.

Conhecidos por serem os guardiões dos animais, além de proteger a procriação e a perpetuação de todas as espécies vivas, eles resguardam a humanidade de todo o mal. Conhecem a fundo a natureza humana e intervêm conforme necessário para fazer a vontade de Deus. Além disso, são responsáveis por ordenar e equilibrar os quatro elementos: água, terra, fogo e ar.

São os anjos do nascimento e da morte, pois guardam os caminhos para o Céu e guiam as almas perdidas. Têm a tarefa de manter os demônios sob controle, evitando que dominem nosso mundo. O líder dos anjos potestades é Camael, que tem o poder de remover os obstáculos que impedem o cumprimento da vontade de Deus. São arcanjos combativos, que influenciam a garra e a determinação.

TERCEIRA HIERARQUIA

Principados

Os principados são os guardiões das nações e supervisionam os trabalhos dos anjos e arcanjos em todas as comunidades: países, estados, cidades, reinos, vilas e locais sagrados. Responsáveis pelos principais projetos da Terra, são defensores de uma ordem internacional. Foram mencionados pelo apóstolo Paulo e estão envolvidos no governo do Universo (Cl 1:16, 2:10, 2:15, 23; Ef 1:21, 3:10, 6:12; Rm 8:38).

Vigilantes dos líderes de todos os povos, eles auxiliam seus protegidos para que consigam encontrar soluções para os problemas das comunidades. Dão instruções e avisos de Deus a príncipes, reis, líderes e governantes. Também zelam pelos municípios, reinos, países e continentes. E são severos com aqueles que, apesar de suas recomendações, insistem em não agir de acordo com a vontade de Deus.

Os anjos principados guiam as religiões e os líderes religiosos no caminho da verdade. São ainda os protetores da natureza e do reino mineral. A representação desses anjos é sempre como criaturas que usam uma coroa e carregam um cetro nas mãos ou, em algumas representações, uma cruz. Esse coro angélico é liderado por Haniel, um arcanjo cujo nome significa "Graça do Senhor".

Arcanjos

O nome arcanjo significa anjo principal, ou anjo-chefe, já que se origina das combinações *archō*, o primeiro ou principal governante, e *aggelos*, que quer dizer mensageiro. Essa categoria angelical é mencionada duas vezes no Novo Testamento, e os arcanjos são os únicos anjos que têm nomes mencionados na Bíblia: os arcanjos Miguel, Gabriel e Rafael, entre outros.

Os arcanjos são "anjos extremamente luminosos", também conhecidos como "Anjos Regentes". São eles que garantem o cumprimento dos maiores objetivos e dos maiores destinos humanos. Controlam as estações, o movimento das estrelas, as águas da Terra, as plantas e os animais. Deus confia a essas criaturas celestiais missões extraordinárias e revelações acima da nossa compreensão, e por isso operam em muitos níveis diferentes. O Judaísmo e o Cristianismo reconhecem sete arcanjos.

Eles estão em uma categoria acima dos anjos e cuidam de diversos aspectos da existência humana. São representados como criaturas aladas e extremamente luminosas. Os arcanjos são considerados os principais intermediários entre Deus e os mortais (Rm 8:38; Tobias 3:16-17; Dn 8:16, 9:21, 10:13-21, 12,1; Ap 8:2, 12:7-8; Lc 1:19, 1:26). Seu líder é Miguel.

Anjos

Os anjos ocupam o último degrau da hierarquia angelical, mas nem por isso são menos importantes. São os seres celestiais mais próximos dos seres humanos, os que têm a guarda de cada pessoa em particular (Pe 3:22; Dn 8:17, 10:11; Mt 28:5; Mc 16:16; Lc 1:12-13, 2:9; At 10:4). Além de nos guardar, eles são mensageiros das ordens Divinas.

Existem passagens na Bíblia mencionando Anjos da Guarda. Em uma delas, Jesus diz às crianças: "No céu os seus anjos sempre veem continuamente a face de meu Pai que está nos céus" (Mt 18:10). A Bíblia também menciona que um anjo resgatou Pedro da prisão, quando as pessoas declararam: "É seu anjo" (At 12:15).

Os anjos são os responsáveis por nos proteger física e espiritualmente. São eles que nos guiam para nos desviar do mal, nos conduzir para o caminho do bem e nos livrar de todos os inimigos visíveis e invisíveis. Eles são os mensageiros e executores das ordens de Deus para os humanos. Recebem as ordens dos coros superiores e as executam. São espíritos que servem a Deus e, também, aos servos de Deus. Seu líder é Gabriel.

COMUNICAÇÃO COM OS ANJOS

Além de levar as mensagens para o Divino, os anjos dão assistência a cada raio de luz de acordo com sua qualificação, havendo uma divisão de tarefas como Anjos do Poder, da Sabedoria, do Amor, da Ascensão, da Cura, da Liberdade, entre outros.

A comunicação entre a humanidade e os anjos geralmente se dá por meio de orações, apelos[15] e mantras.[16] A sintonia é necessária e recomendável a fim de que eles colham as energias para levá-las ao plano astral e revertê-las em cura, proteção e bênçãos para quem os invocar.

Os anjos são regidos por uma lei espiritual segundo a qual só podem nos ajudar quando solicitamos seu auxílio, caso contrário eles estariam se intrometendo em nossas vidas. Eles respeitam nosso livre-arbítrio, porém, em situações pontuais, como acidentes e quando estamos em risco, interferem para nos dar o livramento, de acordo com o nosso merecimento.

É importante fazer uma observação a respeito do que pedir aos anjos. Muitas pessoas pedem saúde, paz, alegria e, também, dinheiro e prosperidade.

---

[15] Apelos são representações sonoras que têm a função de canalizar energias para o bem-estar humano. Foram criados pelos Mestres ou Seres de Luz, com a finalidade de ajudar a humanidade, por meio dos seus esforços canalizados e dirigidos pelo Cristo interno, a encontrar, por meio das vibrações dos sons das palavras, auxílio, proteção e alívio para os males que afligem o gênero humano.

[16] A palavra "mantra" vem do sânscrito e significa: *Man* (mente) e *Tra* (controle). É uma fórmula mística recitada ou cantada repetidamente há milhares de anos, e por isso se acredita que tem uma energia única e especial. Assim, quando entoamos os mantras, nos conectamos com essa força que eles representam.

Não há mal algum em pedir abundância financeira em sua vida. Nosso sistema de crenças nos limita desde crianças com relação à nossa vida financeira.

==Deus é prosperidade e faz tudo crescer e prosperar, e os anjos igualmente o fazem.== O dinheiro faz parte de nossa vida e é uma energia neutra. Com ele, adquirimos alimentos, roupas e moradia, pagamos nossas contas, viajamos, fazemos cursos, apoiamos instituições de caridade e ajudamos outras pessoas e animais.

ANJO DA GUARDA E DATA DE NASCIMENTO

A principal missão do Anjo da Guarda é nos guardar e proteger, seja dos perigos da vida, seja das dificuldades do mundo material. Eles emitem bons pensamentos para nós a fim de nos conduzir a tomar as melhores decisões.

Dentro da Cabala há 72 anjos e cada um influencia 5 dias do ano, totalizando 360 dias. Os 5 dias restantes (05/01, 19/03, 31/05, 12/08 e 24/10) são consagrados aos Gênios da Humanidade.[17] Quem não tem nenhum anjo em particular pode escolher qualquer um dos 72 anjos da Cabala para ser o seu.

Descubra qual é o seu Anjo da Guarda na lista a seguir, na qual as datas aparecem em sequência no sentido vertical.

Rochel: 01/01, 15/03, 27/05, 08/08, 20/10
Yabamiah: 02/01, 16/03, 28/05, 09/08, 21/10
Haiaiel: 03/01, 17/03, 29/05, 10/08, 22/10

---

[17] Gênios da Humanidade são pessoas que têm facilidade para entrar em contato com a espiritualidade, tendo uma conexão única que lhes permite acessar níveis profundos de insight e inspiração. Por esse motivo, é essencial que conheçam seu potencial por meio do autoconhecimento, permitindo que suas capacidades sejam direcionadas para o bem maior. Historicamente, suas contribuições têm moldado o curso da humanidade, promovendo avanços tecnológicos, culturais e espirituais. Por meio de suas obras e ações, eles não apenas transformam o mundo material, como também inspiram futuras gerações a alcançar novos patamares de compreensão e criatividade, sempre com um propósito que transcende o individual e avança em direção ao coletivo e universal.

Mumiah: 04/01, 18/03, 30/05, 11/08, 23/10
Vehuiah: 06/01, 20/03, 01/06, 13/08, 25/10
Jeliel: 07/01, 21/03, 02/06, 14/08, 26/10
Sitael: 08/01, 22/03, 03/06, 15/08, 27/10
Elemiah: 09/01, 23/03, 04/06, 16/08, 28/10
Mahasiah: 10/01, 24/03, 05/06, 17/08, 29/10
Lelahel: 11/01, 25/03, 06/06, 18/08, 30/10
Achaiah: 12/01, 26/03, 07/06, 19/08, 31/10
Cahethel: 13/01, 27/03, 08/06, 20/08, 01/11
Haziel: 14/01, 28/03, 09/06, 21/08, 02/11
Aladiah: 15/01, 29/03, 10/06, 22/08, 03/11
Laoviah: 16/01, 30/03, 11/06, 23/08, 04/11
Hahahiah: 17/01, 31/03, 12/06, 24/08, 05/11
Yezalel: 18/01, 01/04, 13/06, 25/08, 06/11
Mebahel: 19/01, 02/04, 14/06, 26/08, 07/11
Hariel: 20/01, 03/04, 15/06, 27/08, 08/11
Hekamiah: 21/01, 04/04, 16/06, 28/08, 09/11
Lauviah: 22/01, 05/04, 17/06, 29/08, 10/11
Caliel: 23/01, 06/04, 18/06, 30/08, 11/11
Leuviah: 24/01, 07/04, 19/06, 31/08, 12/11
Pahaliah: 25/01, 08/04, 20/06, 01/09, 13/11
Nelchael: 26/01, 09/04, 21/06, 02/09, 14/11
Ieiaiel: 27/01, 10/04, 22/06, 03/09, 15/11
Melahel: 28/01, 11/04, 23/06, 04/09, 16/11
Hahehuiah: 29/01, 12/04, 24/06, 05/09, 17/11
Nith Haiah: 30/01, 13/04, 25/06, 06/09, 18/11
Haaiah: 31/01, 14/04, 26/06, 07/09, 19/11
Ierathel: 01/02, 15/04, 27/06, 08/09, 20/11
Seheiah: 02/02, 16/04, 28/06, 09/09, 21/11
Reyel: 03/02, 17/04, 29/06, 10/09, 22/11
Omael: 04/02, 18/04, 30/06, 11/09, 23/11
Lecabel: 05/02, 19/04, 01/07, 12/09, 24/11
Vasahiah: 06/02, 20/04, 02/07, 13/09, 25/11
Lehuiah: 07/02, 21/04, 03/07, 14/09, 26/11
Lehahiah: 08/02, 22/04, 04/07, 15/09, 27/11

Chavakiah: 09/02, 23/04, 05/07, 16/09, 28/11
Menadel: 10/02, 24/04, 06/07, 17/09, 29/11
Aniel: 11/02, 25/04, 07/07, 18/09, 30/11
Haamiah: 12/02, 26/04, 08/07, 19/09, 01/12
Rehael: 13/02, 27/04, 09/07, 20/09, 02/12
Ieiazel: 14/02, 28/04, 10/07, 21/09, 03/12
Hahahel: 15/02, 29/04, 11/07, 22/09, 04/12
Mikael: 16/02, 30/04, 12/07, 23/09, 05/12
Veuliah: 17/02, 01/05, 13/07, 24/09, 06/12
Yelaiah: 18/02, 02/05, 14/07, 25/09, 07/12
Sealiah: 19/02, 03/05, 15/07, 26/09, 08/12
Ariel: 20/02, 04/05, 16/07, 27/09, 09/12
Asaliah: 21/02, 05/05, 17/07, 28/09, 10/12
Mihael: 22/02, 06/05, 18/07, 29/09, 11/12
Vehuel: 23/02, 07/05, 19/07, 30/09, 12/12
Daniel: 24/02, 08/05, 20/07, 01/10, 13/12
Hahasiah: 25/02, 09/05, 21/07, 02/10, 14/12
Imamaiah: 26/02, 10/05, 22/07, 03/10, 15/12
Nanael: 27/02, 11/05, 23/07, 04/10, 16/12
Nithael: 28/02, 29/02, 12/05, 24/07, 05/10, 17/12
Mebahiah: 01/03, 13/05, 25/07, 06/10, 18/12
Poiel: 02/03, 14/05, 26/07, 07/10, 19/12
Nemamiah: 03/03, 15/05, 27/07, 08/10, 20/12
Ieialel: 04/03, 16/05, 28/07, 09/10, 21/12
Harahel: 05/03, 17/05, 29/07, 10/10, 22/12
Mitzrael: 06/03, 18/05, 30/07, 11/10, 23/12
Umabel: 07/03, 19/05, 31/07, 12/10, 24/12
Iah-Hel: 08/03, 20/05, 01/08, 13/10, 25/12
Anauel: 09/03, 21/05, 02/08, 14/10, 26/12
Mehiel: 10/03, 22/05, 03/08, 15/10, 27/12
Damabiah: 11/03, 23/05, 04/08, 16/10, 28/12
Manakel: 12/03, 24/05, 05/08, 17/10, 29/12
Ayel: 13/03, 25/05, 06/08, 18/10, 30/12
Habuhiah: 14/03, 26/05, 07/08, 19/10, 31/12

MEDITAÇÃO PARA SE CONECTAR COM O ANJO DA GUARDA

- Encontre um local tranquilo e confortável onde você possa sentar ou deitar sem ser interrompido(a).
- Escolha uma postura confortável, mantendo a coluna ereta e relaxada.
- Feche os olhos suavemente e respire profundamente algumas vezes para relaxar o corpo e acalmar a mente.
- Traga sua atenção para a respiração, observando o movimento natural do ar entrando e saindo de seu corpo.
- Sinta a respiração passando pelas narinas, inflando o peito e expandindo o abdome.
- Visualize seus pés criando raízes, crescendo da planta dos pés até o centro da Terra.
- Peça ao Arcanjo Miguel para te proteger nessa viagem e te cobrir com o manto da invisibilidade.
- Peça para o seu Anjo da Guarda se aproximar de você e sinta a suavidade de sua aura se conectando com ele.
- Demore o tempo necessário nessa conexão e converse com ele sobre sua vida, faça seus pedidos, busque as respostas de que está precisando nesse momento de vida.
- Quando receber o que está precisando, agradeça e peça para seu elo com ele ficar cada vez mais forte.
- Continue absorvendo energia do centro da Terra através de seus pés e puxe as raízes de volta.
- Gradualmente, traga sua atenção de volta ao momento presente, trazendo movimento suave ao seu corpo.
- Abra os olhos lentamente e observe como você se sente após a meditação.
- Finalize a prática com um sentimento de gratidão por esse tempo dedicado ao seu bem-estar.

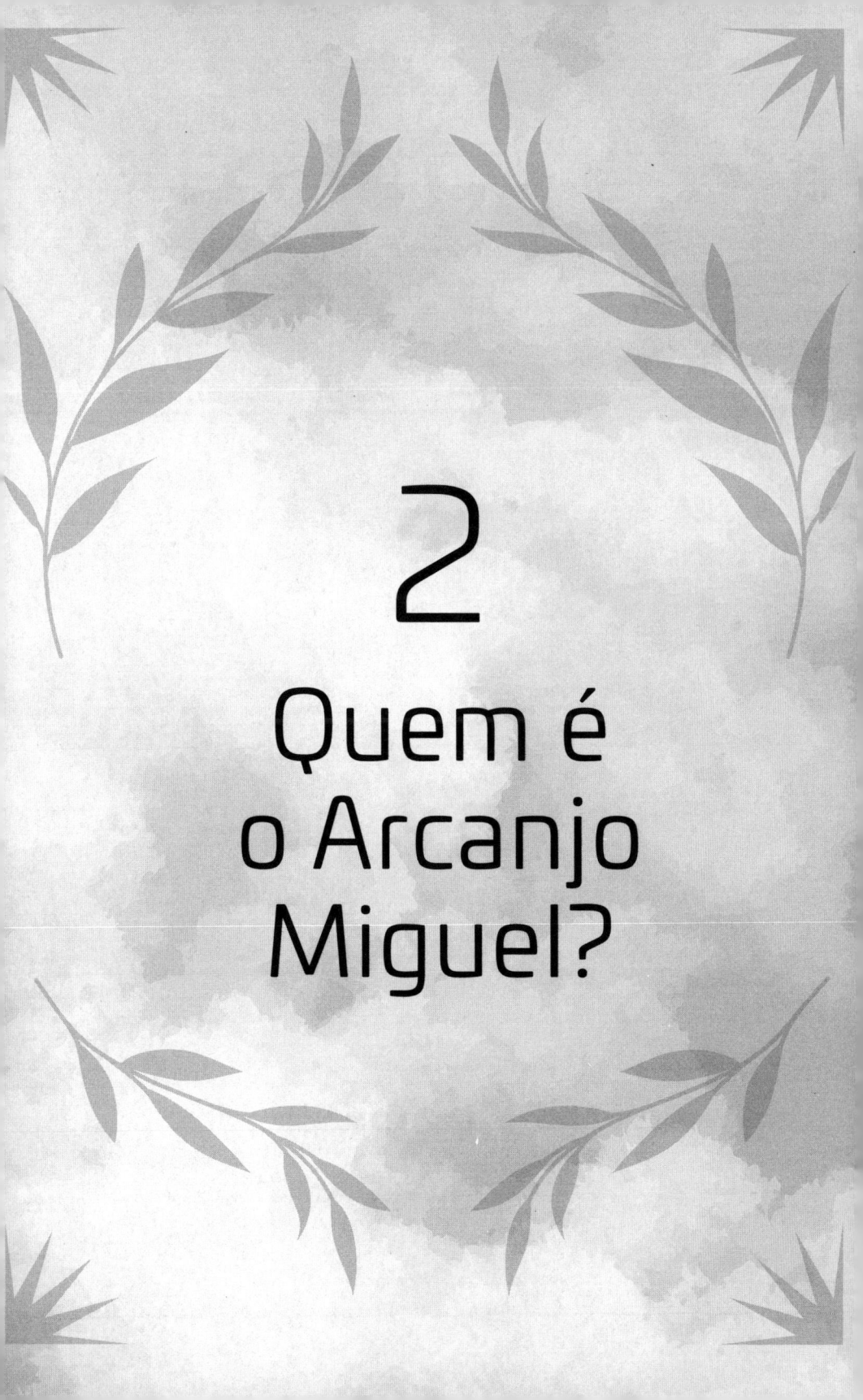

2
Quem é o Arcanjo Miguel?

O Arcanjo Miguel, também conhecido como "Quem como Deus?", é considerado chefe dos exércitos celestiais, o "Príncipe das Legiões Celestes". Ele é um líder dentro do reino angélico e o anjo patrono da justiça.[1] A devoção por ele se deve às Escrituras Sagradas e a passagens de muitos santos e narrativas históricas presentes em diversos santuários.

Ele é o Arcanjo Miguel da fé, da proteção e da libertação do mal. Está na Terra desde a sua formação e desde os Planos Sutis e presta inestimáveis serviços à humanidade, mantendo incansavelmente a iluminação da Força da Fé Iluminada.

O nome de Miguel é mencionado na Bíblia em três passagens.[2] No livro de Daniel, Miguel guerreia contra anjos maus; na carta de Judas, enfrenta uma disputa com Satanás; e, no Apocalipse, guerreia contra o Diabo e seus demônios:

---

[1] Os católicos, anglicanos e luteranos se referem a ele como São Miguel Arcanjo ou simplesmente como São Miguel.
[2] Livro de Daniel, Carta de Judas e Livro do Apocalipse.

Daniel 10:13 – "Mas o príncipe do reino da Pérsia me resistiu por vinte e um dias; e eis que Miguel, um dos primeiros príncipes, veio para ajudar-me, e eu o deixei ali com os reis da Pérsia."

Daniel 10:21 – "Contudo eu te declararei o que está gravado na escritura da verdade; e ninguém há que se esforce comigo contra aqueles, senão Miguel, vosso príncipe."

Daniel 12:1 – "Naquele tempo se levantará Miguel, o grande príncipe, que se levanta a favor dos filhos do teu povo; e haverá um tempo de tribulação qual nunca houve, desde que existiu nação até aquele tempo; mas naquele tempo livrar-se-á o teu povo, todo aquele que for achado escrito no livro."

Judas 1:9 – "Mas, quando o Arcanjo Miguel, discutindo com o diabo, disputava a respeito do corpo de Moisés, não ousou pronunciar contra ele juízo de maldição, mas disse: O Senhor te repreenda."

Apocalipse 12:7 – "Então houve guerra no céu: Miguel e os seus anjos batalhavam contra o dragão. E o dragão e os seus anjos batalhavam."

Alguns grupos religiosos pregam que o Jesus de antes da encarnação e após a ressurreição é o Arcanjo Miguel. Trata-se de elaboração de teses com o objetivo de alinhar a fé de cada um deles.[3]

O Arcanjo Miguel é o único anjo mencionado pelo nome em três dos principais textos sagrados das religiões que dão mais ênfase aos anjos: a Torá (Judaísmo), a Bíblia (Cristianismo) e o Alcorão (Islã).[4] Essas crenças consideram Miguel um anjo principal que luta contra o mal com o poder do bem.

---

[3] Segundo a crença desses grupos, Jesus, na sua existência pré-humana, era chamado pelo nome pessoal de Miguel. Creem inclusive que, após a sua ascensão ao céu, o Filho de Deus reassumiu o seu nome celestial, passando a ser chamado novamente de Miguel.

[4] No Islamismo, Miguel é chamado de *ika'il*, regente da chuva, dos ventos, da vegetação e das colheitas.

No Judaísmo, fundado pelos profetas Abraão e Moisés há mais de quatro mil anos, o anjo é um mensageiro espiritual a serviço de Deus, e Arcanjo Miguel é o guardião do povo de Israel.

No Livro de Urântia,[5] antologia de 196 "escritos" ditados entre 1928 e 1935 por seres supra-humanos, consta que "Até mesmo Deus e o homem podem coexistir em uma personalidade unificada, como tão admiravelmente é demonstrado no status presente do Cristo Michael – Filho do Homem e Filho de Deus".

Na verdade, não existe passagem bíblica que apoie o raciocínio de que Jesus e o Arcanjo Miguel sejam a mesma pessoa. As Escrituras Sagradas em nenhum lugar identificam esse anjo como Jesus Cristo.

Os católicos romanos e os ortodoxos geralmente se referem a Miguel como "São Miguel", mas se trata de um título honorífico, e não de uma canonização. A imagem desse anjo está em praticamente todas as igrejas católicas, seja em estátuas de barro, seja em quadros, e também na casa de muitos seguidores. Sua principal representação é de proteção – todos os fiéis o veem como um anjo protetor, que defende todas as pessoas dos perigos que a vida apresenta e as livra das armadilhas do inimigo.

Foi o Arcanjo Miguel quem apareceu para Joana d'Arc (1412-1431). Aos treze anos, ela começou a ter visões místicas e a ouvir vozes, nomeando São Miguel como uma de suas audições vindas do Céu. Ela foi acusada de heresia e queimada na fogueira aos dezenove anos, mas afirmou até o final que as vozes que ouvia vinham de Deus.

Diz-se que o Arcanjo Miguel apareceu a Moisés como fogo a arder em um arbusto, salvou Daniel da cova dos leões e visitou o profeta Maomé para lhe ensinar a paz. É o mensageiro Divino da paz, da alegria, da sabedoria e da graça (Ex 3:2; Dn 6:22).

---

[5] Este livro descreve um universo habitado por incontáveis seres a serviço da Criação, filhos de Deus motivados pelo amor. Ele abre novas visões sobre o tempo e a eternidade, revelando conceitos da jornada de aventuras do homem até o encontro com o Pai Universal num amigável e cuidadosamente administrado universo, oferecendo uma integração clara e concisa da ciência, filosofia e religião.

Os santuários cristãos, em honra a Miguel, começaram a aparecer no século IV, quando ele era percebido como um anjo de cura. Com o tempo, passou a ser tido também como protetor e líder do exército de Deus contra as forças do mal.

No século VI, a devoção a São Miguel já havia se espalhado tanto no Oriente quanto no Ocidente. Com o passar dos anos, as doutrinas sobre ele começaram a se diferenciar.

No ano 708, Saint-Aubert, bispo de Avranches, fundou o santuário de Mont-Saint-Michel. Ele tomou essa decisão depois que o Arcanjo São Miguel apareceu em seus sonhos três vezes.

Os doentes e os aflitos também consideram o Arcanjo Miguel seu santo padroeiro. Baseando-se na lenda de sua aparição do século VIII no Mont-Saint-Michel, na França, esse arcanjo também é o santo patrono dos marinheiros em seu mais famoso santuário.[6]

Arcangelina Fé, conhecida como o Complemento Divino do Arcanjo Miguel, representa a personificação feminina das energias do primeiro raio e da chama azul. Ela é associada às qualidades de fé, poder e proteção, oferecendo apoio espiritual nos momentos de dificuldade e provação.

No papel de guia celestial, Arcangelina Fé trabalha incansavelmente para socorrer a humanidade, proporcionando coragem e força aos que enfrentam desafios. Sua presença inspira confiança e determinação, incentivando aqueles que buscam sua ajuda a agirem com propósito e integridade. Ao lado do Arcanjo Miguel, ela protege e fortalece os indivíduos, incentivando-os a liberar medos e dúvidas que possam estar impedindo seu progresso espiritual.

---

[6] O Mont-Saint-Michel é uma ilha rochosa na foz do rio Couesnon, no departamento da Mancha, na França, onde foram construídos uma abadia e um santuário em homenagem ao Arcanjo São Miguel. Seu antigo nome é "Monte Saint-Michel em perigo do mar". Fica localizado na Linha Sacra de São Miguel, assunto que será abordado mais adiante.

Arcangelina Fé também atua como uma figura de luz, ajudando a renovar a esperança e a resiliência em tempos difíceis. Sua energia é acessada por meio de práticas espirituais como oração e meditação, especialmente através da visualização da chama azul. Ao conectar-se com Arcangelina Fé, muitos encontram clareza e direção em sua jornada, permitindo uma maior expansão espiritual e emocional.

Nas antigas escrituras, Miguel esteve presente em relatos de diversos milagres, por isso é visto como um grande anjo que recebe ordem dos Céus. Ele é um dos conselheiros do Conselho Cármico, que se reúne para rever petições da humanidade e conferir dispensações baseadas no merecimento individual de cada um. Esse conselho trata da orientação Divina para a solução de problemas pessoais e planetários.

A imagem do Arcanjo Miguel geralmente aparece ligada a alguns símbolos cujas definições são importantes para entender a sua força: espada, manto, balança, dragão ou demônio, armaduras, correntes, asas e manto vermelho.

A espada de Miguel é o próprio simbolismo da justiça em ação e o caminho para a libertação. Representa também o poder da palavra de Deus.[7] Ela tem o poder de nos ajudar na libertação diária de várias condições negativas.

A espada do Arcanjo Miguel é tão poderosa que destrói qualquer interferência das forças do mal, a pedido de qualquer pessoa que apele por sua proteção. Trata-se de um símbolo de autoridade e justiça e nos remete aos desafios que temos de vencer.

Sempre que for realizar uma viagem ou nos momentos de perigo, visualize o Arcanjo Miguel com seu escudo e sua espada na frente, atrás, do lado direito, do lado esquerdo, acima, abaixo, por dentro e por fora te protegendo de qualquer situação indesejável.

---

[7] Efésios 6:17: "Espada do Espírito", ou seja, uma arma disponível a todos os seres humanos, que é capaz de vencer todo mal: a fé no poder da palavra divina.

No plano astral, existe o campo emocional dos espíritos desencarnados, obsessores ou entidades do mal. Por essa razão, eles sentem dor, medo, desejo e ansiedade. A espada do Arcanjo Miguel corta as energias que os seres malignos emanam para os nossos corpos inferiores, através de densidades de nossa própria consciência.

É muito comum vermos imagens de Miguel segurando a balança da justiça e usando uma armadura, símbolos que fazem alusão a coragem, força, verdade e proteção. Na época medieval, a armadura era utilizada por soldados em ordem de batalha, e no mundo espiritual esse signo linguístico nos remete à proteção espiritual que devemos ter no combate aos inimigos.

O dragão ou o demônio, no solo derrotado pela lança do arcanjo, representa a vitória Divina sobre os instintos inferiores e nossas batalhas. Representa a vitória sobre o mal.

Sua armadura também representa a força e a proteção contra os males. Na passagem bíblica do Apocalipse, o Arcanjo Miguel, diante da batalha que houve no Céu, com seu exército de anjos, combateu e venceu a primitiva serpente, chamada de Satanás. A partir desse momento, Satanás não teve mais lugar no Céu e foi expulso para a Terra, junto com seus anjos maus, os demônios.

Existe ainda o arquétipo do Arcanjo Miguel pisando na cabeça do demônio e acorrentando-o, o que representa a prisão de todo o mal por ele. A corrente é um símbolo de aprisionamento.

A imagem do Arcanjo Miguel combatendo o dragão contém a mensagem de que uma fé inabalável e forte sempre nos protegerá do mal, derrotando-o nas batalhas que travaremos ao longo da vida.

As asas, na imagem do Arcanjo Miguel, trazem a simbologia dos anjos e arcanjos, seres superiores, próximos de Deus, e que estão nos guardando e protegendo o Céu. Trata-se da elevação espiritual, da qualidade celestial.

O manto vermelho, em algumas versões, representa o amor de Deus para nos confortar nos momentos mais difíceis de nossas vidas. Sua Luz vibra em tons de azul, com mesclas de prata e dourado. Sua cúpula de luz azul-cobalto confere proteção, sendo capaz de repelir quem não esteja dentro da Ordem Divina.

Nas igrejas Católica, Anglicana e Luterana, a festa do Arcanjo Miguel ocorre em 29 de setembro (no calendário ocidental), quando também se comemoram os anjos Gabriel e Rafael, na chamada "Festa de São Miguel e todos os anjos".

Para a Igreja Ortodoxa, a principal festa de São Miguel acontece no dia 8 de novembro (21 de novembro na maior parte das denominações ortodoxas, que ainda usam o calendário juliano), quando ele é homenageado com o restante dos "poderes não encarnados do Céu" (os anjos) como seu "comandante supremo".

No Cristianismo, Miguel e São Jorge tornaram-se santos patronos da cavalaria medieval, e hoje são considerados protetores dos oficiais de polícia e militares.

O Templo do Arcanjo Miguel, no plano etérico, está situado sobre as Montanhas Rochosas, no Canadá. Esse templo tem forma circular e de proporções consideráveis, com quatro entradas que correspondem aos quatro pontos cardeais. Muitas pessoas se dirigem à noite, em seus corpos sutis, a esse templo em busca de cura para doenças do corpo e da alma.

Há revelações de que a Ordem de Miguel trabalha em íntima colaboração com duas outras: a ordem de Melquisedeque,[8] que cuida do despertar da consciência crística; e a ordem de Enoque,[9] responsável pela transmissão dos ensinamentos científicos da Criação – é a Física Divina. Miguel trabalha ainda com Metatron, na Ordem Suprema.

---

[8] Apesar das raras referências a ele na Bíblia, o Livro Sagrado alude a Melquisedeque como o sábio rei de uma terra chamada Salém e "sacerdote do Deus Altíssimo" (Gn 14:18). No Novo Testamento, ele é comparado a Jesus, de que é dito ser "segundo a ordem de Melquisedeque" (Epístola aos Hebreus).

[9] A Ordem de Enoque refere-se a tradições esotéricas inspiradas pelo personagem bíblico Enoque, que é associado à sabedoria e ao conhecimento oculto. Ele é considerado um mensageiro de Deus e figura central em textos apócrifos, como o Livro de Enoque, que traz revelações sobre anjos e a espiritualidade.

Junto com o seu Complemento Divino, a Arcangelina Fé, o Arcanjo Miguel atua para fortalecer a fé e a confiança no Poder Divino e nas Forças Superiores, restaurando a Ação da Vontade Divina no coração de cada ser humano. Estão no planeta Terra desde a sua formação e em constante sintonia com os Seres Superiores que irradiam Fé e Proteção para a libertação de todos que invocarem sua força.

A figura do Arcanjo Miguel, como vimos, nos remete ao enfrentamento do mal que aflige a humanidade, principalmente quando entramos em conexão com forças negativas que vibram na terceira dimensão.

==Devemos lembrar que o bem sempre está dentro de nós e que estamos vivenciando atualmente a máxima do livre-arbítrio.== Diante desse fato, temos uma linha extensa e tênue para a invasão do campo negativo.

Essa luta se revela no nosso inconsciente, momento em que as falanges de arcanjos, anjos e mestres atuam para a manutenção do campo energético do planeta Terra. Nós estamos inseridos nesse processo de elevação para níveis sutis de consciência.

O livre-arbítrio não é a liberdade absoluta para fazer o que se quer, por isso pode ser uma grande armadilha para muitos. Em nome dele, muitos exageros são cometidos, momento no qual se abre a porta para o mal e grandes batalhas são travadas.

A proteção do Arcanjo Miguel e de sua Legião de Anjos elimina os miasmas formados pelos pensamentos e sentimentos inferiores, e sua atuação é muito rápida, principalmente quando o invocamos para iluminar nossas sombras, medos e pensamentos negativos.

A ação do Arcanjo Miguel estimula a sensação de segurança e traz força para a determinação, auxiliando nas decisões por meio da resolução das dúvidas que acometem o ser humano. Em termos coletivos, o Arcanjo Miguel inspira os líderes da humanidade, sejam os líderes de grupos, sejam os líderes governamentais, trazendo os parâmetros Divinos e a Vontade do Criador para as lideranças. Ele lidera um exército de Luz, e sua Espada está à disposição de todos os seres humanos.

Além disso, pensamentos negativos podem se cristalizar, transformando-se em uma forma-pensamento[10] e atrapalhando nosso caminho evolutivo. A mente nunca para de trabalhar, é uma máquina poderosa que pode ser usada para nosso benefício físico, emocional ou espiritual. Nossos pensamentos levam à manifestação do que queremos. Segundo o princípio hermético do mentalismo, se alguém acreditar que é possível, sua meta se tornará realidade.

Quando falamos no Arcanjo Miguel, estamos nos referindo a uma consciência ou, se preferir, a um grupo de consciências. Entretanto, estamos vibrando em terceira e quarta dimensões, e os seres de dimensões superiores se plasmam de modo que possamos compreender sua imagem de acordo com o signo linguístico.

No caso do Arcanjo Miguel, é muito comum percebermos a presença dele por meio de uma Espada Azul flamejante, uma forma humana de cabelos dourados, olhos azuis e brilho deslumbrante e bastante alta. Isso se dá porque já firmamos no inconsciente que a figura de Miguel é dessa forma, o que não desclassifica qualquer outra imagem que possa vir à mente e se manifestar com a força desse arcanjo.

==Quando percebemos que faltam força espiritual e ânimo para seguir com nossos projetos, ou até mesmo quando captamos uma energia que nos prejudica, podemos invocar a poderosa força do Arcanjo Miguel.==

Esse arcanjo ajuda a liberar o medo e a dúvida, promovendo coragem, direção, energia, vitalidade, motivação, limpeza do espaço, libertação espiritual, dignidade e autoestima e atuando em todos os aspectos de nossas vidas.

---

[10] Formas-pensamento são criações mentais que utilizam a matéria fluídica ou matéria astral para compor as características de acordo com a natureza do pensamento. Desse ponto de vista, encarnados e desencarnados podem criar formas-pensamento com características boas ou ruins, positivas ou negativas. São construídas quando uma imagem (um pensamento) é produzida e impregnada de vitalidade humana (emoção), dando-lhe significado pessoal. Essas formas-pensamento ressoam e entram em sintonia com outras, criando um consenso de opiniões no mundo à nossa volta. As formas-pensamento têm vida própria e se alimentam de seu criador. Nunca se dissolvem; são apenas transformadas.

Os Anjos do Fogo Azul, como são conhecidos os comandados de Miguel, eliminam os miasmas e formas-pensamento criados por nós, seres humanos, muitas vezes fruto do inconsciente coletivo.[11]

Quando invocamos a força de Arcanjo Miguel, instantaneamente sentimos a sua interferência para seccionar os processos auto-obsessivos, ataques astrais de seres que estão vibrando na energia contrária ao bem.

No ciclo energético relacionado à presença de Miguel Arcanjo, sua força é ainda mais notável nos lares nos quais lutas e batalhas são travadas diariamente. A vigilância é crucial, especialmente durante o repouso noturno, nos desdobramentos, nas saídas de corpo e nas experiências da alma. Orar antes de dormir e ao acordar é essencial para fortalecer as viagens espirituais naturais dentro de um campo de proteção. Colocar uma pedra de cianita sob o travesseiro intensifica as vibrações, frequências e estruturações do corpo durante o sono.

==A relação com a espiritualidade é um processo constante a ser vivenciado e cultivado a cada momento, passo a passo.== Ela requer aprendizado contínuo, renovação e reinterpretação, desmontando e construindo novas perspectivas em uma jornada que exige atenção. Valorize o que traz leveza, paz, harmonia e bênçãos em seu dia a dia.

Sendo um dos mais poderosos e fortes arcanjos, Miguel defende todas as coisas que são puras, tais como intenções, propriedades, pensamentos ou desejos. Assim, sempre que algo puro está em risco de ser atacado por uma força do mal, o Arcanjo Miguel intervém de maneira milagrosa para salvaguardar a pureza neste mundo de várias maneiras.

Você pode ter ouvido, em muitos casos, que o Arcanjo Miguel salvou alguém de um acidente que poderia ter sido fatal. Sim, ele nos protege enquanto estamos nos deslocando de um lugar para outro. O que devemos fazer é pedir: "Arcanjo Miguel, ajuda-me"!

---

[11] O inconsciente coletivo para Jung consiste em toda herança espiritual de evolução da humanidade, nascida novamente na estrutura cerebral de cada ser humano (JUNG, C. G. *Memórias, sonhos e reflexões*. Rio de Janeiro: Nova Fronteira, 2016).

Para estabelecer laços fortes com o Arcanjo Miguel, você deve fazer uma oração ao seu comando com o coração puro e boa intenção. Ao realizar a oração, limpe a mente de todos os outros pensamentos e concentre-se apenas na ajuda de que você precisa.

Toda vez que pensamos, emitimos uma vibração que reverbera no corpo mental. Este, por sua vez, projeta uma porção vibratória de si mesmo, que toma forma de acordo com a natureza dessa vibração, atraindo matéria elemental do mundo mental. Essa é uma forma vivente, criada pelo pensamento que lhe deu a vida, impulsionada por uma vontade constante e firme.

Uma forma-pensamento se alimenta da vibração mental e emocional. Dependendo do teor vibratório, poderá ser uma forma positiva (criada por meio das virtudes) ou prejudicial (sentimentos de raiva, tristeza, maledicência, inveja). Essas substâncias plasmadas de substâncias astrais pela forma do pensamento são conhecidas por elementais artificiais ou elementares.

Com o tempo, essas formas-pensamento poderão se ligar a outras formas de mesmo teor de sentimentos, buscando novas fontes de alimentação. Quando encontra outro ser que tem afinidade com essa emanação vibratória, com essa sintonia, a forma-pensamento produz nele vibrações do mesmo caráter, passando a reproduzir pensamentos da mesma estirpe.

Uma forma-pensamento, depois de criada, fica gravitando sobre seu criador à espera da oportunidade de atuar. Ela ganha força quando ele está com sua mente passiva e em descanso, sem defesas. Daí a importância do estado de presença e da oração para repelir e enfraquecer a forma-pensamento negativa.

O Espírito Pai Damião explica que, a cada hora, existem entre três e cinco pessoas intencionando outra, ou seja, lembrando, pensando, trazendo-a para a reflexão. Então imagine se, nesse contexto de cinco pessoas, três estiverem intencionando por meio de invejas, negatividade ou outras ordenanças contrárias à luz. Abre-se um contexto energético prejudicial, como se se formasse um buraco no plasma.

Muitas vezes as dores de cabeça que não passam são elementais artificiais vibrando negativamente, ou seja, alguém na intenção da pessoa que está sofrendo dessas dores.

Em toda e qualquer situação de perigo, de diligência necessária, em que você precise da intervenção da espiritualidade, repita de forma mental ou em voz impositiva, sete vezes: *"Espadas erguidas da Legião do Arcanjo Miguel"*. Agindo assim, você receberá a intervenção Divina imediatamente.

Quando algo estiver perturbando ou atrapalhando você, qualquer obstáculo que esteja plasmado em uma pessoa, em um devaneio mental ou em qualquer situação espiritual de desarmonia do seu lar, ou de você mesmo(a), repita a prece sete vezes: *"Espadas erguidas da Legião do Arcanjo Miguel"* e imediatamente a grande Luz Divina intercederá por você, abrandando, seccionando, fazendo tudo o que for necessário.

Com calma e tranquilidade, você receberá as bênçãos e até mesmo aqueles seres contrários à luz serão tocados pela calma, tranquilidade e amor Divinos, pois você estará protegido pela Legião do Arcanjo Miguel. Mantenha-se firme em suas raízes, conectado à espiritualidade, e receba as dádivas do amor e da harmonia Divina. Coração e intenção puros representam a chave para suas orações serem respondidas. Uma oração feita com a intenção de prejudicar outro indivíduo nunca será respondida por Miguel, pois todos são iguais aos olhos desse arcanjo.

Outra coisa que podemos fazer antes de invocar a força dos anjos é exercitar a força do perdão para todas as chagas abertas, físicas e emocionais. A energia do perdão quebra todas as correntes que nos aprisionam emocionalmente e atravessa as barreiras do tempo.

A LINHA SACRA DO ARCANJO MIGUEL NO PLANETA

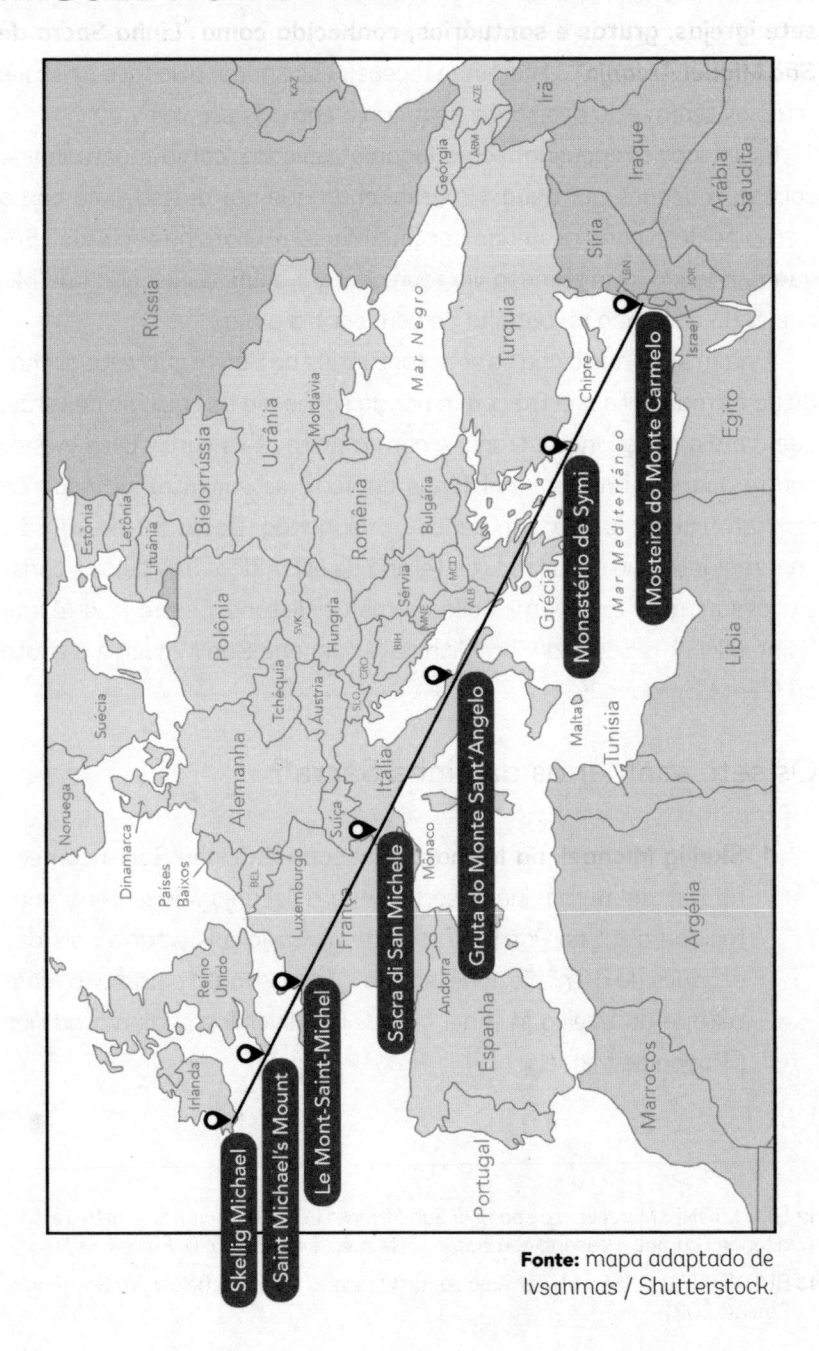

- Skellig Michael
- Saint Michael's Mount
- Le Mont-Saint-Michel
- Sacra di San Michele
- Gruta do Monte Sant'Angelo
- Monastério de Symi
- Mosteiro do Monte Carmelo

Fonte: mapa adaptado de Ivsanmas / Shutterstock.

Existe uma linha reta misteriosa de peregrinação no planeta, há aproximadamente quinze séculos, que vai da Irlanda a Israel, unindo **sete igrejas, grutas e santuários, conhecida como "Linha Sacra de São Miguel Arcanjo"**. O caminho recebeu esse nome pelo fato de esses templos terem sido dedicados ao arcanjo entre os séculos V e XII.

Esses locais repousam sobre lugares elevados, como montanhas e colinas, rodeados por água. Há uma lenda que narra essa linha como um golpe de espada desferido por São Miguel na batalha espiritual. Segundo a lenda, a misteriosa via representa o golpe da espada que Miguel teria desferido na batalha do bem contra o mal.

A via mística que aloca os sete santuários de São Miguel está alinhada de forma muito precisa com o pôr do sol no dia do solstício de verão, que é o dia mais longo do ano, e com a noite mais curta. Esse evento ocorre quando um dos hemisférios da Terra se encontra inclinado de modo a receber luz por um período prolongado. Dessa forma, um dia com maior tempo de luz reduz o tempo de escuridão. Três dessas construções estão a exatos mil quilômetros de distância entre si: o Monte Saint-Michel, a Sacra di San Michele (Abadia de São Miguel) e a Gruta do Monte Gargano.[12]

Os sete santuários da Linha Sacra[13]

1. **Skellig Michael, na Irlanda:** o traçado da Linha Sacra começa na Irlanda, numa ilha deserta onde o Arcanjo Miguel teria aparecido para São Patrício a fim de ajudá-lo a libertar o país dos ataques do demônio. É nessa ilha que se levanta o primeiro mosteiro: o de Skellig Michael ou Sceilig Mhichíl, em idioma gaélico ("Rocha de Miguel").

---

[12] STANZIONE, Marcello. *La spada di San Michele*: La Linea Sacra che attraversa e difende l'Europa. Pessano con Bornago: Mimep-Docete, 2020. *E-book*.

[13] BURNETT, Loo. *São Miguel Arcanjo*: um tratado sobre angelologia. São Paulo: Paulus, 2021.

2. **Saint Michael's Mount ou Montanha de São Miguel, na Inglaterra:** ilha rochosa próxima à Cornualha, na Inglaterra. A data aproximada da construção é o século V. São Miguel teria livrado um grupo de pescadores de um naufrágio, conduzindo-os a um porto seguro que posteriormente se transformou em um lugar de culto angélico, devido a importantes graças e favores da criatura celeste. Quando a maré está baixa, essa ilha se junta ao continente, lembrando o Mont-Saint-Michel, na França.
3. **Mont-Saint-Michel ou Monte de São Miguel, na França:** um dos principais assentamentos para honrar o arcanjo está localizado na Normandia. O arcanjo teria aparecido ao bispo Aubert no século VIII e solicitado a construção de uma capela no topo da ilha rochosa para o culto cristão. Esse local se tornou um centro de peregrinação cristã no período da Idade Média, o que contribuiu para a disseminação do culto ao Arcanjo Miguel na Europa.
4. **Sacra di San Michele, na Itália:** localizada ao norte da Itália, próximo a Turim, no vale de Susa, está a cerca de mil quilômetros de distância do Mont-Saint-Michel. Esse impressionante complexo de mais de dez séculos, formado por um mosteiro e uma igreja, foi construído no século X. Ao longo do tempo, foram sendo acrescentadas novas estruturas, como a hospedaria construída pelos monges beneditinos, já que o santo lugar ficava na rota dos peregrinos da Via Francigena, antiga estrada que ia da França para Roma.
5. **Gruta de São Miguel Arcanjo em Monte Sant'Angelo, na Itália:** mais mil quilômetros em linha reta e se chega à também região italiana da Apúlia, mais precisamente ao Monte Gargano. Ali, uma caverna de acesso muito difícil se transformou em lugar sagrado e viu erguer-se o Santuário de São Miguel Arcanjo, iniciado no fim do século V, após a aparição do Arcanjo Miguel a São Lourenço Maiorano, solicitando um lugar para difundir o culto aos anjos.
6. **Monastério de Symi, na Grécia:** São Miguel teria demandado ao eremita Luke a construção de uma igreja em sua homenagem.

Onde o arcanjo apareceu, emergiu da terra uma fonte de água considerada sagrada, fato ocorrido próximo ao século XI. Aqui, o mosteiro alberga uma das maiores efígies de Miguel que existem no mundo, com três metros de altura. Esse local, apesar do acesso difícil, recebe peregrinos do mundo inteiro.

7. **Mosteiro do Monte Carmelo, em Haifa, Israel:** este é o último santuário da Linha Sacra, conhecido como monastério Stella Maris do Monte Carmelo. Conta a tradição que os eremitas que habitavam a colina eram devotos fervorosos de São Miguel e promotores do culto micaélico. Esses mesmos religiosos iniciaram a construção do célebre mosteiro no século XII.

MEDITAÇÃO PARA SE CONECTAR COM O ARCANJO MIGUEL

- Encontre um local tranquilo onde você possa sentar em uma posição confortável. Feche os olhos e respire profundamente algumas vezes para relaxar o corpo e acalmar a mente.
- Se preferir, coloque uma música, acenda um incenso e segure um cristal, de preferência cianita azul.
- Feche os olhos suavemente e respire profundamente algumas vezes para relaxar o corpo e acalmar a mente.
- Traga sua atenção para a respiração, observando o movimento natural do ar entrando e saindo de seu corpo.
- Sinta a respiração passando pelas narinas, inflando o peito e expandindo o abdome. Respire bem suave e profundamente, inspirando o ar até expandir seu abdome, segurando o ar, contando até quatro, soltando o ar pela boca até sentir a barriga totalmente vazia, inspirando novamente pelo nariz e contando até quatro, segurando o ar na barriga, contando mais quatro e soltando pela boca.
- Sem abrir os olhos, repita quatro vezes essa respiração e acalme a sua mente, apenas sentindo a sua respiração. A cada movimento, você vai mentalizar a cor azul do Arcanjo Miguel calibrando cada chakra.
- Pratique a atenção plena, observando os pensamentos, emoções e sensações corporais à medida que surgem, mas sem se prender a eles.
- Visualize cada parte do seu corpo se tornando mais leve e solta à medida que você se entrega ao relaxamento, imaginando-se em um local tranquilo e sereno da natureza ou em qualquer ambiente que traga sentimentos de paz e relaxamento.
- Invoque a presença do Arcanjo Miguel, dizendo em voz alta ou mentalmente:

Arcanjo Miguel, eu te invoco agora. Por favor, esteja presente e guie-me nesta meditação com sua proteção e força.

- Visualize uma espada brilhante, resplandecente e poderosa na mão do Arcanjo Miguel. Veja sua lâmina reluzente, irradiando uma luz azul e dourada, que transmite coragem, proteção e purificação. Decrete:

    Que as espadas erguidas do Arcanjo Miguel limpem e purifiquem a minha caminhada evolutiva.

- Sinta a conexão com a espada do Arcanjo Miguel e o poderoso campo de proteção ao seu redor envolvendo sua aura em segurança e coragem.
- Gradualmente, traga sua atenção de volta ao momento presente, fazendo movimentos suaves com o corpo.
- Abra os olhos lentamente e observe como se sente após a meditação.
- Finalize a prática com um sentimento de gratidão por esse tempo dedicado ao seu bem-estar.
- Ao concluir a meditação, agradeça ao Arcanjo Miguel por sua proteção e orientação. Sinta-se grato(a) pela energia purificadora e fortalecedora que recebeu. Abra os olhos lentamente e retorne ao seu estado consciente.

PROTEÇÃO DA CASA COM ARCANJO MIGUEL E ANJO DA GUARDA

ACESSE O QR CODE
https://www.youtube.com/watch?v=oIV307O40Mc

3
Os sete raios e sua missão de vida

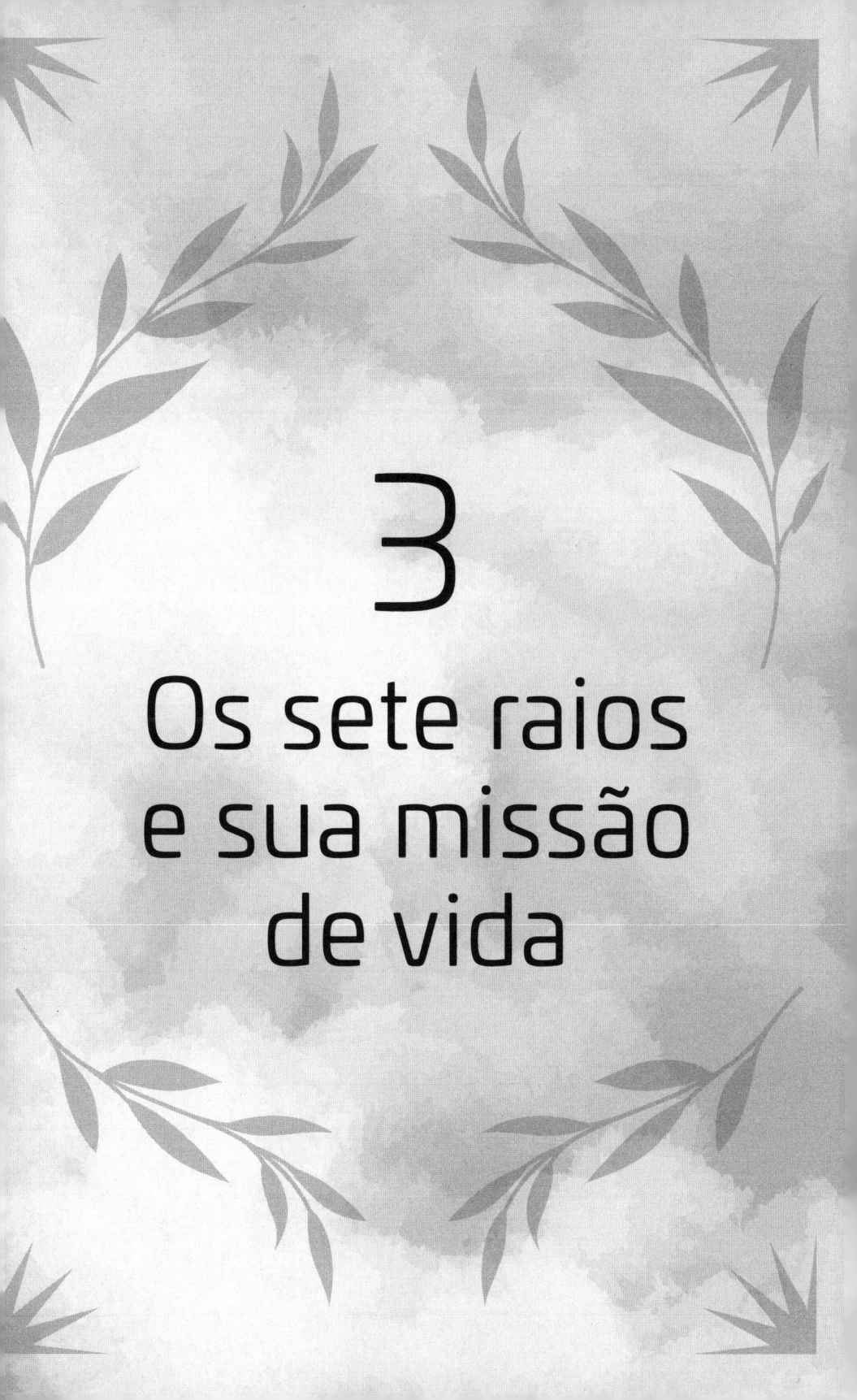

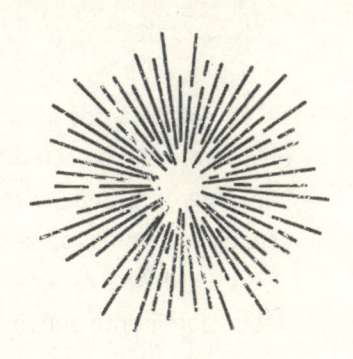

Mestres Ascensionados são seres que alcançaram grande evolução espiritual, após diversas encarnações como seres humanos. São aqueles que atingiram a maestria sobre suas energias e se tornaram livres de todas as limitações terrenas, podendo atuar, a partir de então, em toda a extensão do Universo.

Essa "organização" hierárquica, também conhecida como a Irmandade da Luz ou Grande Fraternidade Branca, atua na evolução dos seres vivos da Terra, sustentando todas as transformações para que se cumpra o Plano Divino neste planeta. É uma grande unidade de consciências luminosas e inteligentes formada por um conjunto de múltiplas unidades energéticas luminosas, todas com suas próprias tarefas e missões, visando implementar objetivos e desenvolver princípios na humanidade.

O objetivo maior dos Mestres Ascensionados é ajudar todos os seres humanos a terem os mesmos direitos, deveres e oportunidades de evolução para cumprir suas tarefas na Terra e a viverem em completa paz e equilíbrio com todos os seres e forças da natureza.

Muitos Mestres, durante sua peregrinação terrena, participaram de grandes feitos, trazendo uma mensagem de Deus. Foram eles: sábios escritores, líderes religiosos, filósofos, libertadores de povos, pessoas que sempre contribuíram para o progresso da humanidade.

As energias dos Mestres Ascensionados oferecem sabedoria e nos guiam em nossas tarefas, sustentando nosso processo evolutivo. Eles são poderosos Seres de Luz que dirigem o progresso do planeta e o desenvolvimento de todos que nele habitam.

Cada Mestre Ascensionado escolheu uma qualidade ou tema energético dominante para infundir em seu campo de experiência particular, dedicando-se a um raio ou uma chama, a depender da linha de estudo (Fraternidade Branca, sete raios).

Os raios são expressões de energia que revelam as nossas qualidades, os caminhos que devemos percorrer para o nosso desenvolvimento na evolução planetária. Correspondem a todas as atividades da vida que precisamos desenvolver para alcançar a maestria e o domínio individual.

A energia dos sete raios, segundo alguns autores, começou a ser aplicada em Atlântida,[1] onde havia templos para cada um deles. Foi Helena Blavatsky[2] a primeira autora a utilizar a expressão "sete raios", por meio da Ordem Teosófica.

Os raios são energias cósmicas que influenciam vidas planetárias e solares, envolvendo todos os seres e suas relações com a natureza. Segundo Alice Bailey, "Os Sete Raios são sete diferenciações de um grande Raio cósmico, efetuados no próprio ser do nosso Logos Solar".[3]

Há uma vida que se expressa por meio de sete qualidades radiantes, que são os sete raios, as sete vidas, que dão vida às formas e dão ao

---

[1] Continente que submergiu em épocas remotas, tendo ocupado parte do oceano Atlântico. Aparece pela primeira vez nos escritos de Platão. Na antiga Atlântida, muitos sábios e mestres espirituais trabalhavam para ajudar a humanidade a evoluir. Durante a sua queda, esses sábios se espalharam pelo mundo, formando grupos de trabalho espiritual em diferentes partes do globo.

[2] Nascida na Rússia em 1831, Helena Blavatsky desafiou a Igreja ao afirmar que "nenhuma religião é superior à verdade" e fundar a Sociedade Teosófica. Posteriormente muitos outros movimentos surgiram, a exemplo da "Grande Fraternidade Branca".

[3] Alice Bailey, inglesa nascida em 1880, continuou o trabalho de Helena Blavatsky e falou sobre as sete importantes correntes de energia consciente por meio das quais a divindade se exprime e a cuja influência estamos sujeitos.

mundo da forma o seu significado, suas leis e seu impulso para a evolução. A vida, qualidade e aparência, ou o espírito, alma e corpo, constituem tudo que existe.

Cada raio é regido por um mestre (chohan) que assumiu a responsabilidade de instruir e conduzir a humanidade nesse âmbito. Alguns foram escolhidos entre os seres que mais se destacaram na vida na Terra após várias encarnações; outros vieram de outros planetas para assistir a humanidade sob orientação do Maha Chohan, que, além da função de orientador, é o representante do Espírito Santo para a Terra.[4]

Cada um dos raios é também regido por um arcanjo, um elohim e seus respectivos Complementos Divinos ou chama gêmea.[5] Os arcanjos são os mensageiros de Deus e ministram fé e perseverança ao homem. Os elohins são os poderosos construtores que dirigem a criação dos sistemas de estrelas, planetas e todas as formas físicas de qualquer parte do Universo. Chohans, arcanjos e elohins trabalham em conjunto e em harmonia entre si para executar o Plano Divino.[6]

---

[4] Senhores, diretores ou mestres dos sete raios relacionados com a evolução no plano físico cósmico. Trabalham em plena harmonia entre si para executar o plano divino. Os Mestres Ascensionados chohans são guardiões de luz. Eles trazem continuamente energias de Amor, Esperança, Harmonia e Paz para a humanidade. Um chohan é um irmão que, pela sua experimentação de alma, sabedoria e amor, aceita com humildade a tarefa de ser um direcionador dos trabalhos da casa dispensadora, sempre com o auxílio do Maha Chohan e dos Instrutores do Mundo. Três Seres Cósmicos atuam paralelamente, visando ao desenvolvimento da Terra e prestando-lhe auxílio espiritual. São eles: o Manu (Deus-Pai para os recém-nascidos do espírito original), o Instrutor do Mundo (ou Cristo Cósmico) e o Maha Chohan (aquele que extrai a energia do coração do Universo e a distribui através dos sete raios).

[5] A ideia de uma chama gêmea ou Complemento Divino é comum em muitas tradições espirituais e se refere à crença de que cada alma tem uma contraparte divina com a qual compartilha uma ligação profunda e eterna.

[6] A palavra "elohim" (plural do hebraico "Eloah", que significa Deus) é um dos nomes de Deus, em hebraico. Significa "o Ser Poderoso" ou "Ser Forte". Elohim é um substantivo uniplural e se refere às chamas gêmeas da Divindade, que, por sua vez, compõem o "Nós Divino". Correspondem aos "sete Espíritos de Deus" mencionados no Apocalipse. Quando os anjos aparecem a Jacó em Betel, o termo usado é Elohim (Gn 35:7).

Existem Templos Planetários, também conhecidos como retiros, que irradiam para a Terra luzes de tonalidades diferentes a cada dia da semana, com seus respectivos atributos. Estão situados sobre vórtices de poder da Terra, como cadeias montanhosas ou locais sagrados. O Templo de Luxor, no Egito, é um exemplo.

Esses templos etéricos são focos de luz para a humanidade, situados em dimensões superiores, nos planos habitados pelos Mestres Ascensionados, invisíveis aos nossos olhos, e desempenham muitas funções para o equilíbrio da vida na Terra.

O nosso planeta é visto como um "educandário terrestre" e recebe o auxílio dos templos, cidades de luz dos Mestres Ascensionados, Seres Cósmicos, arcanjos e diversos amigos da espiritualidade para nosso processo de evolução.

Cada Templo tem sua nota-chave, a música associada àquele lugar, e que traz a sintonia e a vibração desses locais. Assim, temos como exemplos o Templo da Ressurreição, no plano etérico, sobre a Palestina, o Templo de Shamballa, no campo etérico acima da cordilheira do Himalaia (perto da Sibéria), o Templo de Royal Teton, no interior das Montanhas Rochosas, Estados Unidos, o Templo de Maria (Fátima, Portugal), o Templo de Saint Germain, no Monte Shasta (Califórnia, EUA), o Templo de Jesus (Arábia Saudita), o Templo de El Morya (Darjeeling, Índia), o Templo do Arcanjo Miguel (Banff, Canadá), o Templo de Serápis Bey (Luxor, Egito), entre outros.

Podemos pedir aos mestres e anjos que, durante o período de nosso sono, nos conduzam a esses locais para que possamos vê-los, receber instruções e aprendizado e fazer contato com os Seres de Luz, de acordo com nosso merecimento e preparo. Ao acordar, não teremos a clara lembrança do ocorrido, mas sutilmente, ao longo do dia, poderemos ter maior compreensão sobre as diversas situações da vida, além de uma sensação de paz e amparo.

A audição de certas músicas pode auxiliar a elevar nossa vibração, nossos pensamentos e nossa alma. A melodia "Parsifal", de Richard Wagner, por exemplo, nota-chave do "Templo da Ressurreição", tem o poder de tocar nossos sentidos, pela profundidade de seus acordes. Mergulhar nessa música proporciona ao ouvinte paz, leveza e tranquilidade.

Existem os templos das qualidades Divinas, como o Templo da Ressurreição, o Templo da Verdade e da Cura, o Templo da Chama Violeta, entre outros. Ainda, nas cidades do plano espiritual, há as Universidades do Espírito, locais de aprendizado e estudo para onde podem ser levados, no momento do sono, aqueles que desejam continuar aprendendo e recebendo instruções durante a noite, diretamente dos Mestres Ascensionados e seres espirituais.

Os raios, portanto, são expressões de energia com características especiais e distintas. Cada raio tem sua cor, que vai emanar as características necessárias para a cura e ascensão de seu portador. Os raios representam as seguintes cores e poderes:

- Primeiro raio – azul – poder.
- Segundo raio – dourado – sabedoria.
- Terceiro raio – rosa – amor.
- Quarto raio – branco – pureza.
- Quinto raio – verde – cura.
- Sexto raio – rubi – devoção.
- Sétimo raio – violeta – transmutação.

Os sete raios são dirigidos por Mestres Ascensionados (chohans) e ajudam na condução da humanidade, auxiliados pelos arcanjos e pelos elohins.

Os Mestres Ascensionados se manifestam por meio de uma personalidade aglutinada de toda a sua experiência cósmica, como uma memória do registro akáshico da energia "Eu Sou".[7] A manifestação é uma, e sua personalidade é apenas para que a mente humana compreenda o processo de ascensão, e manifestação de um Mestre Ascensionado, por meio do signo linguístico, representação de alguém que já passou pela humanidade com essa feição. Na verdade, o que há é uma unidade energética que atua em prol da humanidade e do planeta Terra.

---

[7] Os registros akáshicos são o depósito de toda a memória (passada, presente e futura) no Universo. Situam-se como impressões em um espaço dimensional fora de nossa percepção tridimensional.

APRENDA A CALCULAR O SEU RAIO

O seu raio cósmico, que traz características de sua missão de vida, pode ser calculado pela numerologia do dia em que você nasceu. É a vibração que estava incidindo no planeta no momento do seu nascimento. Tomar consciência do raio de missão de vida vai auxiliar no cumprimento do seu propósito e ajudar a saber os desafios da atual reencarnação.

Deve-se fazer a somatória do dia, do mês e do ano da data de nascimento. Vá somando os dígitos resultantes até reduzir o número para um dígito. Apenas números de 1 a 7 serão considerados.

Exemplo:
A data de nascimento é: 06/09/1981
O cálculo é feito desta maneira: 0 + 6 + 0 + 9 + 1 + 9 + 8 + 1 = 34
Agora, vamos reduzir o número a um único dígito:
3 + 4 = 7
O sétimo raio é o seu raio da missão de vida.

Casos especiais:
- Se o último dígito for 8, subtraia 7 dígitos, chegando ao resultado 1, ou seja, primeiro raio.
- Se o último dígito for 9, subtraia 7 dígitos, chegando ao resultado 2, ou seja, segundo raio.

Exemplo:
13/12/1973 = 1 + 3 + 1 + 2 + 1 + 9 + 7 + 3 = 27, então 2 + 7 = 9.
Assim:
9 − 7 = 2 (o segundo raio é o seu raio da missão de vida).

Cada raio revela a nossa vida, a nossa qualidade essencial neste plano. Existe outra forma de saber seu raio, que é aquele do dia da semana em que você nasceu. Diz-se que é o raio da missão de alma (a escola em que fomos preparados antes de reencarnar). Por exemplo, quem nasceu numa quinta-feira trouxe a missão do raio verde.

DESCUBRA QUAL O SEU RAIO DE MISSÃO DE VIDA

ACESSE O QR CODE
https://www.youtube.com/watch?v=rS7Kg2FAXF0

Agora que você já sabe calcular o seu raio da missão de vida, vejamos as características básicas de cada um deles.

PRIMEIRO RAIO – AZUL – DOMINGO

O primeiro raio cósmico é associado à vontade Divina, à força, à liderança, ao poder e à coragem. As energias fortalecedoras da Vontade de fazer; um símbolo da onipotência de Deus. Essa chama pode fortalecer sua vontade e ajuda você a tomar decisões sábias para o bem maior de todos.

O Mestre El Morya é o chohan desse raio. No tempo do Mestre Jesus foi Melchior, um dos três sábios dos países do Oriente. Ele foi o lendário Rei Arthur da Sagrada Taça Graal, bem como o humanista e estadista Thomas Morus, que escreveu a obra *Utopia*. Em sua última encarnação, foi o célebre poeta irlandês Thomas Moore. Seu santuário está em Darjeeling, junto ao Himalaia, na Índia.

O complemento Divino ou chama gêmea[8] de El Morya é Lady Miriam. Juntos, eles expressam o amor Divino e a harmonia cósmica. Esse raio traz a força do Arcanjo Miguel e seu Complemento Divino, Fé; e do Elohim Hércules e seu Complemento Divino, Amazon.[9]

---

8 São almas que se complementam no campo etérico, e não no físico.
9 O Elohim Hércules e seu Complemento Divino Amazon ajudaram na criação do planeta Terra e representam a chama azul do poder e da ação voluntária.

As energias fortalecedoras da Vontade de fazer são um símbolo da onipotência de Deus. Essa chama pode fortalecer sua vontade e ajuda você a tomar decisões sábias para o bem maior de todos.

A chama do raio azul representa Fé, proteção, força e poder, ação. Devemos sempre visualizar essa cor envolvendo nosso corpo quando necessitamos dos atributos que ela pode nos dar.

As pessoas que pertencem a esse raio são muitas vezes fáceis de serem reconhecidas, pois têm força e energia ilimitadas. Elas criam, constroem, são ativas, líderes por natureza. Ocupam cargos de chefia e têm capacidade para executar qualquer tarefa com muita energia. É comum serem empresários, políticos, executivos e profissionais liberais.

Missão de vida: poder, fé, proteção, ação, vontade Divina, coragem, força.

Características positivas: coragem, capacidade de liderança, criatividade, persistência, domínio, comunicação, aventura, poder, independência, senso de responsabilidade.

Características negativas: ambição ilimitada, egoísmo, arrogância, autoritarismo, intolerância, orgulho, desejo de controlar a vida dos outros, ver a fraqueza do outro como defeito, teimosia, imposição da vontade.

Devem cultivar: compaixão, humildade, tolerância, interesse em partilhar, paciência, amor.

Aqui estão algumas afirmações positivas que podem estar alinhadas com as energias do primeiro raio cósmico:

Eu Sou a manifestação da vontade Divina
Eu Sou a coragem
Eu Sou o poder
Eu Sou a superação de todos os obstáculos
Eu Sou a humildade
Eu Sou a compaixão
Eu Sou a tolerância

Eu Sou a paciência
Eu Sou a Ressurreição e a Vida da Fé iluminada das manifestações positivas do primeiro raio cósmico, hoje em atividade no meu ser e no meu mundo.

CONEXÃO COM O 1º RAIO
ACESSE O QR CODE
https://www.youtube.com/watch?v=m6Nnl1qdhpU

SEGUNDO RAIO – DOURADO – SEGUNDA-FEIRA

O segundo raio cósmico está associado à sabedoria Divina, à compreensão, à harmonia, à iluminação e à consciência em Deus. O Mestre Confúcio é o chohan desse raio, e seu Complemento Divino é Lady Soo Chee. Seu santuário é o Templo da Precipitação, situado no interior das Montanhas Rochosas do Royal Teton em Wyoming, nos Estados Unidos. Sua missão é melhorar o conhecimento dos países e das raças.[10]

Esse raio traz a força do Arcanjo Jofiel e seu Complemento Divino, Constance; e o Elohim Cassiopeia e seu Complemento Divino, Minerva.[11]

---

[10] Mestre Kuthumi e Lanto foram Diretores desse raio, até que passaram a instrutores do Mundo, juntamente com Jesus. O Mestre Kuthumi foi Gaspar, um dos três sábios reis magos do Oriente. Foi o matemático grego Pitágoras e mais tarde São Francisco. Juntamente com o Mestre El Morya, fundou a Sociedade Teosófica. O Mestre Lanto, em tempos passados, foi um grande governante da China. Substituiu o Mestre Kuthumi no posto de Diretor do segundo raio até este ser substituído pelo Mestre Confúcio.

[11] Foram os sete elohins que formaram a luz primordial do planeta Terra, um lugar luminoso destinado a todas aquelas crianças divinas que desejassem aprender a utilizar a energia irradiada pelas consciências de Cassiopeia e Minerva.

A chama do raio dourado representa sabedoria, iluminação, discernimento, humildade. Devemos sempre visualizar essa cor envolvendo nosso corpo quando necessitamos dos atributos que ela pode nos dar.

As pessoas que servem a esse raio aprofundam-se nos conhecimentos em relação ao homem e aos anjos, procuram melhorar seu conhecimento. É o raio dos professores, de todos os que lidam com o ensino e das pessoas com profissões de cura e serviço, facilidade para diplomacia, psicologia, pesquisas e estudos sobre saúde.

Missão de vida: pacificar, ajudar o próximo, amar.
Características positivas: solidariedade, generosidade, filantropia, lealdade, intuição, serenidade, confiança, compaixão, altruísmo, responsabilidade, empatia, consciência ecológica, sabedoria.
Características negativas: sensibilidade demasiada com as necessidades alheias, tendo a sensação de estar sobrecarregados(as) com as dores do mundo; tendência a absorver a negatividade do coletivo; lamentação, desânimo e sentimento de inutilidade, medo, supervalorização do estudo, isolamento, falta de entusiasmo.
Devem cultivar: fé, amor, compaixão, humildade, autoconfiança, simpatia, entusiasmo.

Aqui estão algumas afirmações positivas que podem estar alinhadas com as energias do segundo raio cósmico:

Eu Sou a luz da verdade
Eu Sou a compaixão
Eu Sou a sabedoria Divina
Eu Sou o amor por todos os seres
Eu Sou a aceitação
Eu Sou a iluminação
Eu Sou o conhecimento

Eu Sou a intuição
Eu Sou a Ressurreição e a Vida da Fé iluminada das manifestações positivas do segundo raio cósmico, hoje em atividade no meu ser e no meu mundo.

CONEXÃO COM O 2º RAIO
ACESSE O QR CODE
https://www.youtube.com/watch?v=fqJ4pN7SuTM

TERCEIRO RAIO – ROSA – TERÇA-FEIRA

O raio rosa, associado à Mestra Rowena, traz consigo uma série de qualidades e atributos espirituais que estão relacionados à energia da devoção, do amor e da compaixão. Com a fusão do primeiro raio, que representa a vontade de Deus, e do segundo raio, da Sabedoria Divina, forma a Chama Trina. Esses três raios completam a tríplice atividade da chama localizada no coração humano, que transforma o homem em um ser Divino.

A Chama Trina é a chama da libertação, pois ajuda a humanidade a atingir níveis mais elevados de consciência, para que possa se libertar interna e externamente, iluminar, despertar e expandir suas capacidades latentes e tornar-se mestre de si própria. Seus princípios são: liberdade, igualdade, fraternidade, equilíbrio, harmonia, paz, amor, justiça, sabedoria e luz para todos os seres.

São atribuídas ao terceiro raio as poderosas energias do puro amor Divino – o motor da Criação, mantendo a onipresença de Deus.

A Mestra Rowena é frequentemente associada à chama rosa, que simboliza o amor Divino, a beleza, a compaixão e a diplomacia. Ela é conhecida por inspirar essas qualidades em seus devotos, ajudando-os a cultivar relações harmoniosas e expressar amor incondicional. Sua chama gêmea é Mestra Vitória.[12]

Sua chama se dedica à delicadeza e à diplomacia.

Diz-se que o Foco de Luz da Chama Rosa, ou Chama da Liberdade, está localizado no Sul da França, no Chateau Liberté. De acordo com ensinamentos esotéricos, esse foco teria sido transferido para a área atual antes do desaparecimento da lendária Atlântida. A presença desse foco é vista como um centro de energia destinado a irradiar amor e liberdade para a humanidade, assistindo na elevação espiritual e no despertar das consciências para essas virtudes.

Aqueles que se conectam com a Mestra Rowena e a chama rosa muitas vezes buscam desenvolver maior harmonia interior, equilíbrio emocional e a habilidade de estender estas qualidades amorosas aos outros, promovendo a paz e a cooperação em seus círculos pessoais e além.

Esse raio traz a força do Arcanjo Samuel e seu Complemento Divino, Caridade; e o Elohim Órion e seu Complemento Divino, Angélica.[13]

A chama do raio rosa representa: amor incondicional, adoração, beleza e fraternidade. Devemos sempre visualizar essa cor envolvendo nosso corpo quando necessitamos dos atributos que ela pode nos dar. As poderosas energias do puro amor Divino – o motor da Criação – mantêm a onipresença de Deus.

As pessoas que a ele pertencem amam a beleza em todas as formas de expressão e são amáveis e compassivas. São delicadas, diplomáticas, dinâmicas. Tendem a ter profissões como advocacia, comércio, magistratura, astrologia, alquimia, história e jornalismo.

---

[12] Seu Maha Chohan, Mestre Ascensionado Paulo, o Veneziano, em sua última encarnação foi o artista Paolo Veronese, e exerceu a direção desse raio antes de Mestra Rowena.

[13] O Elohim Órion e seu Complemento Divino Angélica são vistos como manifestadores do amor Divino no Cosmos. Juntos, eles inspiram a paz ao infundir os corações humanos com amor puro e radiante. Essa energia é essencial para promover a harmonia e a unidade, ajudando a transformar relações e fomentar um ambiente mais pacífico. Meditar sobre suas energias auxilia no cultivo do amor incondicional.

Missão de vida: amor incondicional, beleza, poder de criação e expressão.
Características positivas: adaptação, intelecto, objetividade, dinamismo, equilíbrio, diplomacia, desapego das preocupações materiais, versatilidade, exercício do amor.
Características negativas: indiferença, impaciência, dispersão, fofoca, separatismo, hipocrisia, implicância, apelo ao materialismo, hiperatividade, preconceito, teimosia, superficialidade intelectual, manipulação.
Devem cultivar: tolerância, partilha, sociabilidade, paciência.

Aqui estão algumas afirmações positivas que podem estar alinhadas com as energias do terceiro raio cósmico:

> *Eu Sou o amor*
> *Eu Sou o perdão*
> *Eu Sou a beleza*
> *Eu Sou a tolerância*
> *Eu Sou a aceitação*
> *Eu Sou a paciência*
> *Eu Sou a compaixão*
> *Eu Sou a harmonia*
> *Eu Sou a Ressurreição e a Vida da Fé iluminada das manifestações positivas do terceiro raio cósmico, hoje em atividade no meu ser e no meu mundo.*

CONEXÃO COM O 3º RAIO
ACESSE O QR CODE
https://www.youtube.com/watch?v=HEyai268vlY

QUARTO RAIO – BRANCO – QUARTA-FEIRA

O quarto raio abrange a chama branca da pureza, da beleza, da arte e da ressurreição, também conhecida como Chama da Ascensão. O Mestre Serápis Bey é o seu chohan. Ele foi sacerdote do Templo da Ascensão da Atlântida. A maioria de suas encarnações aconteceu no Egito, a exemplo de Aquenáton IV e Amenófis III (nessa encarnação construiu os templos de Tebas e Karnak).

É invocado para harmonia, pureza, ascensão, ressurreição. Seu santuário fica localizado em Luxor, no Egito, e é o último estágio daqueles que conseguiram o total domínio dos corpos inferiores. Seu Complemento Divino é Hygeia.[14]

Esse raio traz a força do Arcanjo Gabriel e seu Complemento Divino, Esperança; e do Elohim Claire e seu Complemento Divino, Astrea.[15]

A chama do raio branco representa: harmonia, pureza, esperança e ascensão. Devemos sempre visualizar essa cor envolvendo nosso corpo quando necessitamos dos atributos que ela pode nos dar.

As pessoas que pertencem a esse raio são geralmente dotadas de talento artístico, com tendência para música, danças clássicas, teatro, cinema, pintura, escultura, arquitetura e arte de modo geral.

---

[14] Enquanto Serápis Bey foca a disciplina, pureza e ascensão espiritual, Hygeia é vista como representante da saúde e da cura. No entanto, para alguns estudiosos, o Complemento Divino de Serápis Bey é identificado como Ísis, a deusa que simboliza a magia, a maternidade e a fertilidade. Tanto Hygeia quanto Ísis estão ligadas à ideia de transformação e elevação através do equilíbrio e da harmonia, ajudando os indivíduos em seu progresso espiritual.

[15] O trabalho de Claire e Astrea consiste em purificar a atmosfera envolvendo pessoas, locais e objetos que possam estar impregnados com germes de impureza e maldade. Esse trabalho de limpeza e transmutação energética é fundamental para elevar as vibrações do planeta, promovendo a harmonia e a pureza necessárias para o bem-estar espiritual e material.

Missão de vida: certeza, honestidade, verdade, equilíbrio, altruísmo.
Características positivas: sensibilidade artística, equilíbrio, imaginação, criatividade, certeza de alcançar os objetivos, mediação, coragem.
Características negativas: comodismo, ímpeto, inquietude, depressão, vícios, instabilidade, fantasia mental, mudança de humor, procrastinação, egocentrismo.
Devem cultivar: serenidade, equilíbrio emocional, confiança, autocontrole, persistência.

Aqui estão algumas afirmações positivas que podem estar alinhadas com as energias do quarto raio cósmico:

Eu Sou a criatividade
Eu Sou o equilíbrio
Eu Sou a pureza Divina
Eu Sou a ordem e a organização
Eu Sou a serenidade
Eu Sou a coragem
Eu Sou a certeza de meus objetivos
Eu Sou a energia
Eu Sou a Ressurreição e a Vida da Fé iluminada das manifestações positivas do quarto raio cósmico, hoje em atividade no meu ser e no meu mundo.

CONEXÃO COM O 4º RAIO
ACESSE O QR CODE
https://www.youtube.com/watch?v=ABIUPxwrJCU

QUINTO RAIO – VERDE – QUINTA-FEIRA

O quinto raio cósmico, associado à cor verde, está ligado à cura, à verdade, à ciência e ao conhecimento. No comando desse raio está o Mestre Hilarion, que anteriormente foi o apóstolo Paulo. Seu santuário etéreo está localizado acima da ilha de Creta, na Grécia, onde se diz existir um templo que remete à antiga catedral de Atlântida.

A Bem-Amada Palas Athena, conhecida como a Deusa da Verdade, seu Complemento, atua neste raio e, também, é uma das Conselheiras do Conselho Cármico, simbolizando a Justiça e a Verdade. A cura promovida pelo quinto raio está intimamente ligada ao conceito de verdade, tanto no nível físico quanto na cura da alma humana. A chama verde é vista como uma energia curadora, que representa verdade, abundância e restauração. Visualizar-se envolvido por essa cor pode ajudar a absorver seus atributos de cura e revelação.

Esse raio também traz a força do Arcanjo Rafael e seu Complemento Divino, Mãe Maria, além do Elohim Vista (também chamado Ciclope) e seu Complemento Divino, Cristal. Indivíduos que vibram fortemente com o quinto raio frequentemente encontram sua vocação em áreas como saúde, ciência, ocultismo, pesquisa, psicologia e invenção, nas quais suas habilidades para buscar e aplicar a verdade são valorizadas e postas em prática.

Missão de vida: cura, verdade, abundância.
Características positivas: imparcialidade, amor pela pesquisa científica, domínio na área escolhida, exatidão na fala, honestidade, concentração.
Características negativas: ausência de compaixão e simpatia, excesso de minúcias, preconceito, materialismo, crítica severa, orgulho.
Devem cultivar: tolerância, amor, intuição, compreensão, simpatia, humildade, empatia.

Aqui estão algumas afirmações positivas que podem estar alinhadas com as energias do quinto raio cósmico:

> Eu Sou a luz
> Eu Sou a cura
> Eu Sou os caminhos abertos
> Eu Sou o amor Divino
> Eu Sou o equilíbrio
> Eu Sou a expansão da consciência
> Eu Sou a humildade
> Eu Sou a verdade
> Eu Sou a Ressurreição e a Vida da Fé iluminada das manifestações positivas do quinto raio cósmico, hoje em atividade no meu ser e no meu mundo.

CONEXÃO COM O 5º RAIO
ACESSE O QR CODE
https://www.youtube.com/watch?v=gqZYH-VDtm8

SEXTO RAIO – RUBI – SEXTA-FEIRA

O sexto raio cósmico é associado à devoção, à paz, ao serviço e ao idealismo, às energias da Paz Cósmica de Cristo. A paz é uma qualidade importante da Fonte necessária para sustentar permanentemente aquilo que está sendo criado.

Atualmente, é Mestra Nada quem ocupa o cargo de Dirigente do sexto raio. Em Atlântida, Mestra Nada serviu no Templo do Divino Amor. Seu templo de iluminação, o Templo Rubi, está situado no plano etérico na Arábia Saudita. Em uma de suas encarnações, ela foi Maria

Madalena, que muitos dizem ter sido a alma gêmea de Jesus. Mestra Nada trabalha com o Bem-Amado Mestre Jesus (Sananda) e é uma das conselheiras do Conselho Cármico.

Nesse contexto, a Mestra Nada e o Mestre Jesus são vistos como almas irmãs que compartilham uma conexão espiritual única e poderosa. Eles são considerados parceiros na obra da cura, do amor e da iluminação espiritual da humanidade. Enquanto a Mestra Nada é conhecida por sua compaixão, amor incondicional e serviço desinteressado, o Mestre Jesus é venerado por seu sacrifício, ensinamentos de amor e compaixão e exemplo de vida espiritual. Suas energias complementares se unem para promover a cura, a transformação e a elevação espiritual da humanidade, exemplificando a união sagrada entre as polaridades Divinas masculina e feminina.

A chama do raio rubi representa paz, colaboração e serviços dedicados aos semelhantes. Devemos sempre visualizar essa cor envolvendo nosso corpo quando necessitamos dos atributos que ela pode nos dar.

O sexto raio traz a força do Arcanjo Uriel e seu Complemento Divino, Donna Graça; e do Elohim Tranquilitas e seu Complemento Divino, Pacífica.[16]

As pessoas desse raio geralmente se dedicam a servir a humanidade, muitas vezes sem obter reconhecimento pelos serviços prestados: sacerdotes, religiosos, missionários, assistentes sociais, enfermeiros.

> **Missão de vida:** busca da espiritualidade, sustentação da paz, idealismo.
> **Características positivas:** amor, ternura, abnegação, devoção, reverência, coragem, lealdade, sinceridade e objetividade, misticismo, fidelidade, paciência, desapego, perseverança.

---

[16] O Elohim Tranquilitas e seu Complemento Divino, Pacífica, ajudaram a criar o mundo.

Características negativas: rigidez de crenças, preconceito, intolerância, fanatismo, parcialidade, ciúme, egoísmo, violência, apegos, ilusão, desconfiança, dependência dos outros.

Devem cultivar: otimismo, amor, equilíbrio dos próprios sentimentos, empatia, verdade, praticidade.

Aqui estão algumas afirmações positivas que podem estar alinhadas com as energias do sexto raio cósmico:

Eu Sou a paciência
Eu Sou o desapego
Eu Sou o equilíbrio
Eu Sou a calma e a serenidade
Eu Sou a paz
Eu Sou a tolerância
Eu Sou o amor incondicional
Eu Sou a lucidez
Eu Sou a Ressurreição e a Vida da Fé iluminada das manifestações positivas do sexto raio cósmico, hoje em atividade no meu ser e no meu mundo.

CONEXÃO COM O 6º RAIO
ACESSE O QR CODE
https://www.youtube.com/watch?v=FGSByovbfVY

SÉTIMO RAIO – VIOLETA – SÁBADO

O sétimo raio cósmico é associado à transmutação, à liberdade, ao perdão e à misericórdia. A chama violeta dissolve a ilusão e a ignorância, liberando a luz e revelando a verdade Divina. Está associada ao Espírito Santo e é uma dádiva Divina para a humanidade, porque tem os poderes de dissolver o carma e transmutar estados mentais e as emoções negativas em alegria, paz e gratidão, aliviando as dores física, mental e emocional.

O Mestre Saint Germain, chohan do sétimo raio, realizou sua ascensão no ano de 1684. Foi sacerdote no Templo da Purificação, nos arredores da atual Cuba. Entre algumas encarnações na Terra, foi o Profeta Samuel, depois José, junto a Maria. Foi o mago Merlin da Corte do Rei Artur, Cristóvão Colombo, Paracelso e Francis Bacon. Após sua ascensão, apareceu como Conde de Saint Germain, na França. O Complemento Divino de Saint Germain é a Mestra Pórtia.[17]

É tarefa do sétimo raio instruir a humanidade para conseguir a libertação, transmutar seus erros, transformar-se e tudo recomeçar. Estamos entrando na Era de Aquário,[18] com a qual recebemos a proteção da chama violeta transmutadora, dirigida por Mestre Saint Germain. Seu santuário fica no Monte Shasta, na Califórnia.

A chama do raio violeta representa: misericórdia, transmutação, compaixão, ordem e liberdade. Devemos sempre visualizar essa cor envolvendo nosso corpo quando necessitamos dos atributos que ela pode nos dar.

A transmutação ocorre quando, em um processo de cura e recalibragem, há um salto de energia (da expressão inferior à superior), que

---

[17] A Mestra Kuan Yin está associada a esse raio e é a hierarca do Templo da Misericórdia, situado no plano etérico sobre a cidade de Pequim, na China.

[18] A Era de Peixes foi marcada pela atuação do sexto raio, rubi, no planeta e teve início com o Mestre Jesus Cristo, quando veio ensinar o amor e a misericórdia na Terra. O Mestre Jesus foi ascensionado a Instrutor do Mundo e a Saint Germain foi confiada a Terra durante os próximos dois mil anos, com o qual desponta a Era da Liberdade.

corresponde ao aumento da luz contida no núcleo da matéria; muitas vezes envolve mudanças moleculares.

Esse raio traz a força do Arcanjo Ezequiel e seu Complemento Divino, Ametista, bem como o Elohim Arcturus e seu Complemento Divino, Diana.[19]

As pessoas que pertencem a esse raio têm muitas aptidões e grande amor pela liberdade. Podem seguir a carreira política, o sacerdócio, a diplomacia, o atletismo, a moda ou as artes.

> **Missão de vida:** transmutação, conscientização da unidade de todos os seres, amor universal, liberdade.
> **Características positivas:** força, autoconfiança, habilidade de fazer surgir a ordem, transformação, organização, perseverança, autoestima positiva.
> **Características negativas:** rigidez, orgulho, limitação mental, materialismo, superstição, fanatismo, superficialidade, formalismo, dependência de rituais e oráculos.
> **Devem cultivar:** humildade, brandura, tolerância, ausência de preconceitos, entendimento da unidade mundial.

Aqui estão algumas afirmações positivas que podem estar alinhadas com as energias do sétimo raio cósmico:

> *Eu Sou a manifestação dos milagres*
> *Eu Sou a liberdade*
> *Eu Sou a mente aberta*
> *Eu Sou a expansão da consciência*
> *Eu Sou a flexibilidade*

---

[19] Arcturus é o Elohim do Fogo Violeta, da misericórdia e da compaixão, do apelo, do ritmo e da liberdade, que eleva a vibração dos elétrons, átomos, moléculas e substâncias de que os corpos se compõem. Ele cooperou para a criação do planeta Terra, junto com seu Complemento Divino, a Bem-Amada Diana.

Eu Sou a transmutação
Eu Sou a confiança
Eu Sou a transformação
Eu Sou a Ressurreição e a Vida da Fé iluminada das manifestações positivas do sétimo raio cósmico, hoje em atividade no meu ser e no meu mundo.

CONEXÃO COM O 7º RAIO
ACESSE O QR CODE
https://www.youtube.com/watch?v=I49crjdeBZI&list=PLVxXxM27CPID1_X_s747nxbw7r8nYmzOU

EXERCÍCIO DE CONEXÃO COM SEU RAIO CÓSMICO

Agora que já calculou o seu raio de missão de vida, você pode se conectar aos Mestres Ascensionados, para obter crescimento espiritual e harmonização interior. Dedique alguns momentos tranquilos para cada raio, talvez um por dia, para uma jornada de uma semana em profunda conexão espiritual.

Foque a qualidade específica do raio correspondente, ajudando a manifestar as energias desejadas na sua rotina diária.

CONEXÃO:
Encontre um local sereno. Sente-se ou deite-se, fechando os olhos.

Respire calmamente.

Imagine uma luz da cor do raio a ser trabalhado, aquecendo seu coração e sua mente, expandindo sua capacidade de entender e aceitar a sabedoria universal.

Pense sobre questões ou decisões que exijam discernimento. Chame a presença de cada raio de acordo com o exemplo a seguir:

> *"Sob a orientação de El Morya, eu invoco o poder do primeiro raio para infundir minha vida com coragem, determinação e vontade Divina".*
>
> *"Sob a orientação de Confúcio, abro meu coração à sabedoria do segundo raio, iluminando meu caminho com clareza e compreensão".*
>
> *"Sob a bênção de Rowena, permito que o amor do terceiro raio cure e abra meu coração, promovendo a paz e a compaixão".*
>
> *"Sob a orientação de Serápis Bey, envolvo-me na pureza do quarto raio, ascendendo em consciência e espírito".*
>
> *"Sob a orientação de Hilarion, abro-me para a cura profunda e a verdade do quinto raio, permitindo que a luz verde-esmeralda restaure minha totalidade e clareza mental".*
>
> *"Com a graça de Mestra Nada, eu me entrego à devoção e à paz do sexto raio, banhando minha alma na luz rubi para cultivar serenidade e paixão espiritual".*
>
> *"Sob a maestria de Saint Germain, eu me alinho com a transmutação e a ordem do sétimo raio, trazendo*

a transformação violeta para todas as áreas da minha vida".

Ao final, expresse gratidão pelo conhecimento e pela iluminação recebidos. Respire profundamente, trazendo a consciência de volta ao corpo.

INVOCAÇÃO DOS 7 RAIOS CÓSMICOS

ACESSE O QR CODE
https://www.youtube.com/watch?v=7hWUtHjOsb0

4
Os sete arcanjos

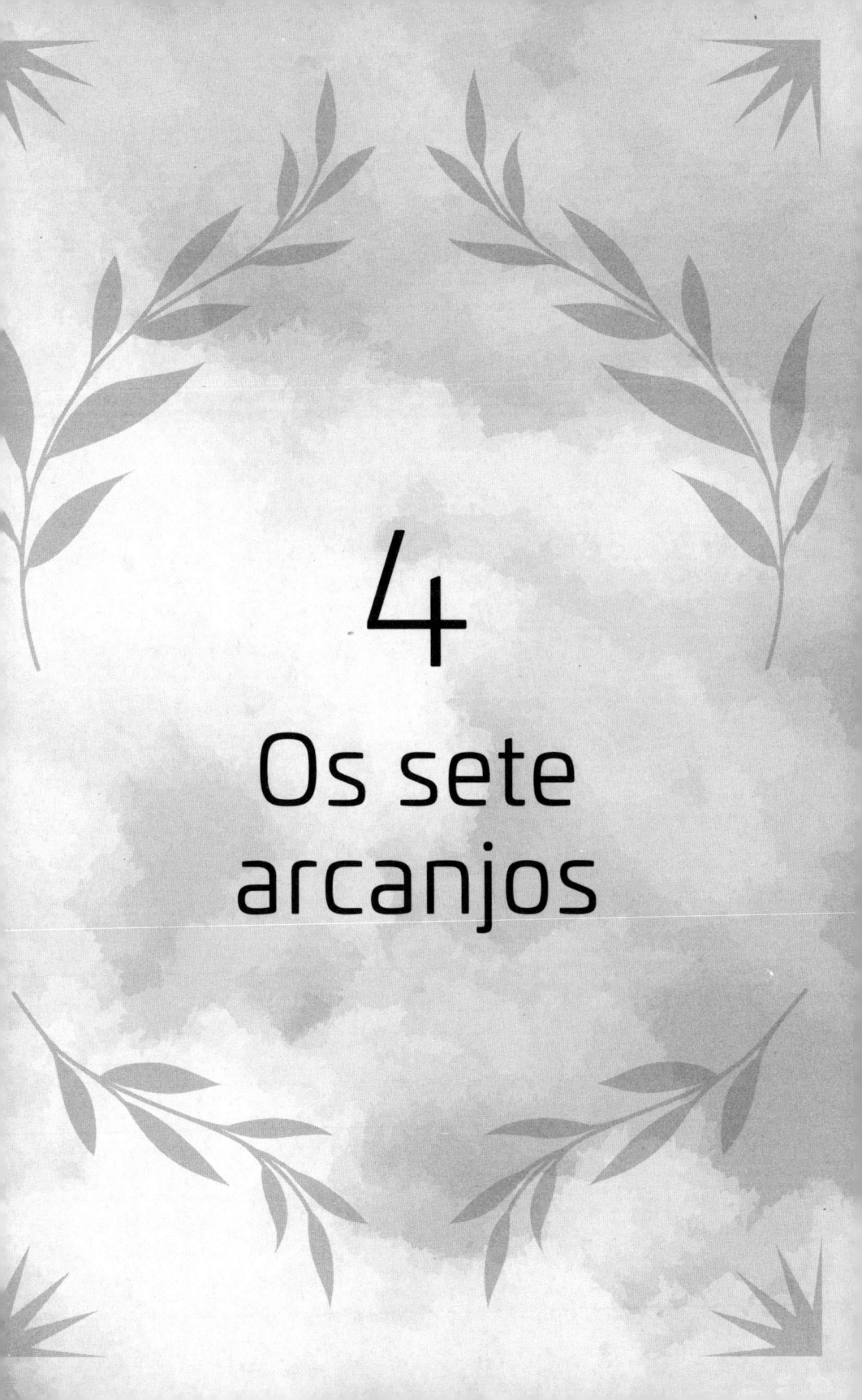

4

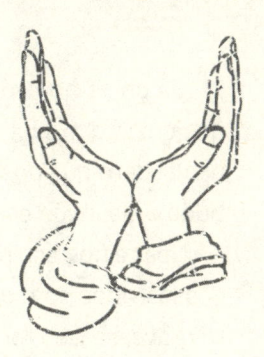

Na hierarquia Divina, os arcanjos estão acima dos anjos, mas isso não significa que são mais importantes. Trata-se da divisão de atribuições estabelecida no Plano Divino, como já mencionado.

A palavra "arcanjo" é derivada do grego *arch*, que significa "primeiro, principal ou chefe", e *angelos*, que significa "mensageiro de Deus". Portanto, são mensageiros de Deus. Estão entre as criações originais de Deus e não pertencem a nenhuma religião, pois sua missão é ajudar a todos.

Nas Escrituras Sagradas, temos a passagem de três arcanjos mais conhecidos – Gabriel, Rafael e Miguel[1] – e de outros.[2] Existem, porém, além de nossos anjos pessoais ou Anjos da Guarda, diversos outros que nos protegem e trazem determinadas energias para nos auxiliar no processo de libertação e ascensão e nos propósitos de vida.

Todos os anjos, conhecidos ou desconhecidos, estão prontamente dispostos a nos ajudar e proteger. Portanto, eles respeitam nosso livre-arbítrio e estão aguardando nosso chamado para que possam interferir de forma positiva em nossas vidas.

---

1 No dia 29 de setembro, a Igreja Católica celebra a festa de Três Santos Arcanjos.
2 Outros arcanjos: Metatron, Ariel, Azrael, Haniel, Jeremiel e Raziel (e existem mais).

Os anjos não vão fazer por nós o que precisa ser feito, mas podem nos guiar, dar sugestões e evitar potenciais obstáculos. Em troca, eles nos pedem que possamos abrir o coração para as forças do amor, gratidão e elevação espiritual.

Nos reinos espirituais, os anjos e seres superiores só interferem em nossas vidas com a nossa permissão, salvo para nos livrar de algo muito grave, se isso for permitido pela lei cármica.

Apesar do livre-arbítrio e da escolha de nossa alma para o caminho do crescimento espiritual, muitas vezes aprendemos com as escolhas egoístas que nos levam à falta de saúde, à infelicidade e ao fracasso.

No nosso corpo existem sete pontos – norte, sul, leste, oeste, em cima, embaixo e no centro – e, em cada um deles, há um arcanjo, com o qual, quando estamos sintonizados, ficamos com o "corpo fechado".

O Arcanjo Miguel está ao centro, o Arcanjo Jofiel, ao sul, o Arcanjo Samuel está empreendendo abaixo do corpo, o Arcanjo Gabriel está ao norte, o Arcanjo Rafael está acima, o Arcanjo Uriel está a leste e o Arcanjo Ezequiel, a oeste. Então, os sete arcanjos protegem o seu campo áurico.

Quando estabelece esses campos com os sete arcanjos consagrando esse espectro vivencial no plano encarnatório, você planta a plenitude de vivenciar, a plenitude de manifestar aquilo que você roga que aconteça na sua vida, manifestando o que deseja com o seu coração que aquilo se concretize.

Quando você faz os seus rogativos, os seus pedidos, os seus clamores, são os sete arcanjos que mobilizam seu corpo, fazendo um campo geométrico similar ao campo geométrico do Merkabah,[3] mobilizando todas as fontes energéticas.

Essa geometria sagrada, Merkabah, é um campo geométrico desde a implantação do planeta Terra como educandário para os seres humanoides, desde quando estava se estabelecendo o campo laboratorial aqui no planeta com os primeiros seres nas vestes humanoides, mobilizando a força motriz que traz esse guardião da centelha Divina,

---

[3] Leia mais sobre Merkabah no Capítulo 9 – Geometria sagrada.

que é protegida pelo Arcanjo Miguel no centro do seu corpo, no centro da sua alma.

Cada ser humano tem dentro de si um cristal de diamante que é o sistema Merkabah, protegido pelo Arcanjo Miguel com os outros seis arcanjos, para que seja cumprida a trajetória com consciência, com presença, com prece e com determinação de coragem, pois estar na experiência encarnatória é um ato de coragem de empreender tudo aquilo que precisa ser empreendido.

Por isso é necessário um campo espiritual ativo, no qual não haja barreiras a frear aquilo que você precisa fazer, e tudo o que você precisar fazer será feito com a paz e a proteção espiritual, alinhado com o bem, com a proteção espiritual, sem se esquecer de que o mal se originou do bem.

Não devemos subestimar a inteligência do mal e as sutilezas das pessoas que podem nos abraçar, por exemplo, e nesse abraço injetar partículas de maldades, chips, sistemas de manipulação, arcabouços de demandas. Portanto, ao abraçar pessoas desconhecidas e cujas intenções desconhecemos, precisamos ativar os sete arcanjos em nosso corpo.

Caso isso esteja acontecendo com você, no seu ambiente domiciliar, no seu trabalho, faça a blindagem com os sete arcanjos, invocando os arcanjos do norte, do sul, do leste, do oeste, de cima, de baixo e do centro, consagrando a força aos sete arcanjos. Faça ainda o exercício do divórcio energético, mais adiante neste capítulo.

A seguir, você vai conhecer os sete arcanjos pertencentes aos sete raios, expressões de energia que revelam nossas qualidades e os caminhos que devemos percorrer para o nosso desenvolvimento na evolução planetária, correspondentes a todas as atividades da vida que precisamos alcançar com maestria e domínio individual.

ARCANJO MIGUEL

Conhecido como "Quem como Deus", o Senhor dos Anjos, ele é o Arcanjo da fé, da proteção e da libertação do mal. É o arcanjo do primeiro raio, azul. O Templo do Arcanjo Miguel está localizado no plano etérico, acima das Montanhas Rochosas, no Canadá. Podemos, na hora da meditação, visualizar saindo desse templo seus mensageiros, vindo em nosso auxílio.

Para você se conectar com a chama azul que liberta e secciona todo e qualquer mal de sua vida, faça a oração a seguir.

> **ORAÇÃO AO ARCANJO MIGUEL**
>
> EM NOME DO PODER DA DIVINA PRESENÇA "EU SOU" EM NÓS E EM TODA A HUMANIDADE, APELAMOS A VÓS, PODEROSO ARCANJO MIGUEL E VOSSA ASCENSIONADA LEGIÃO DE LUZ! AJUDAI-NOS, SECCIONANDO TODA E QUALQUER INFLUÊNCIA MALÉFICA AO NOSSO REDOR, EM NOSSO LAR, EM NOSSA CIDADE E EM NOSSO PAÍS, BEM COMO NO MUNDO. CARREGAI-NOS E A TODA HUMANIDADE COM VOSSA FÉ E MISERICÓRDIA, A FIM DE QUE, ATRAVÉS DE NOSSO ESFORÇO, POSSAMOS REALIZAR O PLANO DIVINO.
> NÓS VOS AGRADECEMOS.

ARCANJO JOFIEL

Seu nome em hebraico significa "A beleza de Deus". Também conhecido como o Arcanjo da Sabedoria, o Arcanjo Jofiel é o grande instrutor Divino dos anjos, dos humanos e dos seres elementais,[4] daqueles que

---

[4] Elemental significa "Espírito Divino". Os seres elementais habitam o mundo invisível aos olhos humanos e vivem num mundo e universo próprios, com suas leis, filosofia, objetivos e modo de vida totalmente particulares. São como espíritos que mantêm ligação direta com os elementos da natureza. São chamados de espíritos da natureza, uma vez que vivem em contato permanente com a fauna e a flora, as quais têm a missão de defender. Sua definição como seres elementais deriva do princípio de que os quatro elementos da natureza, descritos na Antiguidade – Terra, Água, Ar e Fogo –, tinham, na verdade, duas naturezas: a "física", ou seja, a natureza passível de avaliação pelos sentidos, e a "espiritual", relativa à essência dos elementos.

desejam aumentar seus conhecimentos sobre a vida e sobre as Leis sagradas de Deus.

É o arcanjo do segundo raio, dourado. A ele foi atribuída a função de ser o instrutor de Moisés nos mistérios da Cabala. Seu Complemento Divino é Constance, e, junto a outros Seres de Luz, os dois instruem os anjos para ampliar a compreensão dos seres humanos para o poder do "Eu Sou".

Paracelso, médico, alquimista e cabalista da Idade Média, cita Jofiel em seus registros e o descreve como "o Regente de Júpiter" e "o Grande Príncipe", que comanda 53 Legiões de Anjos. O Arcanjo Jofiel e as suas Legiões de Anjos podem ensinar e ajudar o homem a se revestir da Mente Crística e Búdica, bem como a adquirir a inteligência interior de Deus.

Embora o Arcanjo Jofiel não seja citado nas Escrituras Bíblicas, conta a lenda que ele foi o arcanjo que acompanhou Adão e Eva além do Jardim do Éden e se responsabilizou por guardar a "Árvore da Vida" até que a humanidade estivesse pronta para acessar a sabedoria nela contida.

Podemos fazer a oração do Arcanjo Jofiel para pedir criatividade, intuição, sabedoria e iluminação, aumentar a autoestima e fortalecer a ligação com o nosso Eu Superior, guias, mentores, anjos. Os anjos da iluminação, guiados por Jofiel, transmitem estímulo e inspiração para os professores, escolas e templos.

O Arcanjo Jofiel é o protetor dos jovens e detém o arquétipo educativo das crianças do futuro, auxiliando os professores no novo paradigma de ensino das leis universais que permitirão a ascensão pentadimensional dos seres humanos.

O Templo da Iluminação e da Sabedoria, do Arcanjo Jofiel e Constance, está situado nas esferas internas, e a partir dele são dirigidos raios de Luz dourada para todos os locais de ensino, educação e templos da Terra.

Acenda uma vela dourada quando quiser pedir auxílio ao Arcanjo Jofiel e dedique alguns minutos para acalmar seus pensamentos a fim de que ele ilumine suas escolhas. Ele é um dos responsáveis por guardar a Árvore da Vida com sua espada e cortar as ilusões.[5]

---

[5] O Capítulo 2 foi integralmente dedicado ao Arcanjo Miguel.

> **ORAÇÃO AO ARCANJO JOFIEL**
>
> BEM-AMADO ARCANJO JOFIEL, AGRADEÇO VOSSO GRANDE SERVIÇO PRESTADO A MIM E A TODA A HUMANIDADE. CARREGAI-ME COM VOSSO SENTIMENTO DO PODER DIVINO EM MEU PRÓPRIO CORAÇÃO, PARA QUE, COM O PODER DA LUZ E DO AMOR, EU SEJA MESTRE DE TODAS AS CIRCUNSTÂNCIAS DA VIDA, AS QUAIS TEREI DE ACEITAR E COM ESTA FORÇA E ESTE PODER PARA QUE EU SEJA MESTRE DE TODA IDEIA CELESTE QUE RECEBO DO CORAÇÃO DIVINO PARA REALIZÁ-LA E CONCRETIZÁ-LA NA TERRA.
>
> **CONEXÃO COM O ARCANJO JOFIEL**
> ACESSE O QR CODE
> https://www.youtube.com/watch?v=xalB3fkNPJQ

ARCANJO SAMUEL

Seu nome significa "aquele que vê Deus". Foi um dos primeiros anjos criados por Deus para ajudá-lo na criação dos animais para a subsistência dos homens. Samuel remove todos os obstáculos que impedem o cumprimento da vontade de Deus. Ele é o encarregado da história coletiva e dos carmas das sociedades.

Esse arcanjo nos recorda de que devemos nos amar primeiro se quisermos amar outras pessoas. Quando o invocar, visualize um raio de cor rosa e peça para auxiliar você nas questões amorosas e nos relacionamentos de modo geral.

É o arcanjo do terceiro raio, rosa, e sua missão é nos ensinar a ter capacidade de amar incondicionalmente, sem nenhum interesse egoísta. Também está conosco em nossos relacionamentos, principalmente quando passamos por situações difíceis, como separação, conflitos e perda de entes queridos.

Os arcanjos Samuel e Caridade atuam no plano etérico da Chama da Devoção, localizado nas Montanhas Blue Ridge, em Charlottesville, Virgínia. Samuel inspira a busca pelo amor divino e a transformação espiritual, enquanto Caridade representa a essência da devoção e do serviço altruísta. Juntos, eles irradiam energias que nutrem a alma e promovem uma profunda conexão espiritual, incentivando a humanidade a desenvolver compaixão e a alinhar-se com a luz do cosmos.

Podemos fazer a invocação do Arcanjo Samuel com o propósito de atrair o mais puro amor e, com esse sentimento, afastar as emoções negativas, como inveja, tristeza, rancor e sentimento de perdas.

ORAÇÃO AO ARCANJO SAMUEL

ARCANJO SAMUEL, GRATIDÃO POR TRAZERES PARA A MINHA VIDA ESSE AMOR QUE ME FAZ FELIZ. SOU UM SER AMADO E APOIADO NA TERRA COMO NO CÉU, E POR ISSO O MEU CORAÇÃO SE REJUBILA NUMA CONSTANTE CORRENTE DE AMOR.
ESTOU EM PAZ COMIGO, COM A MINHA VIDA E COM TUDO O QUE ME RODEIA. O MEU CORAÇÃO ESTÁ PLENO E A MINHA ALMA IRRADIA FELICIDADE. ESCOLHO VIVER EM HARMONIA, PORQUE SEI QUE A TUA SABEDORIA ME GUIA E QUE AQUILO QUE MAIS DESEJO VEM AO MEU ENCONTRO. GRATIDÃO PELO AMOR QUE RECEBO E QUE PARTILHO COM QUEM ME RODEIA. A MINHA VIDA É IMPORTANTE E ÚTIL PARA DEUS E O UNIVERSO. SOU UMA CENTELHA DE AMOR, E DE AMOR SÃO FEITOS TODOS OS MEUS ATOS.

CONEXÃO COM O ARCANJO SAMUEL
ACESSE O QR CODE
https://www.youtube.com/watch?v=DGBKPaM60WA

ARCANJO GABRIEL

Gabriel, cujo nome é traduzido como "Força de Deus" ou "Deus é minha força", é associado à anunciação, por transmitir notícias Divinas. É o arcanjo da comunicação, o mensageiro, pois foi ele quem anunciou o nascimento de Jesus Cristo. É por isso que muitas mulheres o chamam na hora de conceber um filho, sendo o portador de uma das orações mais populares do cristianismo: a Ave-Maria.[6]

É Gabriel quem traz "as boas-novas". Ele aparece pela primeira vez numa menção no Livro de Daniel, na Bíblia hebraica (Dn 8:16). Com base em duas passagens do Evangelho segundo Lucas, Gabriel teria anunciado os nascimentos de João Batista e de Jesus.

O Islã acredita que Gabriel, sob o nome de Djibril, teria sido o meio pelo qual Deus optou por revelar o Alcorão a Maomé, e que por intermédio dele teria enviado uma mensagem para os profetas, revelando-lhes suas obrigações.

Foi o Arcanjo Gabriel quem acompanhou Jesus Cristo durante sua vida terrena, Paixão e Ressurreição, e ainda apareceu para o sacerdote Zacarias, anunciando que sua esposa Isabel lhe daria um filho profeta, chamado João Batista, o precursor do Cristo.[7] É o arcanjo do quarto raio, branco.

O Complemento Divino ou chama gêmea de Gabriel é Esperança, que transmite aos corações humanos a esperança de um futuro melhor, com o branco da ressurreição e a ascensão do homem à luz.

Podemos fazer a oração do Arcanjo Gabriel para que as boas notícias cheguem às nossas vidas e para que possamos ter mais positividade, nos afastando do medo e das dúvidas e desbloqueando processos aparentemente sem solução.

---

[6] "No sexto mês, o anjo Gabriel foi enviado por Deus a uma cidade da Galileia, chamada Nazaré" (Lc 1:26).

[7] "Eu sou Gabriel, assisto diante de Deus e fui enviado para anunciar-te essa boa-nova" (Lc 1:19).

Ele é o mensageiro, tem como símbolo a trombeta e traz uma mensagem de esperança à humanidade, ajudando a desvendar mistérios Divinos, a revelar a verdade e a garantir a justiça Divina.

ORAÇÃO AO ARCANJO GABRIEL

PELO ARDER POTENTE DO FOGO SAGRADO EM NOSSOS CORAÇÕES, INVOCAMOS, AGORA, A DIVINA PRESENÇA DO ARCANJO GABRIEL EM SUA PURÍSSIMA CHAMA DA ASCENSÃO. DERRAMAI SOBRE NÓS E SOBRE TODA A HUMANIDADE AS GRAÇAS SUBLIMES DE VOSSA DISPENSAÇÃO, ONDE A MENTE DIVINA GUARDA A MEMÓRIA DA ETERNIDADE.

QUE TODOS OS HUMANOS POSSAM CONHECER O VOSSO DIVINO AMOR QUE PENETRA NAS PROFUNDEZAS DA ALMA E FECUNDA O GÉRMEN DO ESPÍRITO SANTO, PELA COMUNHÃO DIVINA COM O UNIVERSO E A SUPREMA DIVINDADE.

AMADO ARCANJO GABRIEL E VOSSA CORTE DE ANJOS, ENVOLVEI CADA CRIATURA, NESTE PLANETA, COM A VOSSA LUZ CRIADORA, E MANTENDE FIRMADA EM CADA SER A LEMBRANÇA DAS LEIS DIVINAS E SUAS MANIFESTAÇÕES.

EU SOU A RESSURREIÇÃO E A VIDA EM TODO O SER. EU SOU A ORDEM ETERNA QUE MANTÉM O UNIVERSO VIVO. EU SOU A SUPREMACIA DO HOMEM. EU SOU A CHAMA PURA E CRISTALINA QUE DISSOLVE TODAS AS IMPUREZAS. EU SOU A PRESENÇA DO ARCANJO GABRIEL.

CONEXÃO COM O ARCANJO GABRIEL

ACESSE O QR CODE
https://www.youtube.com/watch?v=L-m11C_8y7w

ARCANJO RAFAEL

Rafael, que significa "Deus te cura", é o guardião da saúde. É conhecido como "médico Divino" e "anjo da providência", por velar pela humanidade e curar os ferimentos da alma e do corpo.

Na Bíblia, o Arcanjo Rafael foi enviado por Deus para curar a cegueira de Tobias e acompanhá-lo numa longa e perigosa viagem.

Enviado pelo pai – também chamado Tobias – a uma terra desconhecida, o jovem viajante pediu a um desconhecido que o acompanhasse. Era um anjo que assumira o aspecto humano e que dissera conhecer o caminho. Tobias, além de cumprir a missão, retornou com um remédio para curar a cegueira que seu pai adquirira em um acidente. Recobrada a visão, pôde o velho Tobias ver a esposa do filho – que se casara durante a viagem – e as riquezas trazidas no retorno. Para a surpresa de todos, no momento dos agradecimentos o guia da viagem revelou-se o Arcanjo Rafael.

O Arcanjo Rafael nos permite cortar todas as ilusões e protege todos os viajantes, orientando nossas viagens interiores e exteriores. Ele alivia nossas dores físicas e emocionais e nos ajuda a eliminar nossas crenças limitantes para que nos libertemos delas.

É o arcanjo do quinto raio, verde. Podemos invocar o Arcanjo Rafael em casos de pedido de cura, vitalidade, energia e equilíbrio. É a medicina de Deus.[8]

É o Arcanjo da Cura, e seu Complemento Divino é Mãe Maria.[9] Juntos dedicam sua existência ao serviço de irradiações para curar, nos gloriosos Templos de Luz dos planos mais elevados da Perfeição Divina. Esses raios de cura não se destinam apenas aos seres físicos do mundo visível, mas também se estendem a todas as formas de vida no plano astral e aos níveis psíquicos que envolvem a Terra. Eles atuam como um fluxo de energia curativa que beneficia tanto as pessoas quanto outros seres que habitam essas dimensões, promovendo equilíbrio e harmonia em toda a criação.

---

8 "Eu sou Rafael, um dos sete anjos que estão sempre presentes e têm acesso junto à Glória do Senhor" (Tb 12:15).

9 Mãe Maria, anteriormente intitulada "Rainha dos Anjos", foi investida como "Mãe do Mundo", irradiando com o Arcanjo Rafael, no templo de Luz localizado sobre a ilha de Creta, energias curativas que sustentam a cura planetária.

ORAÇÃO AO ARCANJO RAFAEL

ARCANJO RAFAEL E VOSSA ASCENSIONADA CORTE DE ANJOS, SENHOR DO RAIO VERDE DA CURA E DA CONSAGRAÇÃO, OUVI ESTE APELO QUE VOS FAZEMOS DESDE O ÍNTIMO ALTAR DE NOSSA DIVINA PRESENÇA. REPLETOS DE AMOR, INVOCAMOS PARA QUE ENVIEIS VOSSO PODEROSO AUXÍLIO SOBRE NÓS E SOBRE... (*PESSOA OU SITUAÇÃO*).

DESDE ESTE PONTO DE LUZ QUE SE ENCONTRA IRRADIANDO AQUI E AGORA, APELAMOS À VONTADE DIVINA QUE SE MANIFESTE ATRAVÉS DOS RAIOS PODEROSOS DO ARCANJO RAFAEL E SEUS ANJOS DE LUZ, CARREGANDO NOSSOS CORPOS INFERIORES COM SUA POTENTE FORÇA CURADORA E NOS CONSAGRANDO AO SERVIÇO ABENÇOADO DE DEUS.

ARCANJO RAFAEL E POTÊNCIAS CURADORAS DO UNIVERSO (*TRÊS VEZES*), ATRAVÉS DE NOSSA DIVINA PRESENÇA "EU SOU", CONCENTRAI AGORA VOSSO RAIO VERDE SOBRE NÓS (*E SOBRE...*) E DERRAMAI ABUNDANTEMENTE A MANIFESTAÇÃO DA VONTADE DIVINA DA QUAL SOIS VEÍCULO, E POR MEIO DELA QUE TODOS OS SERES POSSAM ALCANÇAR A PLENA SAÚDE E A VERDADEIRA REALIZAÇÃO.

QUE VOSSOS RAIOS PENETREM EM CADA CÉLULA DOS NOSSOS CORPOS INFERIORES (*E DE...*) E ALTEREM OS PADRÕES CAUSADORES DAS ENFERMIDADES. ARCANJO RAFAEL E ABENÇOADA CORTE DE ANJOS CURADORES, CONSAGRAI TODO O NOSSO MUNDO EM VOSSA LUZ CURADORA E NÃO PERMITAIS QUE SE ESTABELEÇAM NOVAMENTE IDEIAS DE QUALQUER TIPO DE ENFERMIDADES. NÓS VOS AGRADECEMOS POR TODOS OS SERVIÇOS QUE PRESTAIS A NÓS E A TODA A TERRA. LOUVADO SEJA DEUS EM TODAS AS SUTIS MANIFESTAÇÕES.

CONEXÃO COM O ARCANJO RAFAEL

ACESSE O QR CODE
https://www.youtube.com/watch?v=6HaAAeJxxmk

ARCANJO URIEL

O nome Uriel significa "Fogo de Deus" ou "Luz de Deus". É um arcanjo de profecias, também conhecido como "Anjo da Presença". Fonte de sabedoria e inspiração e conhecido como o fogo de Deus, está associado à eletricidade, ao relâmpago, ao trovão, às inundações e aos terremotos.

Em sua imagem, aparece com um pergaminho na mão ou um cajado. Anunciou o dilúvio a Noé e guiou Abraão à Terra Prometida.[10]

Entre suas funções estão nos ensinar a dominar o mundo material, em perfeita conexão com a ordem Divina, e trazer harmonia e paz mundial, colaborando com toda a evolução pertencente à Terra. É o arcanjo do sexto raio, rubi.

Esse arcanjo nos ensina a ver a vida com os olhos do amor e a perceber a caminhada da vida, promovendo a paz e transformando nossas experiências dolorosas em bênçãos. Na tradição judaica, Uriel estimula as pessoas a encontrar o caminho certo e a permanecer nele.

O Complemento Divino ou chama gêmea de Uriel é Donna Graça, que presta serviços a um grande número de necessitados em ambientes coletivos, como presídios, asilos e hospitais, ajudando os mais necessitados.

Podemos fazer a oração do Arcanjo Uriel sempre que precisarmos eliminar o medo e padrões de comportamento obsessivo, a fim de desfazer bloqueios energéticos arraigados e atrair prosperidade.

> **ORAÇÃO AO ARCANJO URIEL**
>
> DIVINO ARCANJO URIEL, ILUMINAI TODAS AS CÉLULAS DO MEU CORPO PARA QUE ELE, SADIO E ILUMINADO, SEJA UM INSTRUMENTO FIEL DA MINHA ALMA. QUE TODOS OS QUE SE APROXIMAREM DE MIM SINTAM A FORÇA E O AMOR DA MINHA

---

[10] Na lenda judaica, Deus enviou Uriel para alertar Noé sobre o dilúvio (1 Enoque 10:1-3). É conhecido como o "Anjo da Morte".

AURA. EU DESEJO SERVIR. ENSINAI-ME A AQUIETAR A MINHA MENTE, MINHAS EMOÇÕES, TODAS AS MINHAS ENERGIAS. QUE EU POSSA CANALIZAR A ENERGIA CÓSMICA PARA VERTÊ-LA NOS MEUS IRMÃOS QUE PRECISAM DE AJUDA. ARCANJO URIEL, ASSIM COMO JESUS SE ISOLAVA PARA ORAR, QUE EU POSSA ORAR NO SILÊNCIO E RECEBER A FORÇA E O PODER ESPIRITUAL. ARCANJO URIEL, DAI-ME A PAZ INCOMENSURÁVEL E A COMPREENSÃO DE QUE EU SOU O ENCARREGADO DE MELHORAR MINHA VIDA E MEUS ASSUNTOS. QUE EU POSSA COMPREENDER QUE A PROVISÃO ESTÁ AO NOSSO DISPOR, QUE DEUS É A FONTE DA PROSPERIDADE E QUE O HOMEM, NASCIDO À SUA IMAGEM E SEMELHANÇA, É MERECEDOR. ARCANJO URIEL, AJUDAI-ME A ABRIR AS PORTAS DA ABUNDÂNCIA DE BENS MATERIAIS E ESPIRITUAIS, PARA ME ELEVAR ACIMA DOS MEUS PRÓPRIOS TEMORES E TORNAR-ME UM FILHO DIGNO. ARCANJO URIEL, SOLICITO A GRAÇA DE (*FAÇA SEU PEDIDO TRÊS VEZES*). PELO AMOR DO MESTRE JESUS, PELO AMOR QUE EXISTE EM MEU CORAÇÃO, QUE MEU PEDIDO SEJA CONCEDIDO. NÓS VOS AGRADECEMOS.

CONEXÃO COM O ARCANJO URIEL

ACESSE O QR CODE
https://www.youtube.com/watch?v=UAoC-o6qlGQ

ARCANJO EZEQUIEL

O Nome Ezequiel significa "Justiça de Deus" ou "retidão de Deus". Foi incumbida a ele a custódia do Fogo Violeta dos apelos e da transformação, transmutando a energia mal empregada através de palavras, pensamentos, sentimentos e atitudes.

É conhecido como o anjo da benevolência, da misericórdia e da memória. Traz liberdade, alegria e realização às nossas almas, libertando nossos carmas e os hábitos que nos tornam vulneráveis à dor, ao sofrimento, a acidentes e a tudo que nos faz necessitar da ajuda dos anjos. É conhecido como o anjo que parou Abraão quando este estava perto de sacrificar o filho Isaque.

O arcanjo do sétimo raio, violeta, nos permite limpar o passado, por meio do perdão, e acelerar nossa ascensão rumo à quinta dimensão. Seu Complemento Divino é a Bem-Amada Ametista. Juntos transmutam a energia que foi empregada de forma errônea, por meio de pensamentos, sentimentos, palavras e ações.

A oração ao Arcanjo Ezequiel elimina os obstáculos emocionais, ajuda na meditação, desenvolve a intuição, limpa e purifica qualquer situação em nossas vidas, promovendo transformação espiritual.

ORAÇÃO AO ARCANJO EZEQUIEL

EM NOME DA DIVINA PRESENÇA "EU SOU" EM NÓS E COM A FORÇA MAGNÉTICA DO FOGO SAGRADO QUE RESIDE EM NOSSOS CORAÇÕES, APELAMOS A VÓS, PODEROSO ARCANJO EZEQUIEL: CARREGAI CADA CÉLULA DO NOSSO CÉREBRO, DE NOSSOS QUATRO CORPOS INFERIORES, DE NOSSAS AURAS, CHAKRAS E CONSCIÊNCIAS COM A CHAMA VIOLETA, TRANSPASSANDO-NOS COM SEUS RAIOS FLAMEJANTES E PURIFICADORES, LIBERTANDO-NOS DE TODAS AS LIMITAÇÕES E DIFICULDADES QUE ESTÃO OCULTAS E CONSTITUEM OBSTÁCULOS EM NOSSO CAMINHO À LUZ; TRANSFORMAI TUDO EM PUREZA, LIBERDADE E PERFEIÇÃO. NÓS VOS AGRADECEMOS.

CONEXÃO COM O ARCANJO EZEQUIEL

ACESSE O QR CODE
https://www.youtube.com/watch?v=BdsFQMpJea0

MÚSICAS DOS ARCANJOS

Primeiro raio: Miguel e Fé – azul, atuando no desbloqueio dos chakras laríngeo e frontal.
Música: "Coro dos Soldados", da Ópera Fausto (Gounod).

Segundo raio: Jofiel e Constance – dourado, atuando no desbloqueio dos chakras umbilical e plexo solar.
Música: "Serenata" (Schubert).

Terceiro raio: Samuel e Caridade – rosa, atuando no desbloqueio e na cura do chakra cardíaco.
Músicas: "Valsa de Musette" (Puccini), "Concerto para Piano nº 1, 2º Movimento" (Chopin).

Quarto raio: Gabriel e Esperança – branco, atuando no desbloqueio do chakra coronário e purificando todos os outros.
Música: "Parsifal, Ato 1" (Wagner).

Quinto raio: Rafael e Mãe Maria – verde, atuando no chakra cardíaco.
Música: "Sussurro da Esperança" (Hawthorne).

Sexto raio: Uriel e Donna Graça – rubi, atuando nos chakras básico e umbilical.
Música: "Berceuse" (Brahms).

Sétimo raio: Ezequiel e Ametista – violeta, atuando no chakra coronário.
Música: "Música do Fogo Mágico" (Wagner).

COMUNICAÇÃO COM OS ARCANJOS

Você pode fazer sua conexão com os arcanjos. Uma técnica que utilizo é escrever uma carta para eles sempre que sinto a necessidade de mudanças positivas em minha vida.

Muitas vezes vibramos com sentimentos e pensamentos negativos, que nos causam malefícios de diversas ordens – física, espiritual, emocional. Uma das formas de acalmar a mente e purificar esses pensamentos é um ritual simples de escrita para os anjos e arcanjos.

Caso a sua carta seja para o Arcanjo Miguel, por exemplo, pegue um papel em branco e uma caneta ou um lápis e coloque no cabeçalho: "Arcanjo Miguel", então comece a escrever suas emoções negativas, problemas e preocupações, tudo aquilo que está interferindo para causar seu insucesso neste momento.

Após narrar os problemas, comece a escrever sobre suas esperanças e sonhos, bem como seus projetos pessoais e profissionais. Ao final, agradeça o grande aprendizado que teve até hoje e assine seu nome completo.

Sinta a presença do Arcanjo Miguel e de seu Anjo da Guarda e leia a sua carta para eles. Tenha certeza de que tudo que você escreveu será ouvido e que a providência Divina será realizada.

Depois você vai queimar o papel, e nesse momento vai visualizar a chama azul do Arcanjo Miguel transmutando todos esses sentimentos e quebrando todos os obstáculos que estão interferindo para que você não viva na plenitude Divina. Recolha as cinzas e espalhe ao ar livre ou dilua em água corrente.

Após fazer sua conexão com os anjos, verifique quais são os sinais angélicos. Eles podem sinalizar de muitas formas para lembrar que estão a nos guiar. Às vezes por uma nuvem que se forma no Céu, por pequenas penas brancas que surgem em nosso caminho, pela fala de alguma pessoa, ou seja, eles estão sempre à nossa volta, independentemente de conseguirmos ver ou sentir.

==Lembre-se de fazer suas preces e de enviar a energia dos anjos para quem estiver precisando. Todos os pedidos que fazemos aos anjos serão ouvidos e atendidos na medida do nosso merecimento.==

DIVÓRCIO ENERGÉTICO

O divórcio energético é uma prática que consiste em uma limpeza energética profunda com o objetivo de desfazer laços afetivos entre duas pessoas. Durante a sessão é feita uma limpeza geral, com liberação de pactos, votos, promessas, juras de amor, contratos de submissão, não só de relacionamentos íntimos, mas também entre amigos, pessoas que estiveram no seu ciclo mais próximo e que, por alguma razão, sofreram uma ruptura da relação física, porém na ordem espiritual os pensamentos dessa pessoa ainda conseguem influenciar, conectar ou assediar o seu espectro iluminativo.[11]

O exercício do divórcio energético pode ser feito todas as vezes que você sentir um cansaço, uma irritabilidade sem qualquer motivo aparente, pensamentos negativos que podem estar vindo de pessoas que ainda estão conectadas a você de alguma forma e que provocam um assédio constante e permanente.

Fazendo o divórcio energético

Sente-se com a coluna reta e coloque-se em um círculo luminoso azul. Esse círculo que envolve o seu corpo vai projetar mecanismos e filamentos que dissolvem todas as amarras, correntes e fios, por mais sutis que sejam, que estejam direcionados para a região da sua cabeça, na região do seu cardíaco e na região do seu plexo solar e, consequentemente, vai se irradiar por todo o campo atmosférico do seu corpo.

Esse tubo azul, esse círculo azul, vai girando inicialmente bem devagar e aumenta aos poucos a capacidade do giro, aumentando, aumentando, aumentando até chegar à velocidade máxima em que o próprio círculo azul desapareça – mas você saberá que ele está ali, girando rápido e envolvendo seu corpo.

Com isso, você corta, dissolve, elimina qualquer resquício daqueles que já cruzaram o seu caminho, e então decreta na mente o seu divórcio energético.

---

[11] Este exercício de divórcio energético foi passado pelo Espírito Pai Damião.

Decrete agora:

> *Em nome da iluminação celestial, em nome do Arcanjo Samuel, decreto neste momento o divórcio energético com todos aqueles que estejam me aprisionando em atos, palavras e pensamentos. Decreto e entrego na erraticidade das formas devolvidas em partículas de consciência e quebro todas e quaisquer influências negativas, provocações ou assédios que estejam direcionados a minha pessoa. Decreto neste momento a ativação do divórcio energético, ressoando a paz interior no meu Ser e a proteção do fechamento de todos os meus corpos energéticos. Assim seja!*

E então o círculo azul vai perdendo a velocidade, vai voltando ao que era antes, e, ainda dentro dele, você agradece a vibração do Arcanjo Samuel.[12]

MÚSICA PARA CONEXÃO COM OS ANJOS

ACESSE O QR CODE
https://www.youtube.com/watch?v=mpeDItS0kL0

---

[12] A calibragem do Arcanjo Samuel é capaz de dissolver de imediato todo e qualquer resquício do passado, assediadores que estejam ainda te aprisionando. Se o seu relacionamento não consegue ter paz e fluidez, faça esse exercício.

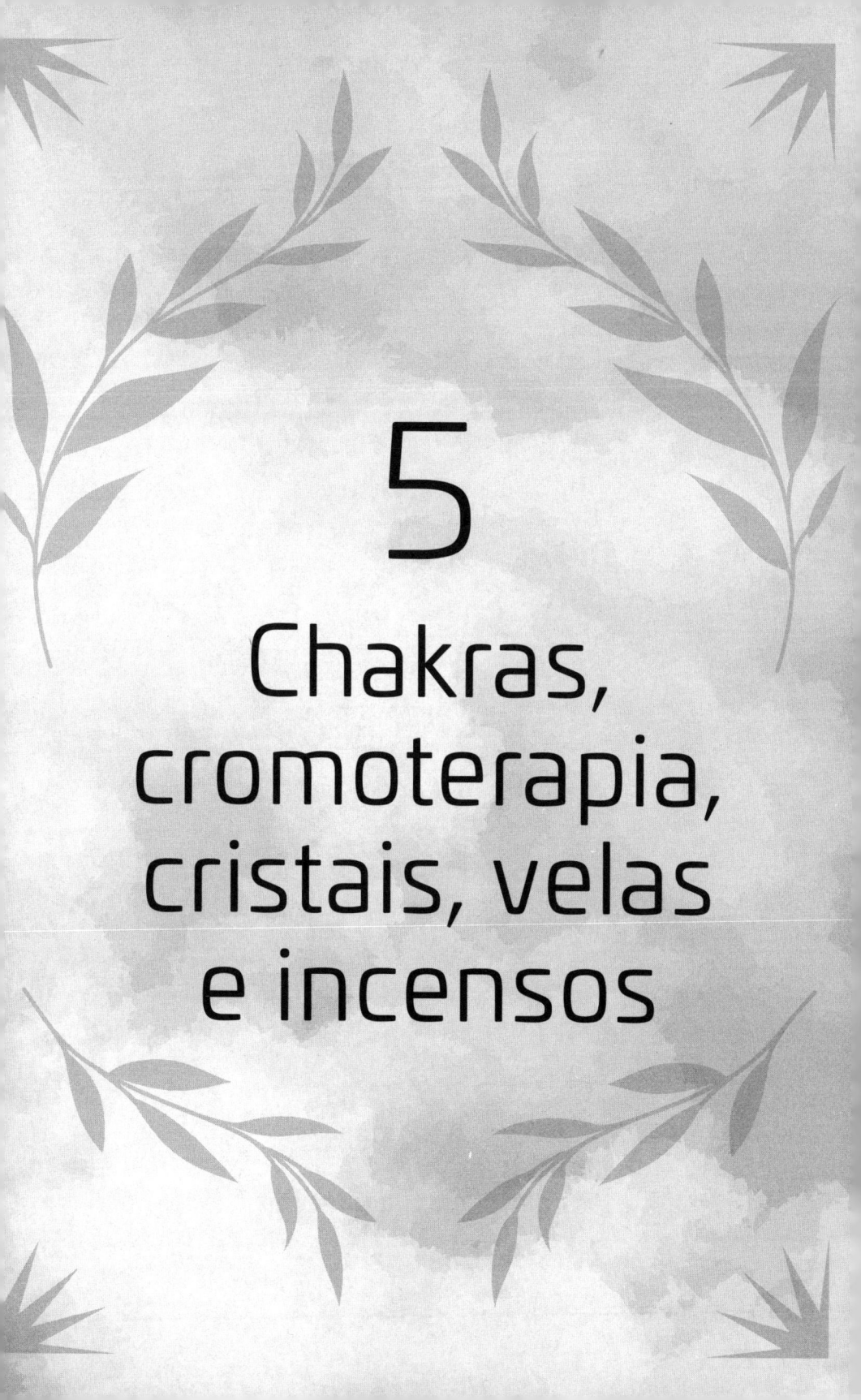

5
Chakras, cromoterapia, cristais, velas e incensos

CHAKRAS

A palavra "chakra" vem do sânscrito, língua da Índia Antiga, e significa "roda de luz". Os chakras ou "chacras" são centros de energia que representam os diferentes aspectos da natureza sutil do ser humano.

São espirais que giram em torno de nosso corpo (físico, emocional, mental e energético), transportando correntes eletromagnéticas que se manifestam no plano etérico e estão associadas a órgãos e glândulas endócrinas específicas.

Os sete principais chakras ficam localizados ao longo da coluna vertebral do corpo humano e, segundo a tradição hindu, seguem as cores do arco-íris.

Quando os chakras estão equilibrados, vivemos a nossa plenitude como seres humanos. Ao contrário, quando captamos energias densas e bloqueamos nossa carga energética, perdemos a vitalidade e adoecemos, descontrolando consequentemente o bom funcionamento dos chakras.

CROMOTERAPIA

A cromoterapia é a prática de utilizar cores para a harmonização do corpo, da mente e das emoções. É vista como uma ciência que estuda as cores e suas ações energéticas para obtermos o equilíbrio.

Cada chakra tem uma cor e as cores também têm suas funções terapêuticas específicas para cada área a ser trabalhada. Existe uma associação das cores com a temperatura, dividindo-as em quentes, frias ou neutras.

São cores quentes aquelas associadas ao fogo, à vitalidade e ao movimento (amarelo, laranja e vermelho). As frias estão associadas à água e ao frio, aos efeitos calmantes e tranquilizantes (azul, verde e violeta). Já as cores neutras não estão associadas a essas sensações, pois sofrem pouca reflexão de luz, como os tons pastel e marrons.

A cromoterapia tem os mais diversos benefícios: diminui o cansaço físico, proporciona sensação de bem-estar, melhora a circulação sanguínea, estimula o sistema nervoso central, melhora a autoestima e a qualidade do sono, entre outros.

A cromoterapia pode ser aplicada de diversas maneiras:

Iluminação ambiente: usar luzes coloridas em um espaço para criar um ambiente terapêutico.
Meditação com cores: visualizar cores específicas durante a meditação ou usar objetos coloridos como foco.
Roupas e acessórios: escolher vestimentas com cores que correspondam ao estado desejado.
Cristais coloridos: utilizar cristais de diferentes cores para harmonizar a energia dos chakras.
Arte e visualização: criar ou observar arte que destaque determinadas cores.
Alimentos: ingerir alimentos de cores específicas para obter os benefícios associados a essa cor.

Aqui está um resumo de como as cores são geralmente aplicadas na cromoterapia:

Vermelho: associado ao chakra básico, é utilizado para estimular o corpo e a mente. É considerado útil para aumentar a circulação, energizar os órgãos e combater a letargia.

Laranja: relacionado ao chakra umbilical, é utilizado para promover alegria e vitalidade. Pode ajudar a estimular o apetite, aliviar a depressão e fortalecer o sistema imunológico.

Amarelo: ligado ao chakra do plexo solar, é usado para estimular a clareza mental e a concentração. Também é considerado benéfico para a digestão e para o fortalecimento do sistema nervoso.

Verde: correspondente ao chakra cardíaco, o verde é considerado uma cor calmante, que pode promover o equilíbrio e a harmonia. É frequentemente utilizado para ajudar a relaxar e tem um efeito desintoxicante no corpo.

Azul: associado ao chakra laríngeo, o azul é usado para acalmar e trazer paz. É considerado benéfico para a comunicação e para problemas relacionados à garganta, como a dor de garganta.

Índigo: relacionado ao chakra frontal, é utilizado para promover a intuição e a clarividência. Pode ajudar a aliviar o estresse e a ansiedade e é frequentemente empregado em meditações para uma experiência mais profunda.

Violeta: associado ao chakra coronário, é utilizado para promover a iluminação espiritual e a conexão com o Divino. É considerado útil para purificar pensamentos e sentimentos.

CRISTAIS

Na natureza, os cristais são formados através de processos geológicos ao longo de milhares ou até milhões de anos, geralmente em condições de alta pressão e temperatura, como nas profundezas da Terra ou em locais onde há atividade vulcânica. Podem ainda crescer a partir de soluções líquidas, de vapores ou por meio da solidificação de materiais fundidos.

O cristal geralmente é organizado num padrão tridimensional bem definido, formando uma geometria específica.[1] É utilizado para garantir o equilíbrio do corpo e da mente devido ao poder de energização.

Para que os cristais possam manter o seu bem-estar, é importante cuidar deles, limpando e sintonizando-os com a frequência energética necessária para o campo que você vai utilizar.

A escolha do cristal muitas vezes depende da intuição pessoal e da atração que se sente em relação a ele. Ao adquirir os cristais que serão usados no tratamento terapêutico, você deverá limpá-los em uma solução com água e sal de cozinha. Se preferir, utilize água do mar, que também contém cloreto de sódio.

Após esse processo, lave-o com água corrente e coloque-o para secar ao sol, por cerca de quatro horas. De igual modo, você pode energizar com a energia da Lua, deixando-o durante a noite em contato externo.

Existem cristais correspondentes aos chakras que podem ser utilizados para um reequilíbrio energético. É importante ter em mente que alguns cristais correspondem a mais de um chakra ou até mesmo a todos.

Dentro das práticas espirituais que envolvem cristais, alguns são reputados por facilitar a conexão com os anjos devido às suas qualidades energéticas específicas. Aqui estão alguns cristais comumente associados à conexão angélica:

> **Quartzo claro:** conhecido como o "mestre curador" e um amplificador de energia, o quartzo claro ajuda a clarificar a intenção e a aumentar a comunicação com os anjos.
> **Celestita:** este cristal azul-celeste é considerado o cristal dos anjos por excelência, frequentemente utilizado para invocar

---

[1] De acordo com o mito de Atlântida, os cristais eram utilizados para o tratamento dos problemas de saúde. Os pacientes eram levados a uma sala especial de um templo, construída de cristal, na qual a energia solar difusa era usada com o propósito de curar não o corpo físico, mas o corpo "etérico" ou energético, que envolve o corpo físico e é responsável pela doença (GAYNOR, Mitchell L. *Sons que curam: um médico revela o poder terapêutico do som, da voz e da música*. São Paulo: Cultrix, 1999).

anjos da guarda e abrir canais de comunicação mais claros com o reino angélico.

Selenita: diz-se que, com sua aparência translúcida e etérea, a selenita promove a paz e a serenidade, sendo usada para limpeza e abertura de canais espirituais.

Ametista: este cristal roxo é tradicionalmente associado à proteção espiritual e à elevação, pensado para facilitar a intuição e a conexão com a sabedoria e orientação angélica.

Angelita: como o próprio nome sugere, acredita-se que a angelita ajude a estabelecer uma conexão com os anjos, encorajando a comunicação pacífica e o acesso a *insights* superiores.

VELAS

Muitas pessoas costumam acender velas para os anjos com o intuito de realizar pedidos específicos. As velas representam a ligação entre nós e a espiritualidade, e suas chamas ajudam na nossa conexão astral. Elas são utilizadas em diversas práticas espirituais em seus rituais.

Por meio da sua chama, acontecem trocas de energia com os Seres de Luz, por isso é recomendado acender uma vela para o Anjo da Guarda, os arcanjos e nossos guias espirituais.

Antes de acender uma vela para seu anjo, guia, mentor, mestre, é importante formular sua intenção de forma objetiva. Evite acender por acender, mecanicamente. A energia que emana da vela abre um portal de luz.

Não recomendo acender vela para pessoas desencarnadas dentro de casa. Nesse caso, acenda em uma igreja e faça a oração para essas pessoas em locais apropriados.

Da mesma forma que na cromoterapia, as cores das velas têm significados próprios.

Branca: pureza, paz, verdade, espiritualidade, limpeza, cura.
Vermelha: paixão, amor, coragem, força, vigor, desejo, vitalidade.

Verde: prosperidade, crescimento, fertilidade, esperança, saúde, renovação.
Azul: calma, serenidade, verdade, comunicação, proteção, inspiração.
Amarela/dourada: alegria, felicidade, sucesso, criatividade, inteligência, riqueza.
Rosa: amor, carinho, ternura, amizade, gratidão.
Laranja: energia, entusiasmo, alegria, vitalidade, criatividade, sucesso nos negócios.
Roxa: espiritualidade, intuição, sabedoria, poder, transformação, magia.
Preta: proteção, absorção de energia negativa, encerramento, banimento, resolução de problemas.
Prata: intuição, clarividência, purificação, encorajamento.
Ouro: prosperidade, riqueza, sucesso, iluminação espiritual.

Atenção: você pode acender velas dentro de casa, mas tenha cuidado para que não ocorra nenhum acidente. Antes de sair, apague-as ou tenha certeza de que estão em um lugar seguro.

INCENSOS

Muitas religiões e tradições espirituais usam incensos como parte de seus rituais e cerimônias. Eles são frequentemente queimados como uma oferta aos deuses, para purificar o espaço sagrado ou para facilitar a meditação e a conexão espiritual. Essa é uma das formas de purificar a energia do ambiente e atrair a energia dos anjos em nossa casa.

Existem vários tipos de incenso. Cada erva ou resina tem propriedades que nos auxiliam nas mais diversas finalidades, para promover a limpeza astral de ambientes e pessoas.

A fumaça é capaz de descarregar larvas astrais e miasmas, que são o resultado de emoções, pensamentos e sentimentos negativos que se desprendem do nosso corpo (físico e mental) e ficam presos no ambiente em que vivemos ou estamos, grudando nas paredes, no teto e até mesmo em móveis e outros objetos.

Algumas ervas são agressivas e incômodas a certos espíritos. Outras trazem um odor agradável aos dois mundos, material e espiritual. Elas ainda sensibilizam a psique, estabelecendo contato com o mundo oculto. Seu uso é um recurso de profilaxia vibratória e de favorecimento no campo da inspiração.

Quando incensamos ou defumamos, precisamos conhecer os tipos de ervas que estamos utilizando. Sempre que faço uma defumação ou incenso o ambiente, elevo meu pensamento a Deus, aos anjos e arcanjos e a toda a corte celestial para que atuem no ambiente.

A seguir, indico alguns incensos que podem auxiliar você na meditação e na comunicação com os anjos.

Alecrim: afasta a depressão, eleva pensamentos, purifica o local da aplicação e acalma o ambiente. Vibra na proteção espiritual e fortalece a conexão com os reinos angelicais.
Âmbar: acredita-se que tenha propriedades calmantes e purificadoras, sendo usado para elevar o espírito e harmonizar a energia do ambiente. Protege dos maus espíritos e do mau-olhado.
Canela: ajuda a purificar o ar, eliminando energias negativas e promovendo um ambiente saudável. Traz alegria de viver e está associada à atração de prosperidade, sucesso e abundância financeira.
Jasmim: conhecido por suas propriedades de elevação espiritual e proteção, o jasmim pode ser empregado para aumentar a sensibilidade espiritual e facilitar a comunicação com os anjos. Bom para ser usado em preces, meditações e relaxamentos.
Lavanda: reconhecida por suas propriedades calmantes e de limpeza, a lavanda é usada para abrir os canais intuitivos e atrair energia angelical. Pode ajudar a alcançar um estado mais profundo de paz e consciência. Ajuda na purificação, na proteção e no aumento da intuição.

Manjericão: estabelece uma conexão mais forte com os anjos, atuando como um catalisador para a comunicação espiritual. Traz sorte, prosperidade e proteção.

Mirra: equilibra as emoções, traz maturidade, ajuda na reflexão e estimula a intuição. Eficaz para afastar o mal e quebrar encantos em rituais de magia. Fortalece a conexão espiritual e atrai a presença dos anjos.

Olíbano: ajuda na meditação e na conexão com Deus. Purifica o ambiente e acalma a mente. Desperta a espiritualidade e traz proteção espiritual. É considerado um incenso sagrado por ser utilizado para purificação espiritual.

Patchouli: reconhecido pelas propriedades de ancoramento e proteção espiritual, o patchouli pode ajudar a estabelecer uma conexão estável com os anjos enquanto se mantém protegido de influências negativas.

Rosa-branca: limpa o ambiente contra as energias maléficas e acalma as pessoas que estão ao seu redor. Proporciona uma nova consciência espiritual, gerando desapego e trazendo tranquilidade em momentos de dificuldade.

Sálvia: o incenso de sálvia, especialmente da sálvia branca, é tradicionalmente usado para limpeza e purificação de ambientes e auras. Pode ser empregado para limpar o espaço, criando um ambiente sereno e sagrado, convidativo para a energia angélica.

Sândalo: utilizado no desenvolvimento e na expansão da intuição. Calmante, induz o relaxamento profundo e o autocontrole. Ajuda na meditação, na elevação espiritual e na abertura espiritual.

Quando escolher um incenso para abertura espiritual e conexão com os anjos, é importante selecionar aquele que ressoa mais em você e suas intenções. Também é possível optar por misturar diferentes tipos de incenso para criar uma combinação única que seja particularmente poderosa para você. Lembre-se sempre de praticar sua conexão com os anjos com respeito, amor e gratidão.

BANHO DE ERVAS PARA SE CONECTAR COM OS ANJOS E FORTALECER O ESPÍRITO

Existem várias receitas de banhos de ervas que são associadas ao fortalecimento da mediunidade em diferentes tradições espirituais. No entanto, é importante lembrar que a eficácia desses banhos pode variar de pessoa para pessoa e que sempre é recomendado buscar orientação antes de realizar qualquer prática.

No livro *Ervas e benzimentos*,[2] eu ensino a fortalecer a mediunidade e conectar-se com seres superiores por meio de banhos de ervas como alfazema, anis-estrelado, jasmim, rosas-brancas, manjericão, boldo-do-chile, malva e alecrim. As ervas podem ser utilizadas maceradas, se estiverem verdes, ou em infusão, como um chá, caso estejam secas.

Instruções:

Ferva cerca de 2 litros de água em uma panela grande.
Adicione um punhado de alguma dessas ervas à água fervente.
Deixe as ervas em infusão por cerca de 15 a 20 minutos, com a panela tampada.
Coe o líquido para remover as ervas, deixando apenas o chá concentrado.
Espere o chá esfriar até uma temperatura confortável para o banho.
Tome seu banho normalmente, utilizando o chá de ervas como enxágue final.
Enquanto estiver no banho, concentre-se em sua intenção de fortalecer sua mediunidade e se conectar com as energias positivas ao seu redor.
Após o banho, seque-se naturalmente ou com uma toalha limpa.

---

[2] DANTAS, Fábio. *Ervas e benzimentos*: o livro sagrado. 7. ed. São Paulo: Planeta (Selo Academia), 2024.

Atenção: é importante lembrar que esse banho é apenas uma sugestão e que você pode ajustar as quantidades de ervas de acordo com suas preferências pessoais ou orientações específicas que tenha recebido. Além disso, sempre se certifique de não ter alergia a nenhuma das ervas utilizadas e evite usar ervas tóxicas ou perigosas. Se tiver alguma dúvida ou preocupação, consulte um profissional de saúde ou um orientador espiritual qualificado antes de prosseguir.

ASSOCIAÇÕES

Vejamos agora a associação dos chakras, cores, cristais e ervas e sua correlação com raios e arcanjos.

Chakra básico ou raiz (Muladhara)

O chakra básico está associado ao sexto raio, rubi, da Mestra Nada, que traz a força do Arcanjo Uriel.

Está relacionado à energia da ação. É o chakra do eu comigo mesmo com as minhas necessidades, associado ao elemento Terra. É nesse chakra que está adormecida a energia Kundalini, que pode ser despertada ativando-se o fluxo energético, subindo pela medula espinhal e fortalecendo a rotação dos demais chakras, apurando sentidos como a intuição e a comunicação com o Cosmos.

Quando o chakra raiz está equilibrado, a pessoa consegue dar conta de sua vida e tudo funciona de acordo com o planejado. Quando está bloqueado, existe um esforço ou uma agressividade para que os objetivos sejam alcançados. Há também escassez de coisas prioritárias à vida e à saúde.

Esse desequilíbrio pode ocasionar sentimentos de medo, impaciência, apego, avareza, materialismo, culpa, vergonha, vícios, violência, morte e dor. Se não estiver funcionando adequadamente, o chakra sacral ou sexual, que está acima dele, apresentará mau funcionamento, por não receber energia suficiente. Atua nas glândulas suprarrenais e corresponde à nota musical dó.

A cor desse chakra é vermelha, sendo associada ao amor e à vida. É utilizada na cromoterapia para afastar a depressão e o desânimo, além de despertar a energia sexual. Acelera o ritmo cardíaco, aumenta a circulação e favorece a liberação da adrenalina. Cuidado com essa cor no quarto, pois pode deixar você agitado e sem sono. O vermelho é poderoso para honrar e liberar a raiva, em vez de suprimi-la.

Para fazer o alinhamento do chakra básico ou raiz, podemos utilizar os seguintes cristais: rubi, ônix, quartzo vermelho, granada vermelha, hematita, obsidiana, turmalina negra, quartzo esfumaçado, jaspe--sanguíneo, calcita vermelha, obsidiana preta e outras pedras nesses tons.

As pedras pretas são doadoras de proteção e dissipam a negatividade, realizando limpezas espirituais e alinhamento energético. Elas nos fazem colocar os pés no chão. As pedras vermelhas são doadoras de vitalidade física e promovem saúde no sangue, atuando na circulação, doando coragem, decisão e sensualidade. Cuidado com o uso excessivo dessas pedras para não causar insônia, irritabilidade ou agressividade.

Encontraremos diversas ervas que podem ser utilizadas para o equilíbrio do chakra básico, a exemplo de dente-de-leão, sálvia, gengibre, sabugueiro e cravo-da-índia.

EXERCÍCIO DE ALINHAMENTO DO CHAKRA BÁSICO

Faça três respirações profundas e visualize a cor vermelha em frente ao seu **chakra básico**. Aqui estão algumas afirmações que você pode usar para promover um senso de segurança, estabilidade e conexão com a Terra, fortalecendo esse centro de energia:

Eu e a natureza somos um só

Eu me liberto de todo o medo

Eu aceito a prosperidade em minha vida

Eu equilibro minha mente, meu corpo e meu espírito

Eu Sou uma pessoa segura

Eu mereço abundância

> *Eu confio no fluxo natural da vida*
> *Eu Sou uma pessoa forte perante os desafios da vida*
> *Eu honro o meu corpo e cuido bem dele*
> *Eu confio nas minhas necessidades básicas sendo atendidas.*

Chakra umbilical ou sacral (Svadhisthana)

O chakra umbilical está associado ao segundo raio, dourado, do Mestre Ascensionado Confúcio, que traz a força do Arcanjo Jofiel, e ao sexto raio, rubi, da Mestra Nada, que traz a força do Arcanjo Uriel.

Localizado três dedos abaixo do umbigo, ele está relacionado à criatividade, à reprodução, à energia sexual e ao poder. Proporciona esperança e otimismo quando equilibrado.

Está relacionado ao alimento e à criatividade e está conectado com a maternidade. É acima dele que acontece a gestação, e sua expansão abriga outro ser. Está associado ao elemento água.

Esse chakra aborda a relação entre o eu e o outro. Se sua energia estiver fluindo, haverá relacionamentos harmônicos com outros seres.

Se estiver em desequilíbrio, a pessoa pode acessar rejeição, solidão, ressentimentos, vingança, ciúme, depressão, inveja e problemas ligados à sexualidade, como falta de desejo sexual, impotência ou transtornos sexuais. Atua nas gônadas, glândulas sexuais masculinas e femininas (testículos e ovários). Corresponde à nota musical ré.

A cor laranja é a cor da alegria, estimulante da liberdade e da coragem. Alivia os sintomas de tristeza e remove qualquer tipo de rigidez ou repressão. É usada, ainda, para equilibrar o sistema imunológico.

Para fazer o alinhamento do chakra sacral ou umbilical, podemos utilizar os seguintes cristais: cornalina, coral, opala de fogo, ágata marrom-alaranjada, âmbar, serpentinita, calcita laranja e outras pedras nesses tons.

As pedras da cor laranja são doadoras de estímulo criativo e espontaneidade; afloram talentos, proporcionam aconchego, desintoxicam o organismo, desobstruem energias, dissolvem estados mentais perturbados e confusos, abrem a mente para a solução dos problemas e aliviam o estresse mental.

Encontraremos diversas ervas que podem ser utilizadas para o equilíbrio do chakra umbilical, a exemplo de calêndula, gardênia, sândalo, erva-doce, alcaçuz, canela, baunilha, sementes de gergelim, sementes de cominho, hibisco e framboesa.

EXERCÍCIO DE ALINHAMENTO DO CHAKRA UMBILICAL

Faça três respirações profundas e visualize a cor laranja em frente ao seu **chakra umbilical**. Aqui estão algumas afirmações positivas que você pode usar para promover a criatividade, a vitalidade e a expressão emocional saudável, ajudando a equilibrar e fortalecer esse centro de energia:

Eu Sou responsável pela minha própria realidade
Eu me abro para as infinitas possibilidades
Eu recebo o que a vida tem para me oferecer
Eu desfruto de uma vida saudável
Eu Sou fonte de inspiração
Eu aceito o meu corpo como ele é
Eu aceito a minha sexualidade
Eu Sou capaz de manifestar meus desejos
Eu Sou uma pessoa digna de prazer e alegria em minha vida
Eu Sou capaz de manter relacionamentos saudáveis.

Chakra plexo solar (Manipura)

O chakra plexo solar está associado ao segundo raio, dourado, do Mestre Ascensionado Confúcio, que traz a força do Arcanjo Jofiel.

Localizado no alto do estômago, está relacionado com a personalidade, a vitalidade, a autoestima, o poder pessoal e a sensação de bem-estar físico. Está associado ao elemento fogo e se conecta à identidade.

É a porta de entrada e de saída para o mundo. Quando a sua energia está fluindo naturalmente, a pessoa se torna plena e realizada com o trabalho e com o dinheiro.

Quando sua energia está bloqueada, a pessoa entra em competição com o outro e acessa sentimentos de ansiedade, raiva, medo, desvalorização, falta de realização profissional, ganância por poder e dinheiro, preocupação, indecisão, preconceito, desconfiança, negligência e mentira. Seu desequilíbrio pode ocasionar problemas na região do estômago. Atua no pâncreas e corresponde à nota musical mi.

A cor desse chakra é o amarelo, que estimula a criatividade e o sistema nervoso e melhora o autocontrole. É muito boa para utilizar em locais de estudo em pequenas quantidades, pois estimula o intelecto. Ajuda a limpar a mente.

Para fazer o alinhamento do chakra plexo solar, podemos usar os seguintes cristais: quartzo-citrino, pedra do sol, turmalina amarela, enxofre, jaspe leopardo, topázio imperial e calcita amarela, entre outras pedras nesses tons.

As pedras amarelas são estimulantes, doadoras da alegria de viver, revigorantes, energizadoras, responsáveis pelo magnetismo pessoal e pela materialização de bens, atrativas da riqueza, coragem, autoconfiança, brilho, poder e fama.

Encontraremos diversas ervas que podem ser utilizadas para o equilíbrio do chakra plexo solar, a exemplo de bergamota, alecrim, gengibre, hortelã, louro, canela, erva-doce e calêndula.

> **EXERCÍCIO DE ALINHAMENTO DO CHAKRA PLEXO SOLAR**
> Faça três respirações profundas e visualize a cor amarela em frente ao seu **chakra plexo solar**. Aqui estão algumas afirmações positivas que promovem a autoconfiança, o poder pessoal e a manifestação de metas e intenções, fortalecendo esse centro de energia:

Eu aceito o meu poder
Eu conduzo a minha própria vida
Eu me conecto com meu propósito de vida
Eu realizo o que eu mentalizar
Eu tenho satisfação por tudo o que faço
Eu Sou uma pessoa bem-sucedida
Eu Sou uma pessoa digna de amor, respeito e sucesso
Eu confio na minha própria capacidade de tomar decisões
Eu me liberto de qualquer crença que me limite a alcançar o sucesso
Eu me aceito do jeito que sou.

Chakra cardíaco (Anahata)

O chakra cardíaco está associado ao terceiro raio, rosa, da Mestra Ascensionada Rowena, que traz a força do Arcanjo Samuel, e ao quinto raio, verde, do Mestre Ascensionado Hilarion, que traz a força do Arcanjo Rafael.

Localizado no centro do tórax, ele está relacionado ao amor incondicional, à união e ao amor Divino. Aumenta a compaixão e o respeito e está associado ao elemento ar.

O bloqueio desse chakra faz a pessoa se tornar fechada para os vínculos, para dar e receber amor, o que a impede de criar laços profundos.

Esse desequilíbrio nos faz ainda acessar a desilusão, o pânico, a depressão e a ausência de perdão, contribuindo para distúrbios respiratórios e enfermidades cardíacas. Atua na glândula timo e corresponde à nota musical fá.

Esse chakra se refere a duas cores: o verde, que diz respeito ao amor humano e está conectado com os chakras inferiores; e o rosa, relativo ao amor Divino, ao amor incondicional, estando conectado com os chakras superiores.

O verde é a cor da natureza, da vida. Melhora qualquer condição física negativa, pois traz equilíbrio e cura. Já a cor rosa trabalha o amor, a autoestima, a felicidade.

Para fazer o alinhamento do chakra cardíaco, podemos utilizar os seguintes cristais: esmeralda, larimar, ágata musgo, aventurina, quartzo verde, amazonita, calcita verde, turmalina verde, malaquita, quartzo rosa, calcita rosa, turmalina rosa, rodocrosita e outras pedras nesses tons.

As pedras verdes e rosa são doadoras de equilíbrio, saúde, estabilidade, sabedoria, segurança, propriedade e sensibilidade. Trabalham o aspecto mental, a inspiração, a criatividade, o equilíbrio emocional, a autoconfiança, o amor, a autoestima, a sensibilidade e a doçura.

Encontraremos diversas ervas que podem ser utilizadas para o equilíbrio do chakra cardíaco, como sálvia, tomilho, lavanda, manjericão, agrião e espinheira-santa.

EXERCÍCIO DE ALINHAMENTO DO CHAKRA CARDÍACO

Faça três respirações profundas e visualize a cor verde e depois o rosa, em frente ao seu **chakra cardíaco**. Aqui estão algumas afirmações positivas que promovem o amor incondicional, a compaixão e a conexão com os outros, fortalecendo esse centro de energia:

Eu me perdoo e perdoo todas as pessoas
Eu me aceito sem julgamentos
Eu me conecto com todos os seres
Eu me permito amar e ser uma pessoa amada
Eu equilibro minhas emoções
Eu manifesto a gratidão em minha vida
Eu perdoo a mim e às outras pessoas com facilidade
Eu Sou uma pessoa amorosa e digna de receber amor
Eu Sou capaz de estabelecer limites saudáveis em meus relacionamentos
Eu me liberto de qualquer mágoa que esteja guardada em meu coração.

Chakra laríngeo (Vishuddha)

O chakra laríngeo está associado ao primeiro raio, azul, do Mestre Ascensionado El Morya, que traz a força do Arcanjo Miguel.

Localizado na garganta, está relacionado com a comunicação, a criatividade, a iniciativa, a expressão, a manifestação da vontade e a independência. Está associado ao som.

Se esse chakra estiver em desequilíbrio, a pessoa pode acessar fracasso, apatia, desespero, limitação, insegurança, autorreprovação e submissão, bem como apresentar problemas na região da garganta e nas cordas vocais, medo de falar, distorção da verdade. Atua na glândula tireoide e corresponde à nota musical sol.

O azul é a cor da serenidade e da paciência, indicada para casos de insônia e estresse. Boa para colocar no quarto e na sala de meditação, traz quietude à mente, paz, harmonia. Mas cuidado com o seu excesso, para não causar tristeza.

Para fazer o alinhamento do chakra laríngeo, podemos utilizar os seguintes cristais: topázio azul, calcedônia, larimar, turquesa, água-marinha, calcita azul, quartzo azul, angelita e outras pedras nesses tons.

As pedras azul-claras são doadoras de sabedoria, discernimento, consciência e calma. Promovem segurança, paciência, tolerância e compreensão e aliviam tensões, pressões e dores. Promovem a fluidez verbal e a comunicação.

Entre as diversas ervas que podem ser utilizadas para o equilíbrio do chakra laríngeo, estão a erva-cidreira, o eucalipto e o capim-limão.

> **EXERCÍCIO DE ALINHAMENTO DO CHAKRA LARÍNGEO**
>
> Faça três respirações profundas e visualize o azul-celeste em frente ao seu **chakra laríngeo**. Aqui estão algumas afirmações positivas que promovem a expressão autêntica, a comunicação clara e a criatividade, fortalecendo esse centro de energia:

> *Minhas palavras são fonte de poder*
> *Eu tenho confiança naquilo que falo*
> *Eu me expresso com facilidade e sabedoria*
> *Eu manifesto tudo que quero com a minha fala*
> *Eu libero tudo que me bloqueia de expressar a minha verdade*
> *Minha voz é uma semente de prosperidade lançada ao Universo*
> *Eu Sou uma pessoa criativa em todas as áreas da minha vida*
> *Eu Sou uma pessoa compreendida quando me expresso*
> *Eu expresso minha verdade com facilidade*
> *Eu me liberto de todo medo de julgamento ou rejeição ao falar.*

Chakra frontal (Ajna)

O chakra frontal está associado ao primeiro raio, azul, do Mestre Ascensionado El Morya, que traz a força do Arcanjo Miguel.

Localizado no meio da testa, entre os olhos, ele está relacionado à intuição, à nossa conexão com o universo dos sonhos, das sensações, dos símbolos, onde as coisas estão além da matéria.

Quando está fluindo livremente, possibilita o equilíbrio entre os nossos lados racional e intuitivo. Está associado à luz.

Se estiver em desequilíbrio, a pessoa pode atingir a ganância, a arrogância, a tirania, a rigidez e a alienação. Ocasiona, ainda, falta de raciocínio lógico, vícios, excesso de racionalidade e dificuldade de aprendizado. Atua na glândula pituitária e corresponde à nota musical lá.

A cor índigo equilibra a energia mental e trabalha a intuição, desenvolve as habilidades, além de contribuir para a limpeza e a purificação de ambientes.

Para fazer o alinhamento do chakra frontal, podemos utilizar os seguintes cristais: sodalita, safira azul, lápis-lazúli, turmalina azul, azurita e outras pedras nesses tons.

As pedras azul-índigo são doadoras de clareza mental, segurança e paz. Induzem à meditação e à contemplação, proporcionam senso de justiça e ajudam a dar direcionamento.

Há diversas ervas que podem ser utilizadas para o equilíbrio do chakra frontal, a exemplo de jasmim, espinheira-santa, sálvia, melissa, rosas-brancas e tomilho.

EXERCÍCIO DE ALINHAMENTO DO CHAKRA FRONTAL

Faça três respirações profundas e visualize a cor azul-índigo em frente ao seu **chakra frontal**. Aqui estão algumas afirmações positivas que promovem a intuição, a clareza mental e a sabedoria interior, fortalecendo esse centro de energia:

Eu confio em minhas intuições
Eu crio a minha realidade
Eu Sou uma pessoa conectada com a verdade
Eu Sou uma pessoa consciente e atenta aos meus pensamentos
Eu me abro para novas ideias
Eu manifesto tudo que quero com a minha mente
Eu vejo a verdade em todas as situações de minha vida
Eu Sou capaz de acessar meu conhecimento interior e minha sabedoria
Eu libero o meu Terceiro Olho para auxiliar em minhas decisões
Eu me conecto com a sabedoria Divina.

Chakra coronário (Sahasrara)

O chakra coronário está associado ao quarto raio, branco, do Mestre Ascensionado Serápis Bey, que traz a força do Arcanjo Gabriel, e ao sétimo raio, violeta, do Mestre Saint Germain, que traz a força do Arcanjo Ezequiel.

Localizado no topo da cabeça, ele está relacionado à consciência espiritual. Sua fluidez faz com que a pessoa consiga se dedicar à espiritualidade e tenha acesso a experiências espirituais. Está associado ao éter.

Se estiver em desequilíbrio, a pessoa pode apresentar sintomas de neurose, irracionalidade, desorientação, fobias, ausência de fé, histeria, insônia e obsessão. Atua na glândula pineal e corresponde à nota musical si.

A cor violeta limpa os ambientes de vibrações negativas e é indicada para casos de neurose. Ela purifica, transmuta, ilumina e eleva a consciência. Trata-se de uma cor bastante indicada para exercícios de meditação, pois favorece a concentração. Também se utiliza o branco para esse chakra, pois é a união de todas as cores, a cor espiritual usada pela maioria das tradições.

Para fazer o alinhamento do chakra coronário, podemos utilizar os seguintes cristais: ágata azul rendada, quartzo cristal, diamante, safira violeta, topázio incolor, ametista, amazonita, danburita, fluorita, selenita e outras pedras nesses tons.

As pedras de cor violeta são transmutadoras e auxiliam na conexão espiritual.

São diversas as ervas utilizadas para o equilíbrio do chakra coronário, a exemplo de lavanda, boldo-do-chile, anis-estrelado e girassol.

> **EXERCÍCIO DE ALINHAMENTO DO CHAKRA CORONÁRIO**
>
> Feche os olhos, faça três respirações profundas e visualize a cor violeta em frente ao seu **chakra coronário**. Aqui estão algumas afirmações positivas que promovem a espiritualidade, a conexão com o Divino e a expansão da consciência, fortalecendo esse centro de energia:
>
> Eu Sou parte do todo
>
> Eu estou em paz com o Universo
>
> Eu Sou uma pessoa equilibrada
>
> Eu aceito meu corpo como um templo da minha alma
>
> Eu Sou luz, Eu Sou uma pessoa iluminada
>
> Eu Sou parte do Divino
>
> Eu Sou um ser espiritual e acesso a energia cósmica
>
> Eu libero qualquer apego ao ego e me abro para a verdade espiritual
>
> Eu agradeço as bênçãos que recebo diariamente
>
> Eu Sou uma pessoa guiada pela luz interior que ilumina meu caminho.

MEDITAÇÃO PARA ALINHAMENTO DOS CHAKRAS

- Encontre um local tranquilo e aconchegante onde você possa se sentar ou deitar sem interrupções.
- Escolha uma posição confortável, mantendo a coluna ereta para facilitar o fluxo de energia.
- Feche os olhos suavemente e respire profundamente algumas vezes para relaxar o corpo e acalmar a mente.
- Inicie a meditação trazendo sua atenção para a respiração. Observe o movimento natural do ar entrando e saindo do seu corpo.
- Sinta a respiração enchendo os pulmões e expandindo o abdome. Mantenha-se no momento presente, observando a sensação da respiração.
- Visualize uma luz girando e pulsando, irradiando energia e vitalidade. Essa luz percorrerá cada chakra. À medida que visualiza cada um deles, imagine qualquer energia estagnada ou bloqueios sendo liberados e dissolvidos. Visualize a luz fluindo livremente através de cada chakra, limpando e purificando-o.
- Visualize o seu chakra básico como uma luz vermelha na base da coluna. Em seguida, suba para o chakra umbilical, representado por uma luz laranja na região do baixo-ventre. Continue visualizando a luz amarela no seu chakra plexo solar. No seu chakra cardíaco, visualize a luz verde da cura se manifestando e a luz rosa do amor universal pulsando. Suba para a região da garganta e, no seu chakra laríngeo, vibre na cor azul-claro. Agora visualize a cor azul-índigo irradiando o seu terceiro olho, no chakra frontal. Por fim, suba para o topo da sua cabeça, vibrando no coronário, com a cor violeta.
- Enquanto visualiza os chakras, repita afirmações positivas relacionadas a cada um deles.

- Após visualizar e afirmar cada chakra, permita-se ficar em silêncio por alguns minutos, simplesmente absorvendo a energia e as sensações em seu corpo.
- Mantenha-se consciente da sua respiração e da sensação de equilíbrio e harmonia em todo o seu ser.
- Conclua a meditação gradualmente, trazendo suavemente sua atenção de volta ao ambiente ao seu redor.
- Abra os olhos devagar e estique o corpo suavemente, trazendo movimento aos seus membros.
- Sinta-se livre para terminar a prática com gratidão e uma sensação de bem-estar por dedicar esse tempo ao alinhamento dos seus chakras.

6
A musicalidade celestial

A musicalidade
celestial

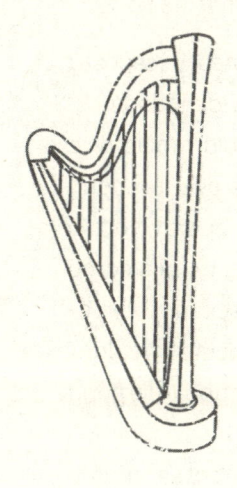

> "Louvai o Senhor ao som da trombeta, louvai-o com a lira e a cítara. Louvai-o com tímpanos e danças, louvai-o com a harpa e a flauta. Tudo que respira louve o Senhor!" (Sl 150, Davi)

O som é um dos mais poderosos instrumentos de conexão com a espiritualidade, pois, a partir da palavra, podemos materializar as forças que estão nos planos invisíveis aos nossos olhos.[1] Cada Iluminado (Mestre Ascensionado, arcanjo) tem uma música clássica que o identifica e pode nos colocar em sua sintonia.[2] Essas músicas apresentam "notas-chave" ou códigos que atuam em níveis interiores e podem agir positivamente, ajudando na elevação da consciência e trazendo paz, bem-estar e harmonia.

A musicalidade faz vibrar átomos e forças nos planos sutis, materializando as cores que existem no Cosmo. Pode alterar as funções celulares por meio de diversos efeitos energéticos, gerando um efeito mágico à medida que põe em movimento a luz universal, conduzindo o homem a Deus-Pai-Mãe Divina Consciência.

Está cientificamente comprovado que a música exerce um efeito poderoso no cérebro. Pesquisas mostram que ela pode ajudar em muitos aspectos, incluindo alívio da dor e do estresse, bem como na melhora da

---

[1] "No princípio era o Verbo, e o Verbo estava com Deus e o Verbo era Deus..." (Jo 1:1-2).
[2] Sugiro usar as músicas ou hinos dos Iluminados nos momentos de reflexão ou meditação.

memória. A música também pode afetar nossas emoções, nossa resposta às situações, aspectos como o consumismo e, ainda, nossa identidade.

Quando o sistema de música emite vibrações que viajam pelo ar e entram no canal auditivo, essas vibrações são captadas pelo tímpano e transmitidas em um sinal elétrico que viaja pelo nervo auditivo até o tronco encefálico. Aqui, ele é remontado em algo que percebemos como música. Esta é processada no córtex auditivo (ouvir), córtex motor (resposta física), córtex visual (ler a música, assistir a movimentos de dança), cerebelo (movimentos, resposta emocional) e hipocampo (memória de uma melodia), para citar alguns.

A maioria das pessoas tem interesses musicais diferentes, mas o gosto pelo tipo de música não é um fator significativo, ao contrário da conexão emocional. Quando uma música de que uma pessoa parece gostar está tocando, o sistema límbico (a parte do cérebro que controla a emoção) responde a essa atividade. Como resultado, a música que evoca emoção pode ter um efeito direto no humor de uma pessoa.

Uma experiência feita com leões, expondo-os a diversos estilos musicais, mostrou que os graus de irritabilidade e de calma desses animais variam conforme o estilo musical a que são expostos. Assim, a influência da música é tão grande que atua constantemente sobre nós.

Na Bíblia Sagrada existem várias passagens em que são entoados os toques sagrados, a exemplo da derrubada das muralhas de Jericó, após o toque das trombetas (Js 6).[3]

Os povos antigos compartilhavam a crença de que o mundo foi criado por meio do som. Os egípcios, por exemplo, acreditavam que Thoth criou o mundo apenas com a voz. No Gênesis, uma das primeiras sentenças é: "Disse Deus: Faça-se a luz". Portanto, o som da voz de Deus criou todas as coisas.

---

[3] O Zohar do século XIII, ou "Livro do Esplendor", contém muitas alusões ao som e ao seu significado no Universo. Nele também está escrito que os reis Davi e Salomão conseguiam ouvir a canção do Universo, sendo, assim, inspirados a escrever hinos reunidos nos Salmos do Antigo Testamento e nos Cânticos de Salomão. Nesse sentido, ver Salmos 150:1-6.

O som tem a capacidade de elevar a consciência do ser humano à fonte Divina, promovendo mudanças nos níveis físico, emocional e espiritual. É uma das energias mais transformadoras que existem.

Muitas obras musicais, por exemplo, antes de chegarem à nossa compreensão, foram compostas no plano etérico e posteriormente transmitidas aos grandes mestres da música.

Dessa forma, a música tem um papel fundamental, de modo que existem muitos Templos Etéricos que irradiam melodias para hospitais com o propósito de promover o processo de cura.

Inúmeros estudos têm mostrado que o grau de estresse, de pessimismo e de falta de esperança abate todos os aspectos de nosso sistema imunológico. Quando nos sentimos culpados, assustados, tristes, há uma baixa frequência vibratória, que atrai negatividades. Por isso precisamos lembrar que energias sutis, pensamentos e emoções desempenham papel primordial nas nossas experiências de vida, e o som pode elevar nosso padrão energético.

Se você sente alegria e gratidão por tudo o que tem, essas emoções enviam uma frequência de alta vibração que magnetiza a positividade. Tudo o que tiver essa mesma frequência energética vai se aproximar do seu campo de energia. Essa descoberta levou os cientistas a uma maior compreensão sobre os campos eletromagnéticos ao redor das pessoas.

Uma forma bem acessível de mudarmos nossos padrões de pensamento e, consequentemente, nosso DNA[4] é com a frequência da música que ouvimos. A medição e a determinação matemática de níveis de consciência dos seres humanos são um dos trabalhos pioneiros e mais interessantes do psiquiatra americano David R. Hawkins[5] (1927-2012).

---

4 O ácido desoxirribonucleico (DNA) é um ácido nucleico que contém todas as instruções genéticas utilizadas no desenvolvimento e funcionamento de todas as coisas viventes. O DNA é o nosso projeto pessoal e, como tal, contém toda a nossa informação mental, física, emocional e espiritual.

5 HAWKINS, David R. *Power Vs. Force*: The Hidden Determinants of Human Behavior. Hay House, 1995.

Em seu trabalho, Hawkins criou e calibrou um mapa da consciência humana. Começou a sua prática de psiquiatria em 1952, e então descobriu o poder da cinesiologia, a ciência que obtém respostas diretamente da mente subconsciente de uma pessoa através de um teste muscular.

Hawkins realizou várias pesquisas usando a cinesiologia e relacionou os níveis de consciência em estratificações que contêm algumas semelhanças com, por exemplo, as estruturas dos chakras.[6]

A tabela de David R. Hawkins, também conhecida como o "Mapa da Consciência", classifica diferentes estados de consciência em uma escala que vai de 0 a 1.000. Nessa escala, quanto maior o valor, mais elevado é o estado de consciência. Aqui está uma versão simplificada da tabela de Hawkins:

Enumerando-se os níveis, do mais baixo ao mais elevado, têm-se: vergonha (20), culpa (30), apatia (50), luto (tristeza/pesar) (75), medo (100), desejo (125), raiva (150), orgulho (175), coragem (200), neutralidade (250), disposição (boa-vontade) (310), aceitação (350), razão (400), amor (500), alegria (540), paz (600) e iluminação (700-1.000).[7]

A música pode elevar a consciência, equilibrando todos os corpos, como também desequilibrar, a depender de sua harmonia, melodia e ritmo. Dessa forma, músicas que falam de morte, traição, tristeza e abandono vão interferir no que vibramos, e nosso cérebro aceita isso como uma realidade, liberando química no corpo e permitindo que a frequência seja afetada.

Os arcanjos atuam nos sete raios, dando suporte aos trabalhos dos chohans (mestres). Cada um deles tem seu Complemento Divino, ou Arcangelinas, como alguns denominam, e existe uma música clássica que podemos utilizar para atingir uma melhor conexão com esses seres estelares.

---

[6] Existem estudos também no sentido de que a música pode mudar a fisiologia, reduzindo a ansiedade e as frequências cardíaca e respiratória, a pressão arterial, os níveis dos hormônios do estresse etc.

[7] É importante notar que essas classificações se baseiam nas pesquisas e interpretações de David R. Hawkins e podem ser lidas de maneiras diferentes por diferentes pessoas. A escala é uma maneira de entender e comparar diferentes estados de consciência, mas é apenas uma representação simbólica, não devendo, por isso, ser considerada uma medida exata ou definitiva da consciência humana.

A musicalidade invocada desbloqueia os chakras, sendo tal atuação potencializada com o uso dos cristais. Mais adiante você verá exemplos de músicas que promovem a conexão com os arcanjos.

No Japão, o cientista Masaru Emoto realizou uma experiência para testar o efeito da música sobre a água. Ele submeteu essa água ao som de músicas clássicas (notas-chave Pastoral de Beethoven e Ária de Bach), deixando-a algum tempo próxima ao alto-falante. Em seguida, essa água foi congelada e observada a partir de um potente microscópio.

Foi constatado, então, que as moléculas da água se agruparam na forma de mandalas uniformes, em figuras muito harmônicas e belas, de formato duradouro. Outra parcela da água teve contato com orações e mantras e também apresentou formas harmônicas semelhantes, além de muito belas.

Pesquisas realizadas na Inglaterra concluíram que o ato de ouvir músicas mais melodiosas, tranquilas e serenas contribui ativamente para a redução de dores crônicas, uma vez que os sons desse tipo liberam efeitos anestésicos e analgésicos, além de diminuir em até 25% a incidência de depressão.

O ato de cantar, igualmente, tem efeito poderoso em nossa saúde, pois os movimentos que realizamos quando cantamos exercitam nossos pulmões e coração, além de liberar endorfina, causando sensação de bem-estar e relaxamento.[8]

AS NOTAS-CHAVE

Cada Mestre Ascensionado, arcanjo ou ser cósmico tem características do raio ao qual pertence, incluindo uma música clássica que o identifica, que traz sua sintonia e a lembrança desse mestre. Entre as músicas das Esferas, algumas são as chamadas notas-chave (do inglês *key-notes*). As notas-chave são, portanto, músicas que atuam como códigos em níveis sutis, agindo beneficamente em nós.

---

[8] PONTES, Márcio Miranda. Qual é o efeito da música na vida das pessoas? *Sabra – Sociedade Artística Brasileira*, 12 abr. 2022. Disponível em: https://www.sabra.org.br/site/efeitos-musica/. Acesso em: 10 abr. 2024.

As notas-chave são melodias que já existiam no Cosmos antes mesmo que esta humanidade estivesse encarnada e que tendem a levar o ouvinte a uma sintonia com regiões elevadas de Luz, auxiliando na elevação de nossa consciência e de nossos pensamentos.

Elas são originárias das Esferas ou dos Planos elevados, onde habitam os Mestres Ascensionados e Seres de Luz, e nos auxiliam a trazer essas energias até nosso nível físico. Assim, elas servem como uma ponte entre nosso nível físico e o nível espiritual, facilitando a comunhão.

O plano espiritual, na sua grandiosidade, trouxe à Terra alguns compositores com percepção sutil, originários de mundos elevados, para captar essas melodias e trazê-las ao plano físico, para produzirem sutilmente uma mudança nos padrões desarmônicos vigentes.[9]

Assim, pela escuta das notas-chave em nossos ambientes, tornamos esses locais mais calmos e produtivos, além de atrairmos bênçãos dos mestres sobre as pessoas que ali convivem. Além das notas-chave, existem as músicas recomendadas para a escuta, não específicas de algum mestre ou raio, mas que também produzem um benefício ao ouvinte.

Via de regra, as músicas clássicas calmas e inspiradoras trazem a presença de seres angélicos e produzem mudanças nas pessoas e nos ambientes em que são tocadas, atraindo maior sintonia com pensamentos, energias e seres de Luz.[10]

NOTAS-CHAVE PARA CADA RAIO

Um grupo de estudos da Summit Lighthouse de Minnesota, nos Estados Unidos, elaborou uma lista de músicas baseada nos ensinamentos

---

9 Wolfgang Amadeus Mozart compôs aproximadamente 626 peças, das quais "Laudate Dominum" é recomendada pelos mestres para a meditação na Chama da Paz.

10 Coloque também as frequências de 1.111 e 2.222 Hertz, que atingem o sistema dos arcanjos. Elas têm a capacidade de romper as formas-pensamento, as memórias que ficam impregnadas nas paredes. Então, você limpa as paredes do seu ambiente domiciliar ou do seu ambiente de trabalho por meio dessa frequência que vai sendo entoada.

dos Mestres Ascensionados.[11] Essas músicas ajudam a elevar as energias de cada um dos sete chakras.

Músicas do primeiro raio da vontade Divina

Albinoni: "Adagio"
Beethoven: "Symphony n° 5"
Beethoven: "The Heavens Are Sounding"
Bizet: "Intermezzo from Carmen"
Bruckner: "Symphony n° 9"
Dykes: "Eternal Father"
Elgar: "Nimrod Variation"
Elgar: "Pomp and Circumstance March n° 1"
Franck: "Panis Angelicus"
Gounod: "Soldier's Chorus"
Grieg: "Anitra's Dance"
Grieg: "In the Hall of the Mountain King"
Khachaturian: "Adagio from Spartacus"
Lili'uokalani: "Aloha 'Oe"
Liszt: "Hungarian Rhapsody n° 15"
Respighi: "Saint Michael, Archangel"
Rimsky-Korsakov: "Song of India"
Sibelius: "Karelia Suite (Intermezzo)"
Smetana: "Die Moldau"
Sousa: "Semper Fidelis"
Wagner: "Bridal Chorus"
Wagner: "Entrance of the Gods into Valhalla"

---

[11] A Summit Lighthouse, uma organização fundada por Mark L. Prophet e Elizabeth Clare Prophet, é conhecida pela abordagem espiritual baseada nos ensinamentos dos Mestres Ascensionados (Disponível em: https://www.grandefraternidadebranca.com.br/musicas_dos_raios.htm. Acesso em: 10 abr. 2024).

Músicas do segundo raio da iluminação

Beethoven: "Ode to Joy"
Beethoven: "Symphony n° (5th Movement)"
Beethoven: "Victory Symphony"
Berlioz: "La Marseillaise"
Bourgeois: "Praise God from Whom All Blessings Flow"
Finden: "Kashmiri Song"
Foster: "Beautiful Dreamer"
Franck: "All Music"
Glière: "Dance of the Golden Fingers"
Grieg: "Dawn"
Herbert: "Ah! Sweet Mystery of Life"
Nielsen: "Helios Overture"
Pachelbel: "Gigue"
Puccini: "Un Bel Di, Vedremo"
Rimsky-Korsakov: "The Legend of the Invisible City of Kitezh and the Maiden Fevroniya"
Romberg: "Golden Days"
Vaughan Williams: "Fantasia on Greensleeves"
Vaughan Williams: "The Lark Ascending"
Wagner: "Evening Star"

Músicas do terceiro raio do amor

Bach: "Air on a G String"
Borodin: "Polovtsian Dances"
Chopin: "Piano Concerto n° 1"
Friml: "Indian Love Call"
Homing: "At Dawning"
Kreisler: "Caprice Viennois"
Lehár: "Yours Is My Heart Alone"
Mascagni: "The Lord Now Victorious from Cavalleria"
Puccini: "Intermezzo from Suor Angelica"

Puccini: "Musette Waltz"
Rachmaninoff: "Symphony n° 2 (3rd Movement)"
Saint-Saens: "The Swan"
Sibelius: "Finlandia"
Sibelius: "Symphony n° 2"
Wagner: "Isolde's Transfiguration"

Músicas do quarto raio da pureza

Adams: "O Holy Night"
Bach: "Toccata and Fugue in D Minor"
Beethoven: "Leonore n° 3"
Beethoven: "Nine Symphonies"
Beethoven: "Symphony n° 9 (3rd Movement)"
Gounod: "Angel's Chorus"
Grieg:" Piano Concerto in A Minor"
Liszt: "Benediction of God in the Solitude"
Liszt: "Christus"
Liszt: "Faust Symphony (2nd Movement)"
Liszt: "Hungarian Rhapsody n° 2"
Liszt: "Liebestraum n° 3"
Mahler: "Symphony n° 5: Adagietto"
Mascagni: "Intermezzo from Cavalleria Rusticana"
Rubinstein: "Angelique Reve"
Schubert: "Ave Maria"
Schubert: "Symphony n° 9"
Verdi: "Anvil Chorus"
Verdi: "Celeste Aida"
Verdi: "Triumphal Scene"
Wagner: "Fest March"
Wagner: "Parsifal Prelude Act 1"

Músicas do quinto raio da cura e da verdade

Beethoven: "Moonlight Sonata"
D'Indy: "Symphony on a French Mountain Air"
Franck: "Prelude, Choral and Fugue"
Glinka: "Variations on a Theme by Mozart"
Gounod: "Ave Maria"
Handel: "Messiah Overture"
Liszt: "Un Sospiro"
Loewe: "Heather on the Hill"
Mozart: "Rondo Alla Turca"
Mozart: "Sinfonia Concertante"
Pachelbel: "Canon"
Rachmaninoff: "2nd Piano Concerto"
Sullivan: "Onward, Christian Soldiers"
Wagner: "Tannhäuser Overture"

Músicas do sexto raio da paz e do serviço

Adams: "The Holy City"
Anon: "Londonderry Air"
Bach: "Come Sweet Death"
Bach: "Sleepers Awake"
Batiste: "The Pilgrim's Song of Hope"
Bohm: "Calm as the Night"
Boito: "Prologue in Heaven from Mefistofele"
Brahms: "Lullaby"
Burleigh (popularizado por): "Deep River"
Byrd: "Pavane for the Earle of Salisbury"
Delibes: "Coppélia Suite"
Delius: "On Hearing the First Cuckoo in Spring"
Gluck: "Dance of the Blessed Spirits"
Handel: "Joy to the World"
Humperdinck: "Children's Prayer"

Leoncavallo: "Mattinata"
Mahler: "Symphony n° 2"
MacDowell: "To a Wild Rose"
Mendelssohn: "Spring Song"
Mozart: "Laudate Dominum"
Novello: "Rose of England"
Rachmaninoff: "18th Variation"
Rimsky-Korsakov: "Russian Easter Festival Overture"
Romberg: "One Alone"
Strauss: "My Hero from The Chocolate Soldier"
Tchaikovsky: "Amen from Peter Noster"
Verdi: "Laudi Alla Vergine Maria"
Vivaldi: "Spring from Four Seasons"
Wagner: "Parsifal"

Músicas do sétimo raio da liberdade e da chama violeta

Bruckner: "Symphony n° 7"
Johann Strauss II: "The Blue Danube"
Johann Strauss II: "Tales from the Vienna Woods"
Johann Strauss II: "Tritsch-Tratsch-Polka"
Johann Strauss II: "Voices of Spring"
Johann Strauss Sr.: "Radetzky March"
Hovhaness: "Mysterious Mountain"
Mendelssohn: "War March of the Priests"
Prokofiev: "Classical Symphony"
Richard Strauss: "Der Rosenkavalier Waltzes"
Respighi: "St. Gregory the Great"
Rodrigo: "Concierto Aranjuez (Adagio)"
Schumann: "Symphony n° 4"
Tchaikovsky: "Trepak from Nutcracker"
Wagner: "Magic Fire Music"
Wagner: "The Ride of the Valkyries"

EXERCÍCIO

A terapia da música se desdobra na utilização da frequência. Quando se sente medo, tristeza profunda, vibra-se em baixo número de Hertz, em baixa frequência. É como se você tivesse tomado um remédio e a dosagem daquele comprimido fosse muito leve. Então, esse remédio não surtirá efeito, porque o seu organismo, para que haja uma reação, precisa de uma dosagem um pouco maior.

Quando estiver indo ao trabalho ou retornando dele, converse com Deus. Às vezes as músicas sintonizadas não estão em ressonância com o estado mental condizente com aquele momento. Preste atenção no que está posto em termos de realidade e converse com Deus, fazendo ponderações sobre a sua vida e o que pode melhorar, observando as palavras que você proferiu recentemente e que precisam ser recalibradas.

Imagine colocar uma música tranquila, recepcionando esse momento por cerca de 5 minutos, dentro das suas 24 horas, para cuidar de você. Comece a fazer esse exercício e observe, depois de uma semana, os benefícios do aumento da concentração e da percepção do seu campo superior, ou seja, sua visão, olfato, audição.

A música interfere diretamente na saúde física e, imediata e consequentemente, também no estado emocional, mental, espiritual e em tantas outras ordens mais sutis. Observe como ela se insere na sua vida. A tensão muscular diminuirá e o ato de decidir ficará muito mais fluido à medida que você for fazendo esse exercício.

Quais sons atraem você? Quais são os seus sons? Como soa sua respiração? Como soam seus movimentos? Escreva o nome da música da sua infância. Comece já a fazer sua conexão com os anjos por meio da música.

PLAYLIST "O PODER DO ARCANJO MIGUEL" COM AS MÚSICAS DE CONEXÃO DOS ANJOS, ARCANJOS E MESTRES DOS 7 RAIOS:

ACESSE O QR CODE
https://spotify.link/SJFQw3cQ5Hb

7
O poder do "Eu Sou"

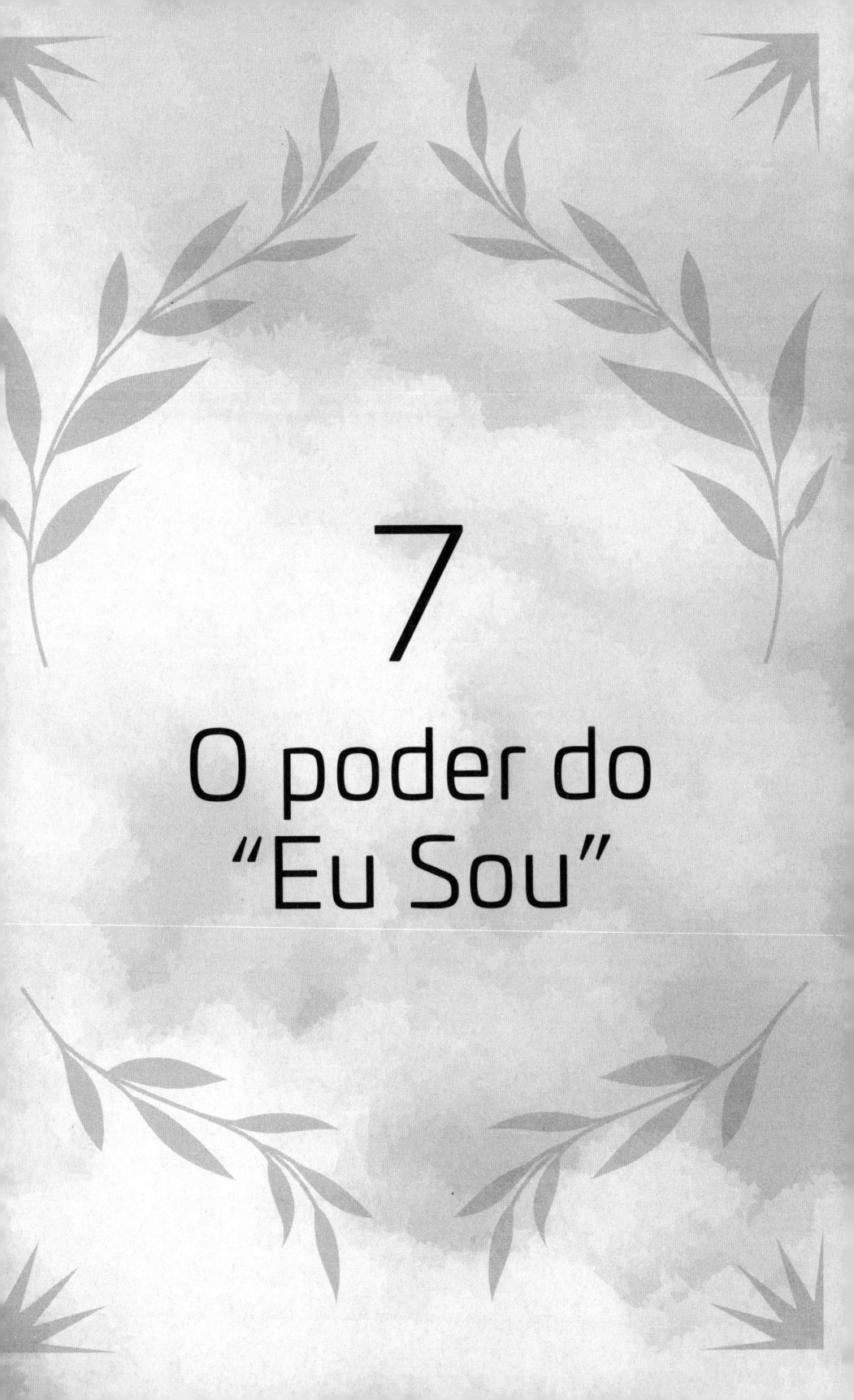

"O poder do Eu Sou"

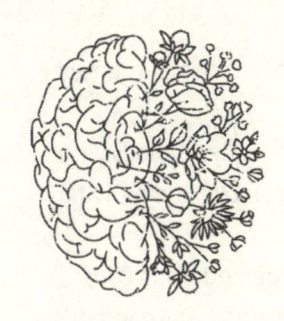

"Em verdade, em verdade vos digo: antes que Abraão existisse, Eu Sou." (Jo 8:58)

O Poder do "Eu Sou" remonta à criação da Terra. Quando Moisés perguntou o nome do Senhor Deus, Ele respondeu: "EU SOU O QUE SOU" (Ex 3:14). E disse mais: "Assim dirás aos filhos de Israel: Eu Sou me enviou a vós outros". No Novo Testamento, João registra a fala de Jesus da seguinte forma: "Em verdade, em verdade vos digo: antes que Abraão existisse, 'Eu Sou'" (Jo 8:58).[1]

A expressão "Eu Sou" denota o aspecto Divino dentro de cada um de nós, a consciência criadora que tem o poder de moldar a nossa realidade. Quando dizemos "Eu Sou", estamos afirmando quem somos e como nos percebemos, em total conexão com a Fonte Criadora, abrindo o

---

[1] Mais passagens da Bíblia sobre o poder do Eu Sou: "Eu sou o pão da vida" (Jo 6:48); "Eu sou o pão vivo que desceu do céu; se alguém dele comer, viverá eternamente" (Jo 6:49-58); "Eu sou a luz do mundo" (Jo 8:12); "Quem me segue não andará nas trevas" (Jo 8:12); "Eu sou a porta das ovelhas" (Jo 10:7); "Se alguém entrar por mim, será salvo" (Jo 10:9); "Eu sou o bom pastor" (Jo 10:11); "O bom pastor dá a vida pelas ovelhas" (Jo 10:11-14); "Eu sou a ressurreição e a vida" (Jo 11:25); "Quem crê em mim, ainda que morra, viverá" (Jo 11:25-26); "Eu sou o caminho, e a verdade, e a vida; ninguém vem ao Pai senão por mim. [...] Desde agora o conheceis e o tendes visto" (Jo 14:6-9); "Eu sou a videira verdadeira" (Jo 15:1); "Quem permanece em mim, e eu, nele, esse dá muito fruto; porque sem mim nada podeis fazer" (Jo 15:1-11).

canal para toda a energia de cura e reprogramação de nossas mentes para a abundância Divina.

A Divina Presença "Eu Sou" é o nosso Deus interior, a Centelha Divina que sustenta e alimenta nosso corpo, alma e espírito. É o modelo Divino de Perfeição em que devemos nos espelhar.

"Eu Sou" são as duas palavras mais poderosas que podemos usar, e o que colocamos depois delas cria e molda nossa realidade. Daí a importância de afirmar toda a positividade com Fé, pois na perfeição Divina não existe espaço para doença, mal, miséria, dor, infelicidade.

Toda a ação de pensamentos negativos e crenças limitantes será anulada após a invocação do poder do "Eu Sou". Quando invocamos a presença do "Eu Sou", acessamos nossas mônadas.[2]

"Eu Sou" é a fonte da vida de todo indivíduo e a manifestação perfeita. Portanto, tudo que afirmamos depois da palavra "Eu Sou" torna-se realidade, diante da influência de nossos pensamentos, sentimentos e experiências. Por exemplo, se dizemos "Eu Sou amoroso", estamos afirmando e manifestando a energia do amor em nossa vida. Da mesma forma, se dizemos "Eu Sou digno", estamos afirmando nossa autoestima e valor próprio.

As afirmações são palavras ou pensamentos repetidos constantemente até que penetrem na mente inconsciente e passem a fazer parte de nossa programação. Quando conectadas com o poder do "Eu Sou", tomam uma proporção e se tornam realidade.

---

[2] Teoria das Mônadas, sustentada pelos ensinamentos de dois dos mestres de Joshua, a britânica Alice Bailey (1880-1949) e o tibetano Djwhal Khul. Essa energia denominada mônada é dividida em doze extensões (alma), e cada alma é dividida em outras doze, experimentando a densidade, tanto na Terra como em outro plano. Dessa forma, uma mônada é constituída por um total de 144 extensões que constantemente partilham experiências entre si, evoluindo e fazendo evoluir cada alma e consequentemente cada mônada. A Teoria das Mônadas mostra que somos todos um, pois todas as mônadas estão ligadas entre si, evoluindo para a expansão do Universo infinito.

VIVENCIANDO O "EU SOU" EM ESTADO DE PRECE

Se você constantemente repete frases como "Eu Sou um fracasso", "Eu Sou triste", "Eu Sou ruim", saiba que elas estão sendo interpretadas como verdade pelo subconsciente.

A presença do "Eu Sou" representa nosso Eu Divino, a expressão individualizada de Deus em cada ser humano. É o nosso EU permanente, que pulsa na Chama Trina, estabelecendo uma conexão inquebrável através do Cordão de Cristal. Essa ligação nos permite acessar e manifestar a essência divina que reside dentro de nós.

Os Mestres Ascensionados explicam que, ao pronunciar "EU SOU", devemos lembrar que "Eu Sou" é o nome de Deus (Eu Sou o Que Sou).

"Eu Sou" é a perfeição, a totalidade de todas as virtudes, qualidades e atributos Divinos. Quando dizemos "Eu Sou", é como se abríssemos as comportas espirituais para a "descida" da luz.

Quando não aplicamos o poder do "Eu Sou", ficamos vulneráveis à voz do inconsciente coletivo, que comumente resulta em crenças e ideias hipnóticas. O controle hipnótico é resultado da mentalidade coletiva. Se você ouve algo com bastante frequência, isso acaba se tornando um fato.

Mensagens subliminares bombardeiam constantemente nossos corpos físicos, mentais e emocionais, estimulando desejos e instintos. O controle hipnótico funciona através do poder da sugestão, e as pessoas emitem opiniões o tempo todo e, da mesma forma, outros as aceitam.

Esteja em estado de prece, que é a capacidade de vivenciar todas as experiências da vida, observando tudo e todos em plenitude espiritual e energética sublime.

O estado de prece pode ser vivenciado todos os dias, na alegria, na tristeza, em vários momentos da vida. É estar em estado de atenção, em estado de solicitude, em estado de prestar atenção em si, sendo referência, inundando as pessoas de positividade e luz.

Quando estamos em estado de prece, nossas intenções materializam as coisas que desejamos e elas criam forma, havendo uma sincronicidade com as pessoas e fatos que estão à nossa volta. Isso é a manifestação do poder do "Eu Sou".

Além do poder pessoal de manifestar o que queremos para a regência de nossa vida material, espiritual e emocional, podemos, em estado de prece, ajudar na sustentação energética, trilhando o estado de plenitude e felicidade.

Quando sentir que o inconsciente coletivo está mudando seus padrões de pensamentos, retirando-lhe o pleno poder e capacidade psíquica, mentalize a seguinte afirmação:

"Amada Divina Presença 'Eu Sou' que habita em mim,
Liberte-me de todo controle hipnótico e sugestão,
purificando a minha mente e meus sentimentos, para
que eu possa senti-la e manifestá-la em meu mundo.
Eu Sou. Eu Sou. Eu Sou".

Quando o ser humano se conecta com o poder do "Eu Sou", encontra o estado meditativo de presença, de prece no seu dia a dia. Ele começa a regenerar suas células e o corpo vai liberando substâncias como endorfina e dopamina, que causam bem-estar.

Estar em estado de prece não é entregar nas mãos de Deus, é acreditar que o melhor se manifesta sempre.

Jesus Cristo, em uma de suas passagens, destacou: "Se permanecerdes em mim, e as minhas palavras permanecerem em vós, pedireis o que desejardes, e vos será concedido" (Jo 15:7).

==O próprio homem é o criador dos seus pensamentos, palavras e ações. Seja o que for que ele pensa, diz, faz e acredita, retorna a ele da mesma forma, algum tempo depois. Isso é a lei da atração.==

A lei da atração funciona de diversas formas. Se alguém está em desarmonia com a vida, pode atrair comida que faça mal. Se tem raiva, pode atrair ataques, pois pensamentos negativos atraem pensamentos e situações negativos. Se o seu mundo exterior não está da maneira como deseja, olhe para dentro e mude seus pensamentos e sentimentos. Resumindo: você é um ímã que atrai o que se parece com você.

Jesus disse que o "Reino dos Céus" está em nós. Logo, é um estado da mente, de percepção e entendimento de que existe realidade por trás e dentro de todas as coisas visíveis.

Em uma das passagens de Mateus (9:20-22), é narrado um trecho de uma mulher que alcançou a fé:

> *E eis que uma mulher, que durante doze anos vinha padecendo de uma hemorragia, veio por trás dele e lhe tocou na orla da veste; porque dizia consigo mesma: Se eu apenas lhe tocar a veste, ficarei curada. E Jesus, voltando-se, e vendo-a, disse: Tem bom ânimo, filha, a tua fé te salvou. E desde aquele instante a mulher ficou sã.*

Na passagem do cego, Jesus diz: "O que queres que eu faça?". Ele perguntou ao cego mesmo sabendo que este queria enxergar. Então, tocou os olhos dele, dizendo: "Faça-se-vos conforme a vossa fé". E os olhos do homem se abriram. Porém, Jesus os advertiu severamente, dizendo: "Acautelai-vos de que ninguém o saiba" (Mt 9:28-30).

A fé é inimiga do medo. Existe um ditado que narra bem essa máxima: "O Medo bateu à porta. A Fé foi ver quem era. Não havia ninguém". O medo de dar um passo nos deixa prostrados sem sair do lugar. Quando vibramos no medo, deixamos, aos poucos, de viver. Muitas pessoas que conheço deixaram de concretizar os seus sonhos por medo.

Toda transformação requer coragem, e a oração é a força energética mais poderosa que existe para dar a força necessária para concretizar nossos sonhos.

Reflita sobre a história a seguir: "Um jovem noviço perguntou a seu mestre zen: 'Por favor, como posso me libertar das minhas amarras?'. O mestre disse: 'Quem o amarrou?'. O aluno respondeu: 'Ninguém'. Então, o mestre lhe disse: 'Se ninguém o amarrou, na verdade você é livre. Por que quer se libertar?'".

Não se pode colher figos de amoreiras, nem uvas da árvore de espinhos, ou colher trigo do joio. Isso é a lei da causa e efeito. Quando assumirmos de fato o controle de nossos pensamentos, poderemos gerar as situações que desejarmos.

Quando estivermos em estado de prece, de oração, precisaremos soltar nossas amarras e deixar o subconsciente agir. Existe uma lei que nos rege, e não podemos fugir dela: é a lei da ação e reação. Então, se preenchermos nossas mentes com harmonia, paz e saúde, o melhor vai se manifestar em nossas vidas.

Enquanto estiver em estado de prece, de oração, domine o medo e agradeça por tudo pelo que passou, mas saiba dominar a partir de agora suas emoções e criar a sua realidade.

Lembre-se sempre das palavras de Jesus: "E tudo quanto pedires em oração, crendo, recebereis" (Mt 21:22). Essa é a lei da atração: pedir e acreditar que será atendido. Nossa realidade está baseada na nossa percepção. Tudo é possível desde que acreditemos que é possível. Acontecimentos, sentimentos e outras coisas podem se tornar realidade.

A fé é o principal ingrediente para a concretização de suas preces. Jamais peça algo de mau a alguém, pois a energia negativa acabará retornando como um bumerangue. Quando pedir algo, desligue-se do resultado e agradeça a Deus e a seus mentores por terem atendido a seu pedido, mantendo sua fé e se preparando para que a sua solicitação seja concedida.

Aquilo em que acreditamos tem o poder de se manifestar, especialmente quando decretamos com fé. Se não se concretiza, pode ser um sinal de que não era o momento certo para isso em nossas vidas. Quando algo não acontece agora, é importante lembrar que algo melhor pode estar a caminho, pronto para se revelar no momento mais apropriado.

APRENDENDO A USAR O PODER DO "EU SOU"

Essas duas palavras, quando pronunciadas, devem ser acompanhadas de pensamentos e sentimentos edificantes. Segundo a lei da causa e efeito, "o que se semeia, se colhe". Assim, todos os nossos pensamentos, sentimentos, palavras e ações que são projetados ao Universo se iniciam em nós e a seguir atingem o objetivo e o local para onde o direcionamos.

Para limpar nossos laços cármicos, afirme sete vezes por dia:

Eu Sou a lei do perdão e da chama transformadora de todos os erros que cometi e me liberto, liberto, liberto dos laços cármicos do passado.

Ao ativar o poder do "Eu Sou", teremos conexão com alegria, saúde e abundância, livrando-nos de qualquer pensamento negativo e anulando toda e qualquer realidade que nos cause sofrimento. Faça estas afirmações positivas para entrar em conexão com essa força, ao menos sete vezes cada uma delas por dia:

Eu Sou Deus em ação
Eu Sou o amor
Eu Sou a cura
Eu Sou a libertação
Eu Sou a inteligência perfeita, ativa neste cérebro
Eu Sou aquilo que desejo criar
Eu Sou a revelação pura de tudo que desejo saber
Eu Sou a sabedoria Divina
Eu Sou a prosperidade
Eu Sou a alegria
Eu Sou o equilíbrio
Eu Sou a abundância
Eu Sou a harmonia
Eu Sou a verdade
Eu Sou a intuição
Eu Sou a devoção
Eu Sou a coragem
Eu Sou a confiança
Eu Sou a beleza
Eu Sou a felicidade
Eu Sou a compaixão
Eu Sou a fé

Eu Sou a amizade
Eu Sou a bondade
Eu Sou a liberdade
Eu Sou a paciência
Eu Sou a paz
Eu Sou o perdão.

AFIRMAÇÕES DO "EU SOU" COM A FORÇA DO ARCANJO MIGUEL

Uma afirmação é uma palavra positiva que você repete para si mesmo a fim de incutir a sua mensagem no seu subconsciente, manifestada de energia. Já os decretos[3] são dádivas que recebemos de Deus, estudados e revelados pelos mestres para nos auxiliar a melhorar nossas vidas.

Já foi detectado, inclusive pelos cientistas, que o espaço de 21 dias é o tempo de que o cérebro precisa para assimilar e harmonizar aquilo que está sendo trabalhado. Após esse período, já estaremos conectados com a força invocada para um melhor equilíbrio do corpo, mente e espírito.

Com as afirmações do "Eu Sou", aceleramos nossa evolução, solucionamos nossas dificuldades e nos tornamos independentes de fatores externos que nos aprisionam.

Decrete as frases a seguir como mantras diários e você sentirá uma grande mudança positiva em seu comportamento. Podemos fazer afirmações positivas com a força dos anjos (afirmações angélicas), bastando escrever em um papel as mudanças que queremos, como se já tivessem acontecido.

---

[3] Decretos são utilizados para firmar nosso pensamento. Quando usados diariamente, promovem transformações maravilhosas em nossas vidas e à nossa volta.

Faça essas afirmações durante 21 dias, antes de dormir e ao acordar, para que seu subconsciente manifeste prosperidade em todos os sentidos da sua vida.

O Arcanjo Miguel é frequentemente associado a proteção, coragem, força e liderança. Aqui estão algumas afirmações positivas que podem invocar a energia e as qualidades desse anjo.

Decreto

Em nome da poderosa força do Eu Sou em mim, eu invoco o poderoso Arcanjo Miguel para que estabeleça uma ação protetora em todo o planeta Terra, e assim EU DECRETO:

Eu invoco a proteção e a orientação do Arcanjo Miguel em minha vida.
Eu tenho coragem e confiança, sabendo que estou sempre protegido.
Eu libero qualquer medo ou dúvida, confiando na força interior que habita em mim.
Eu Sou a liderança guiada pela sabedoria do Arcanjo Miguel.
Eu corto com facilidade os cordões energéticos que me ligam a situações ou pessoas negativas.
Eu Sou uma fonte de luz e amor, irradiando a energia do Arcanjo Miguel para o mundo.
Eu Sou grato(a) pela presença constante do Arcanjo Miguel em minha vida, me guiando e protegendo em todos os momentos.
Eu Sou uma pessoa forte e determinada, capaz de superar qualquer desafio que surja no meu caminho.
Eu invoco a espada de luz do Arcanjo Miguel para cortar todas as energias negativas ao meu redor.

Eu Sou uma pessoa digna de receber a proteção e o amor incondicional do Arcanjo Miguel em todos os aspectos da minha vida.
Arcanjo Miguel, livrai-me de todo o egoísmo.
Arcanjo Miguel, afastai de mim toda a intolerância.
Arcanjo Miguel, liberta-me da falta de compreensão do propósito de vida.
Arcanjo Miguel, que sua espada flamejante seccione toda a falta de paciência e diálogo.
Arcanjo Miguel, envolve-me com a força da verdade.
Arcanjo Miguel, liberta-me de tudo que não me pertence.
Arcanjo Miguel, expande em nossos corações a total presença do Eu Sou.
Arcanjo Miguel, Eu Sou a Lei do perdão da chama azul, que liberta a humanidade e transforma todos os erros passados.
Arcanjo Miguel, Eu Sou a sua luz manifestada nos sete raios Divinos.
Arcanjo Miguel, protege-me agora pelo poder da espada de luz azul.
Arcanjo Miguel, Eu Sou a fé manifestada hoje e sempre pelo poder da luz Divina.
Arcanjo Miguel, irradia, irradia, irradia a luz para todo o planeta Terra.
Arcanjo Miguel, Eu Sou livre de todas as amarras.
Arcanjo Miguel, Eu Sou a chama do amor incondicional.
Arcanjo Miguel, Eu Sou a luz que está a serviço de Deus.
Arcanjo Miguel, Eu Sou a vitória manifestada em todos os meus atos.
Arcanjo Miguel, Eu Sou a chama da harmonia.
Arcanjo Miguel, Eu Sou a chama da luz.
Arcanjo Miguel, Eu Sou a chama do perdão.
Arcanjo Miguel, Eu Sou a chama da verdade.
Arcanjo Miguel, Eu Sou a chama da prosperidade.

Arcanjo Miguel, Eu Sou a manifestação da cura.
Arcanjo Miguel, Eu Sou, Eu Sou, Eu Sou.
Eu Sou o Poderoso Círculo Mágico de Proteção que me envolve, que é invencível e afasta de mim todo pensamento e elemento discordante que procurar penetrar ou interferir em minha vida.
Eu Sou a Presença Visível desses muito amados Mestres Ascensionados, a quem eu peço que me apareçam agora, e cuja assistência invoco agora.
Eu Sou Deus em Ação.
Eu Sou a única Presença que atua em minha vida profissional (especifique a situação pela qual está passando).
Eu Sou aqui, Eu Sou lá, e Eu Sou em toda parte, então Eu Sou sereno em tua Majestosa Presença, manifestando teu Amor, tua Sabedoria, teu Poder e Julgamento, porque possuo tua previsão e vejo muito além das possibilidades humanas.
Eu Sou a precipitação e a Presença Visível de tudo o que desejo manifestar, e pessoa alguma pode interferir nisso.
A Presença Eu Sou é aquilo que desejo criar.
Eu Sou o poder que governa e ordena tudo harmoniosamente.
Eu Sou a plena Libertação do amor Divino em ação.
Qualifico tudo ao meu redor com a energia da presença Eu Sou, sem me preocupar com as aparências negativas.
Eu Posso porque Eu Sou. Eu Sou porque Eu Posso.
Eu Sou a respiração perfeitamente controlada do meu corpo.
Eu Sou uma pessoa abençoada e atraio em minha vida pessoas que me amam.
Eu Sou a Presença de Deus anulando toda previsão ou sugestão negativa sobre o meu ser, o meu lar e o meu mundo.

Minha Poderosa Presença Eu Sou é a Verdade, o Caminho e a Vida.
Eu decreto, em nome de Deus, que a chama violeta transmute agora os pensamentos negativos, padrões, crenças e alianças contrárias à luz.
Em nome do Arcanjo Miguel, eu decreto que todas as promessas feitas em vidas passadas ou nesta vida que não sirvam ao plano Divino para a Terra sejam anuladas e libertadas.
Ordeno à Presença Eu Sou que atue sempre com decisão, atenção e rapidez e que consuma todo o sentimento humano de incertezas para sempre.
Eu Sou, Eu Sou, Eu Sou.

8
As dimensões da consciência humana

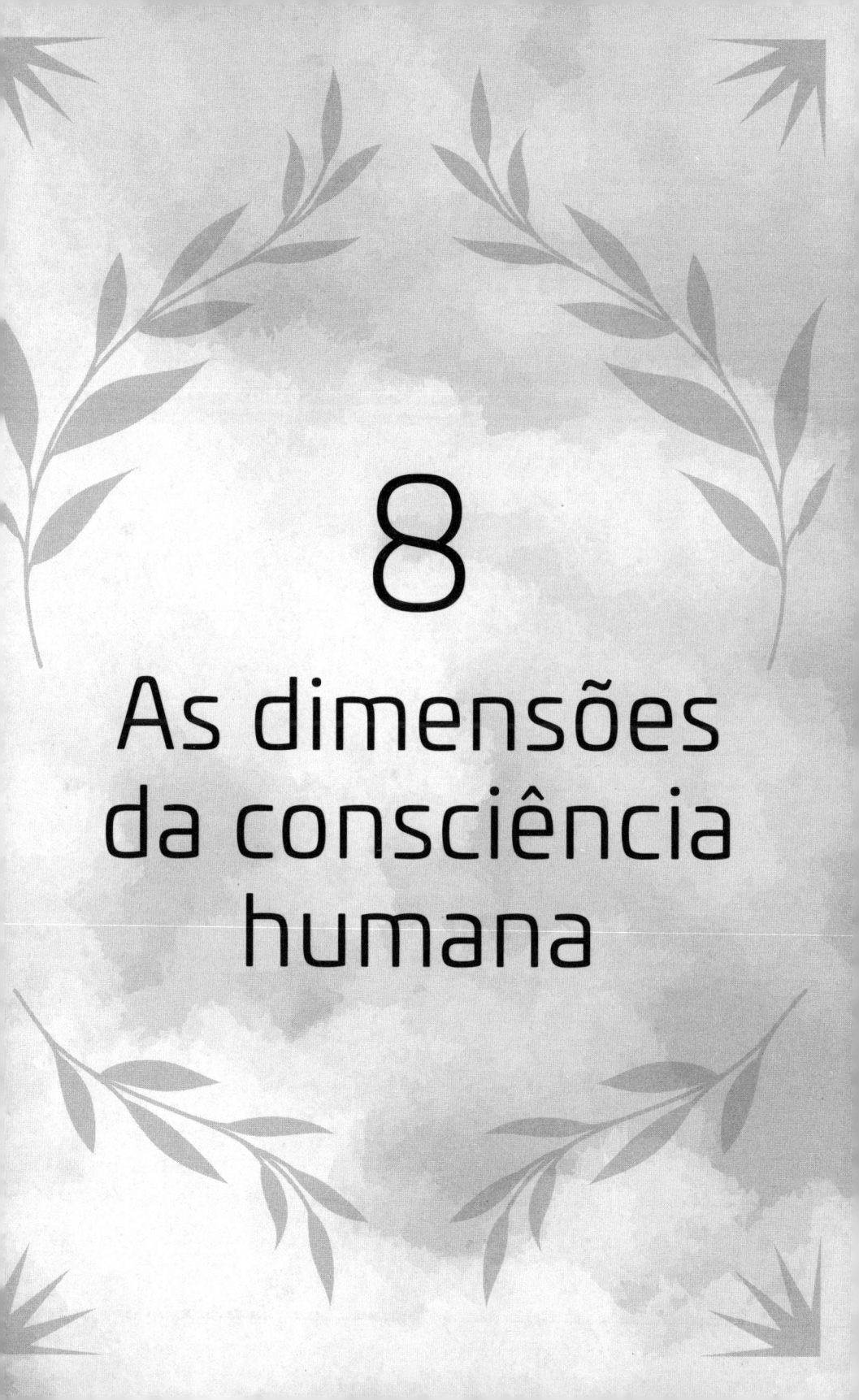

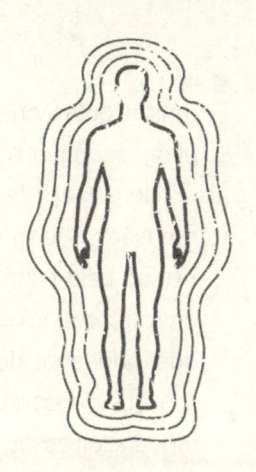

Tudo no Universo tem consciência, desde o mais simples elétron. Somos seres vibracionais, e cada sentimento por nós emanado tem uma "vibração", positiva ou negativa.

A noção de que a consciência permeia todo o Universo, funcionando como a essência Divina em todas as formas de existência, oferece uma perspectiva profunda sobre a natureza da realidade.

Atraímos para nossas vidas pessoas e situações que têm vibrações idênticas às nossas. O Universo nos dá espelhos para que o observemos. Olhe para o seu redor e repare nas pessoas à sua volta. Por algum motivo, elas estão fazendo parte de sua vida. Nunca tente mudar as outras pessoas, pois elas refletem você. Assim, olhe para dentro e mude a si mesmo.

O planeta Terra está transicionando para uma dimensão superior, e velhos hábitos e problemas emocionais estão vindo à tona para serem transmutados. O ano de 2012 trouxe um despertar da consciência, e estamos a caminho de um salto quântico.

Todos nós encarnamos para vivenciar a experiência em um corpo físico, e a Terra é um grande educandário onde o grande objetivo é a iluminação e maestria das lições que aprendemos diariamente.

Quando nascemos, esquecemos nossas experiências passadas na Terra e em outros locais, mas temos proteção e acompanhamento de muitos guias, anjos, arcanjos, Mestres Ascensionados a quem podemos pedir ajuda por meio de preces e meditação.

No planeta Terra, nossas consciências estão conectadas com as dimensões, que são frequências energéticas. A primeira dimensão é constituída pelo reino mineral. A segunda é a densidade do reino vegetal e animal, embora estes já tenham se tornado mais refinados em virtude das mudanças das vibrações planetárias.

Todo pensamento emite uma frequência para o Universo, e isso vai influenciar essas dimensões. Estamos vivendo em consciência de terceira dimensão. Para compreender de que forma podemos ter acesso ao reino angelical, vamos entender melhor essa fase planetária que estamos percorrendo até o salto para a quinta dimensão.

A TERCEIRA DIMENSÃO

A terceira dimensão é aquela que podemos chamar de material, mental inferior ou individual. Estamos sempre conectados com ela quando acordados. É a realidade tangível que percebemos através dos nossos sentidos.

É nela que a maioria dos seres humanos vive e o ego ("eu" inferior) tem maior atuação. Nessa dimensão, a memória do indivíduo é absorvida por sentidos físicos e o sistema de crenças prevalece, dificultando a compreensão das dimensões do astral superior. A terceira dimensão está associada ao ego, à dualidade e à separação.

Na terceira dimensão, as coisas demoram mais a tomar forma, como o crescimento de um ser humano, de uma planta. Quando o fator tempo é removido, cria-se uma realidade de quarta dimensão, como em um sonho.

Estamos vibrando na terceira dimensão quando pensamos em sofrimento, morte, doença. Portanto, se você reclama muito, odeia o seu trabalho, diz que nasceu para ter poucos recursos financeiros, pode estar sendo bombardeado pelo seu ego negativo e aprisionado na terceira dimensão.

Estamos emanando e recebendo energia do Universo o tempo todo, por isso o controle dos nossos pensamentos é muito importante. Você se sente uma pessoa pessimista? Reclama o tempo todo e julga sem perceber? Faça sempre essas perguntas para seu inconsciente a fim de saber se está na tridimensionalidade. A mente tridimensional reflete as qualidades dos sentidos físicos, e os indivíduos estão focados em questões materiais, na sobrevivência e na busca do prazer sensorial.[1]

O mundo material está bem presente nessa dimensão. Acumular bens e viver com medo de perdê-los, desconfiando de tudo e de todos, é uma grande característica dessa consciência dimensional. Acreditar que está separado do Criador é comum num estado vibracional de terceira dimensão, pois o ego não nos deixa refletir sobre o motivo de gastar tanto tempo com o passado e com o futuro.

É nessa dimensão que somos ensinados a sermos egoístas e a não acessar o amor incondicional, nos impedindo de vivenciar a inteireza e de acessar o nosso "Eu Superior". Ela nos aprisiona a ponto de não enxergarmos nosso Anjo da Guarda, nossos mentores e Seres de Luz.

Não devemos esquecer que somos seres espirituais em um corpo físico, com amnésia. A memória de vidas passadas não nos acompanhou, e nossas experiências são armazenadas no nosso "Eu Superior", que está bloqueado na maioria das vezes.

Diferentemente do eu inferior, o Eu Superior é a forma consciente mais elevada alcançada por um ser humano e vibra em um "corpo" de frequência superior. O Eu Superior é uma frequência que permite à personalidade funcionar interdimensionalmente, pois o propósito da evolução humana é alcançar e sustentar essa forma do ser, de vibração superior, e infundir-se com a alma.

A experiência da interdimensionalidade é um fenômeno interno que consiste no acesso ao conjunto completo das faculdades dimensionais do ser humano, ao mesmo tempo que atua no tempo e no espaço tridimensional. Por meio dela, conseguimos obter informações valiosas,

---

[1] O prazer sensorial é uma parte importante da experiência humana e pode trazer uma sensação de bem-estar, relaxamento e felicidade. No entanto, é importante encontrar um equilíbrio saudável entre buscar o prazer sensorial e cultivar outras fontes de satisfação e significado na vida.

necessárias para administrar a vida e potencializar a percepção dos mundos superiores e instruções dos anjos.

Ainda nessa dimensão, nossa intuição é bloqueada para não conseguirmos enxergar o que fazer, e a felicidade é condicionada ao mundo exterior, pois sempre estamos buscando os parâmetros dos outros como felicidade para nós, muitas vezes nos desviando do nosso propósito de vida.

O medo é outro fator utilizado para gerar aprisionamento das mentes na terceira dimensão. Quando percebemos isso, começamos a nos libertar desse círculo vicioso. Na terceira dimensão, é bem comum estarmos vulneráveis ao "vampirismo energético", que significa a perda de energia para pessoas ou para determinado ambiente, pois enviamos e recebemos energia do Universo o tempo todo.

Quando vibramos no medo, criamos bloqueios em nossos corpos mental, emocional e espiritual, ocasionando doenças físicas. As emoções negativas ficam no corpo até se expressarem por meio de doenças físicas. Os sintomas para identificar que estamos vampirizados são cansaço físico, dores de cabeça, desânimo, irritabilidade e tendência a vícios como beber e fumar.

Muitas vezes, pessoas mal-intencionadas dirigem pensamentos negativos por vários motivos, mas isso pode ser feito de forma involuntária por alguém que está sempre infeliz, reclamando muito e que precisa de outro para despejar seu "lixo energético". Podemos identificar algumas atitudes de pessoas próximas que drenam nossas energias. São elas pessoas lamentosas, cobradoras, inquiridoras, críticas, fofoqueiras.

A falta de saúde bloqueia nossa energia. Quando estamos felizes, o amor flui, as células do corpo reagem com alta frequência.

Uma maneira de limpar os pensamentos negativos é anotá-los em um papel e depois queimá-lo. O fogo é um dos mais potentes purificadores. Queimar fotografias antigas, cartas e coisas que não fazem mais sentido para nós, por exemplo, transmuta a negatividade contida nessas recordações e muda a energia à nossa volta.

Todas essas energias a que estamos expostos são fatores que diminuem nossa energia vital, por isso devemos nos blindar diariamente.

Uma das maneiras de se proteger, além de manter a vigilância nos pensamentos e nas ações, é a conexão com a força angelical.

==Os anjos têm uma frequência de alta vibração, e basta pensar neles para elevar sua consciência. Reclamar e praguejar traz uma nuvem de pensamentos pesada e atrai emoções negativas.== Se isso acontecer, eleve seu pensamento com perdão, compaixão e alegria, entoando mantras e preces sagradas para mudar esse padrão.

As crenças limitantes da terceira dimensão

Crenças limitantes são ideias, conceitos ou perspectivas que uma pessoa mantém sobre si mesma, os outros ou o mundo, que limitam sua capacidade de alcançar seu pleno potencial. Essas crenças são geralmente negativas e autoimpostas, e muitas vezes surgem de experiências passadas, influências sociais, traumas emocionais ou interpretações distorcidas da realidade.

A mente consciente e racional representa 5% do nosso poder de criação, ou seja, ela é responsável pelos nossos pensamentos, julgamentos e decisões. A mente inconsciente é quem comanda 95% do poder criador, sendo composta pelas memórias emocionais, nossas vivências, crenças, traumas e dogmas, tudo de forma oculta, porém vibrando e comandando a realidade.

Na mente consciente estão as informações que percebemos como realidade. Quando sentimos dor, por exemplo, nosso consciente mostra a existência dela. A função da mente consciente é focar a realidade física, capaz de pensar, planejar e coordenar essa tal realidade.

Já a mente subconsciente não tem capacidade de raciocínio, sendo responsável tão somente por armazenar informações que recebe e obedecer às ordens da mente consciente.

Tomemos como exemplo um carro e um motorista. A mente consciente é o motorista e o carro, o subconsciente. O carro cumpre as ordens do motorista e as aceita como verdade sem questionar. Se passo a marcha e sigo à direita, esse carro vai obedecer.

Não existe certo nem errado, não há julgamentos na mente subconsciente. Por isso precisamos estar atentos ao comando que damos a ela.

Entretanto, o subconsciente está funcionando a todo instante, mesmo quando estamos dormindo. Ele exerce o controle da nossa vida, inclusive da nossa saúde. Muitas doenças são ocasionadas por meio do subconsciente, originadas de pensamentos negativos e sentimentos de ansiedade, tristeza e solidão, que vão causando um colapso nos nossos órgãos vitais.

Aquilo que está em nossas mentes criará todas as nossas experiências, doenças, escassez, infelicidade e desespero. Por isso, a partir dessa informação, de agora em diante evite dar comandos negativos à sua mente subconsciente.

Nossas crenças criam a energia que vibra à nossa volta, e o sucesso é acreditar em nosso potencial para atingir nossos objetivos. Se queremos ter sucesso no amor e no trabalho, por exemplo, devemos decretar afirmações positivas como: Eu posso ser amado(a); Eu acredito que posso ser amado(a); Eu mereço ser bem-sucedido(a); Eu mereço ter coisas boas.

Podemos aprender a influenciar nossa realidade entendendo como dominar o poder da nossa mente inconsciente e a reprogramá-la, pois ela funciona com base na programação que vamos acumulando desde a infância e até mesmo antes do nascimento.

O Universo não julga, simplesmente responde, por isso é importante filtrar os pensamentos antes de falar algo. Trata-se do processo de cocriação da realidade, pois esta é composta por ondas colapsadas, ou seja, situações e coisas que existiam no campo das infinitas possibilidades do Universo e que foram trazidas para a realidade física através de nós. Ou seja, a nossa mente se concentra na energia e emana determinada vibração ou onda, que vai encontrar no campo das infinitas possibilidades outra onda, que corresponde àquilo que a mente está a emanar.

==Lembre-se de que as crenças são como ímãs: quando você acredita nelas, elas se tornam reais.== Assim, quando reclamamos, nos vitimizamos, desejamos mal ao próximo, a mente inconsciente assume tudo como verdade e envia a informação por ondas vibracionais para o Universo, como se estivéssemos pedindo algo – e tudo que se pede se recebe.

Desde a infância somos bombardeados por um conjunto de informações transmitidas pelos nossos pais, avós, professores, religião, babás, TV, e são elas que vão nos influenciar ao longo da vida, pois ficam plantadas no subconsciente. Isso é o que chamamos de sistema de crenças, que pode nos conduzir inconscientemente ao sucesso ou ao fracasso de nossas ações.

Quando você era criança, seus pais diziam que a vida era muito dura, que já nascemos pecadores, que, quando alguém morria, havia descansado, que, para vencer na vida, era necessário muito esforço e que quem nasce com escassez e outras coisas vai depender de vários fatores para conseguir esse objetivo.

Somos detentores de um conjunto de crenças limitantes que nos impedem de explorar nosso potencial, mas podemos desconstruí-las e perceber que a vibração dos nossos pensamentos atrai outras vibrações do mesmo tipo.

Reprogramar a mente é uma maneira de facilitar o processo de libertação de vícios de pensamentos e crenças limitantes, ou seja, a consciência cria a realidade, bastando que você se disponha a se livrar das correntes que o aprisionam. Nós nos tornamos aquilo que acreditamos ser.

Em vez de focar a escassez e a falta, concentre-se na abundância e na prosperidade que estão disponíveis para você. Pratique a gratidão diariamente e reconheça as bênçãos em sua vida. Isso ajuda a mudar o foco de pensamentos negativos para uma perspectiva mais positiva e otimista.

==A frequência energética de nossos pensamentos vai se aproximar do nosso campo de energia, pois sempre atraímos o que combina com o nosso padrão vibracional.== Quantas vezes pensamos que era difícil emagrecer e que o ato de saborear um pedaço de torta nos engordaria? Esses pensamentos afetam o nosso corpo.

Comece a observar sintomas como: autossabotagem, vitimização, defesa do ego, enxergar-se com condicionamentos, não exercitar a gratidão, sentimentos de negatividade, julgamentos.

Se você ainda mantém pensamentos de que não consegue fazer tal coisa por alguma limitação, que não muda porque nasceu assim e vai morrer assim, que não consegue, não pode, não sabe, está na hora de acreditar que pode mudar. O primeiro passo é identificar suas crenças e desafiá-las com questionamentos reais e depois substituí-las por uma crença verdadeira, real e positiva.

Todas as crenças podem ser recicladas, ressignificadas. Questione ativamente as crenças limitantes. Pergunte-se se essas crenças são verdadeiras e se estão ajudando ou prejudicando sua vida. Muitas vezes percebemos que as crenças limitantes são baseadas em medos irracionais ou experiências passadas que não refletem mais nossa realidade atual.

Substitua suas crenças limitantes por crenças fortalecedoras, fazendo com que isso se torne um hábito no seu dia a dia. O primeiro passo é escrever suas crenças antigas num papel e, ao lado delas, uma crença fortalecedora.

Fortaleça sua mente, nutrindo-a por meio do desenvolvimento de suas habilidades e talentos, lendo bons livros, passando mais tempo com os amigos e buscando mais experiências que proporcionem oportunidades de crescimento. Estudos mostram que três semanas é o suficiente para desenvolvermos resultados surpreendentes.

Se você pensa *Eu não consigo emagrecer porque meu metabolismo é lento*, substitua a crença limitante por uma crença fortalecedora, escrevendo: "De que maneira eu posso contribuir para ter um corpo desejável, mesmo comendo as coisas de que tanto gosto?".

Existem algumas crenças que são hereditárias. Frases como "você não faz nada direito", "você deixa tudo pela metade", "você nunca vai conseguir ninguém", "tem que seguir o exemplo do seu irmão" e "você é burro" ficam registradas por toda a vida.

Isso me faz lembrar a conhecida história de uma mulher que estava preparando o pernil para o jantar e cortando a peça de carne em dois pedaços. Curioso, o marido perguntou por que ela fazia daquela forma e ela respondeu: "Era assim que a minha mãe fazia". Por coincidência, a sua mãe, naquela noite, iria jantar com eles e os dois aproveitaram para perguntar qual era o motivo de cortar o pernil em duas partes. A mãe respondeu: "Porque era assim que a minha mãe fazia". Então eles decidiram telefonar para a avó da esposa e saber o porquê de cortar o pernil em dois pedaços. Eis a resposta dela: "Porque a minha panela era pequena!".

Com essa história, quero que você reflita sobre velhos hábitos que de repente estão honrando a sua ancestralidade sem saber o porquê de tais ações.

É sempre bom lembrar que crenças não são certas ou erradas, mas sim pontos de vista transmitidos de geração em geração, até chegarem a você.

Tudo aquilo a que você dá atenção se manifesta. É o "ver para crer". Portanto, pense e fale situações positivas e assim tornará seus sonhos realidade. Pense, fale e aja como se fosse uma pessoa próspera e o Universo responderá com abundância.

Estabeleça a intenção de mudar suas crenças para versões mais capacitadoras. Use afirmações positivas para reprogramar sua mente e substituir padrões de pensamento negativos por pensamentos mais construtivos e positivos. Por exemplo, em vez de dizer "Eu não consigo fazer isso", substitua por "Eu Sou capaz e merecedor de alcançar meus objetivos".

Explore práticas espirituais que ajudem a expandir sua consciência, como meditação, ioga, conexão com a natureza. Essas práticas podem ajudar a abrir sua mente para uma compreensão mais ampla da realidade e a se conectar com aspectos mais elevados de si mesmo e do Universo.

Transmutando as crenças limitantes

Verifique quais crenças estão fazendo você acertar e quais estão prejudicando sua caminhada. A estas últimas você pode renunciar e seguir, substituindo-as por crenças positivas.

Analise algumas crenças limitantes que podem estar impedindo você de ser feliz e de cumprir seu propósito de vida. Leia a seguir um resumo de crenças habituais subjacentes ao ser humano. Risque aquelas que você ainda tem.

1. Nunca vou conseguir fazer isso.
2. Não tenho dinheiro para nada.
3. Eu não mereço coisas boas.
4. Não consigo encontrar tempo para nada.
5. Eu nasci assim e vou morrer assim.
6. É pecado ser feliz.
7. Dinheiro não traz felicidade.
8. Não é possível viver fazendo o que se gosta.
9. Dinheiro é sujo.
10. Não consigo aprender isso.
11. Nunca vou realizar meus sonhos.
12. Sou muito velho(a) para isso.
13. Sem trabalho duro não se consegue nada.
14. Sou assim porque meus pais são assim.
15. O mundo está em crise e por isso tudo está difícil para mim.
16. Não posso ter dinheiro e espiritualidade ao mesmo tempo.
17. Nunca vou conseguir pagar as contas.
18. Mulheres são infiéis.
19. Homens são infiéis.
20. O mundo é perigoso.
21. Não se pode confiar nas pessoas.
22. Precisamos competir para ter sucesso.
23. O que os outros pensam ou dizem é importante.
24. Não posso ficar só.
25. A vida não é fácil.
26. Nunca acabo o que começo.
27. Quero desparecer deste mundo.
28. Ninguém me ama.
29. Sou uma pessoa doente.
30. Família só dá dor de cabeça.
31. Já nascemos pecadores.
32. Só vamos descansar quando morrermos.

33. Para vencer, preciso de muito esforço.
34. Eu não sou bom o suficiente.
35. O sucesso é para os outros, não para mim.

A QUARTA DIMENSÃO E O DESDOBRAMENTO DOS SONHOS

Enquanto na terceira dimensão a noção de tempo é muito forte, porque as coisas demoram mais a tomar forma, quando o tempo é removido cria-se uma realidade de quarta dimensão.[2]

Nesse sentido, a quarta dimensão é vista como um espaço no qual a mente pode se aventurar durante o sono ou estados alterados de consciência, explorando realidades além da experiência física normal.

Acessar a quarta dimensão de consciência é frequentemente considerado um processo de desenvolvimento espiritual e expansão da consciência e pode ser feito por meio de intuição, imaginação, meditação, habilidades psíquicas, magia, criatividade, sonhos lúcidos, experiências fora do corpo, regressões a vidas passadas, canalização de eus superiores e outros seres, por meio da comunicação e do contato com extraterrestres.

A hora mais comum de acessar essa consciência é quando estamos em estado de sono, momento em que existe maior liberdade dos corpos sutis, sobretudo quando alcançamos a projeção astral.[3]

A realidade física dessa dimensão é diferente da terceira. Dessa forma, quando fechamos os olhos e imaginamos que estamos na Índia, e logo nos transportamos para lá em pensamentos, estamos vibrando na

---

[2] Fenômeno natural de nosso desprendimento espiritual, temporário, para fora do corpo físico, enquanto este se encontra em repouso. Muitas pessoas a descrevem também durante uma cirurgia ou doença grave.

[3] É importante notar que essas interpretações podem se sobrepor e variar de acordo com diferentes tradições espirituais e culturais. A quarta dimensão é frequentemente vista como um conceito multifacetado e complexo, que pode ser entendido de várias maneiras, dependendo do contexto espiritual e filosófico específico.

quarta dimensão, pois o tempo não é um fator determinante para essa viagem mental.

Ainda, a quarta dimensão abriga a ilusão da dualidade. Trata-se de um fluxo de energia que visitamos durante a noite em estados de sonho, nas viagens astrais.[4] O medo e a ansiedade também estão presentes, sendo a provável fonte de nossas imagens nas zonas umbralinas, por exemplo.[5] O tempo e o espaço tornam-se cada vez mais flexíveis nas partes superiores da quarta dimensão e nas dimensões superiores.

Todos os seres humanos têm a capacidade onírica, ou seja, aquilo que está diretamente relacionado aos sonhos, que, a princípio, podemos considerar como ideias e imagens que se apresentam ao espírito durante o sono ou vigília.

Desde os tempos mais remotos, o homem buscou o estudo e a interpretação dos sonhos. Na Bíblia, verificamos diversas passagens de sonhos proféticos, que foram muito importantes na compreensão e em avisos sobre os ataques dos inimigos, enchentes, secas e outras ocorrências.[6] O Arcanjo Miguel pode nos ajudar a ter sonhos proféticos que

---

[4] Analisar nossos sonhos é uma maneira de entendermos o nosso inconsciente e solucionarmos nossos problemas.

[5] No Espiritismo, o "Umbral" é visto como uma região espiritual caracterizada por um estado de sofrimento e expiação, onde espíritos com afinidades inferiores podem passar por um processo de purificação e aprendizado. É considerado um plano espiritual mais denso e vinculado a vibrações mais baixas, onde os espíritos podem permanecer temporariamente antes de progredir espiritualmente.

[6] Um dos personagens bíblicos que definiam os sonhos é José do Egito: "O faraó teve um único sonho, disse-lhe José. Deus revelou ao faraó o que ele está para fazer. As sete vacas boas são sete anos, e as sete espigas boas são também sete anos; trata-se de um único sonho. As sete vacas magras e feias que surgiram depois das outras, e as sete espigas mirradas, queimadas pelo vento leste, são sete anos. Serão sete anos de fome" (Gn 41:25-27). "E nos últimos dias acontecerá, diz Deus, quando meu espírito derramarei sobre toda carne. E os vossos filhos e as vossas filhas profetizarão, os vossos jovens terão visões, e os vossos velhos terão sonhos" (At 2:17). "Deus, porém, veio a Abimeleque em sonhos de noite, e disse-lhe: Eis que morto serás por causa da mulher que tomaste; porque ela tem marido" (Gn 20:3). "Em sonho ou em visão noturna, quando cai sono profundo sobre os homens, e adormecem na cama. Então o revela ao ouvido dos homens, e lhes sela a sua instrução, para apartar o homem daquilo que faz, e esconder do homem a soberba" (Jó 33:12-18).

nos nortearão para decisões futuras. Antes de dormir, decrete que ele lhe conceda um sonho que mostre a você como será a sua vida futura.

A comunicação descrita na Bíblia entre Deus e os homens, no sentido de orientação, comprova a existência de um mundo espiritual paralelo ao mundo da realidade cotidiana.[7]

Existem também os sonhos iniciatórios, mais ligados a iniciações religiosas, os sonhos telepáticos, nos quais duas pessoas podem se comunicar durante o processo, e os sonhos mitológicos, em que se reproduzem arquétipos.[8] Os sonhos nos enviam diversas mensagens, motivo pelo qual a psicoterapia dá grande importância a esse fenômeno, por acreditar que é a partir deles que a mente inconsciente transmite as mensagens importantes e ajuda a solucionar problemas de diversas ordens.

O revolucionário Sigmund Freud[9] escreveu o livro *A interpretação dos sonhos*, apresentando um método de interpretação com base nos traumas e desejos reprimidos do ser humano, bem como de suas

---

[7] "Ora, o nascimento de Jesus Cristo foi assim: Estando Maria, sua mãe, desposada com José, antes de se ajuntarem, achou-se ter concebido do Espírito Santo. Então José, seu marido, como era justo, e a não queria infamar, intentou deixá-la secretamente. E projetando ele isto, eis que em sonho lhe apareceu um Anjo do Senhor dizendo: José, filho de David, não temas receber a Maria, tua mulher, porque o que nela está gerado é do Espírito Santo." (Mt 1:18-20). "E disse: Ouvi agora as minhas palavras: se entre vós houver profetas, eu, o Senhor, em visão a ele farei conhecer, ou em sonhos falarei com ele" (Nm 12:46). "E em Gibeom apareceu o Senhor a Salomão de noite em sonhos; e disse-lhe Deus: Pede o que queres que eu te dê" (I Rs 3:5). "Quando o Senhor trouxe do cativeiro os que voltaram a Sião, estávamos como os que sonham" (Sl 126:2). "Samuel disse a Saul: por que me inquietaste, fazendo-me subir? Então Saul disse: Mui angustiado estou, porque os filisteus guerreiam contra mim, e Deus se tem desviado de mim, e não me responde mais, nem pelo ministério dos profetas, nem por sonhos" (1 Sm 28:15).

[8] Os arquétipos são elementos que existem no inconsciente coletivo, do mesmo modo que os complexos existem no inconsciente individual. Os arquétipos são os temas e as imagens, as formas como eles são expressos.

[9] Sigmund Freud (1856-1939) foi um neurologista austríaco, nascido em 1856, amplamente considerado o pai da psicanálise. Ele desenvolveu uma teoria da mente humana e um sistema terapêutico que tiveram um impacto profundo na psicologia, na psiquiatria e na cultura ocidental em geral. A psicanálise utiliza a associação livre e a análise dos sonhos para explorar os desejos e pensamentos reprimidos.

experiências do cotidiano. Carl Jung,[10] discordando de Freud, afirmou que os sonhos são vistos como símbolos, por meio de arquétipos, para ajudar o indivíduo a lidar com o futuro com base na advertência de uma catástrofe, por exemplo.

Podemos ainda citar um dos livros mais antigos, escrito no século VII a.C., que é a *Epopeia de Gilgamesh*, mostrando um notável arcabouço de sonhos com temas universais.[11] Em muitos sistemas xamânicos existem iniciações a partir do que é mostrado nos sonhos.[12]

O pai do sono é o deus Morfeu. Segundo a mitologia, é ele quem nos leva à inspiração quando dormimos e sonhamos. Ele é considerado o principal dos Oniros, os deuses dos sonhos, e tem a habilidade de assumir qualquer forma humana, permitindo-lhe aparecer nos sonhos das pessoas e comunicar mensagens dos deuses. Morfeu é muitas vezes retratado com asas, simbolizando sua capacidade de se mover rapidamente no mundo dos sonhos,[13] os quais são objeto de diversos estudos, mas seus significados estão bem longe de serem entendidos de forma objetiva, devido ao seu grau de complexidade, bem como ao elemento psíquico que atua no elemento humano.

Experiências fora do corpo são mais comuns do que imaginamos. Essas viagens nos conectam aos reinos espirituais, inferiores ou

---

[10] Carl Gustav Jung (1875-1961) foi um psicólogo e psiquiatra suíço, amplamente reconhecido como o fundador da psicologia analítica, também conhecida como psicologia junguiana. Ele foi inicialmente um colaborador próximo de Sigmund Freud, mas posteriormente desenvolveu suas próprias teorias, que diferiram significativamente das ideias de Freud. Jung propôs que, além do inconsciente pessoal, todos os seres humanos compartilham um inconsciente coletivo composto por arquétipos e formas simbólicas universais.

[11] BAPTISTA, S. M. S. *O arquétipo do caminho*: Gilgamesh e Parsifal de mãos dadas. São Paulo: Casa do Psicólogo, 2008. A *Epopeia de Gilgamesh* é uma das obras literárias mais antigas conhecidas, originária da antiga Mesopotâmia, por volta de 2000 a.C. O poema segue o rei Gilgamesh de Uruk em suas aventuras, revelando temas universais que ressoam até hoje.

[12] MALLON, Brenda. *A Bíblia dos sonhos*. Tradução Eidi Baltrusis C. Gomes. São Paulo: Pensamento, 1978.

[13] *Ibidem*.

superiores. Dependendo da vibração energética, pode ser uma experiência maravilhosa ou traumatizante.

Nem sempre recordamos as viagens astrais, mas as orientações celestiais ficam armazenadas no nosso interior para agirmos com intuição durante determinados momentos de nossas vidas. Faça sempre orações antes de dormir e ao acordar. Esta é uma oração que faço todas as vezes em que vou dormir:

> *"Com Deus me deito, Com Deus me levanto, com Jesus, Maria, José e o Divino Espírito Santo".*

Conexão com o Arcanjo Miguel em seus sonhos

Muitas vezes conseguimos trazer lembranças por meio dos sonhos, que, em sua maioria, recorrem à simbologia do nosso inconsciente para interpretá-los e perceber o grau de nivelamento do lado direito do cérebro, que é mais intuitivo, com as dimensões.

Antes de dormir, é importante pedirmos proteção ao Arcanjo Miguel e ao nosso Anjo da Guarda, pois, a partir desse momento, inicia-se uma jornada à quarta dimensão. Além de blindar nosso espírito, podemos nos livrar das vampirizações nos sonhos e pesadelos.

O sonho traz a realidade de nossa alma, ou seja, as lembranças do que foi vivenciado durante a vigília, podendo estar associado a uma recordação da infância, a vidas passadas, a vivências espirituais, à projeção do futuro.

Antes de dormir, pergunte o que seus sonhos querem dizer a você. Quem valoriza os sonhos recebe as melhores respostas deles e passa a ter respostas para as diversas indagações da vida.

Antes de adormecer, peça ao Arcanjo Miguel que te dê orientação, e que as respostas estejam em sua mente assim que você acordar. Repita nas noites seguintes esse mesmo exercício.

Você pode anotar algumas perguntas para as quais quer receber respostas em um papel e colocá-lo debaixo do travesseiro. Isso facilitará sua comunicação.

Uma boa dica para se lembrar dos sonhos é manter um diário ao lado da cama. Ao acordar, escreva tudo que lembrar do sonho, antes que as imagens desapareçam de sua mente. Ao acordar, também é importante ficar deitado(a) por 1 ou 2 minutos e trazer o registro das memórias que o Anjo da Guarda colocou em sua mente. Você pode ainda gravar as respostas no celular para ouvir depois.

Examine o contexto dos sonhos, com todos os acontecimentos e ações, para entender o significado de cada situação vivenciada. Nossos sonhos representam um poderoso oráculo.

Essa prática vai condicionar seu inconsciente a se lembrar dos sonhos. Muitas experiências com anjos e mentores poderão ser registradas.

Durante o dia, imagine que, ao seu lado, há um anjo a guiá-lo, desde as tarefas mais simples até as mais complexas, no trabalho e em casa, e perceba como vai ficando mais leve o seu caminhar.

Você acorda às 3 da manhã?

Se você acorda às 3 horas da manhã, saiba que diversas pessoas passam pela mesma situação. Eu sou uma delas e aprendi a fazer exercícios e orações para me conectar com as pessoas que estão conectadas com o Arcanjo Miguel e uma miríade de anjos nos combates do mundo astral.

É nesse momento que as forças do mal travam as maiores batalhas com as forças do bem, motivo pelo qual muitas pessoas recebem o chamado para trabalhar em dimensões fora do corpo.

Sair do corpo físico é um atributo inerente ao ser humano. Pesquisas internacionais indicam que o desdobramento do espírito já é alcançado e vivido por milhões de pessoas em todo o planeta, sendo um fenômeno universal que acontece independentemente de sexo, idade, religião, classe social e nível cultural.

É bem comum muitas pessoas, durante o processo de projeção astral, acordarem com catalepsia projetiva,[14] sem conseguir mexer o

---

[14] A catalepsia projetiva é caracterizada pela paralisia e ocorre quando acordamos e não conseguimos nos mexer.

corpo. Nesse momento, recomenda-se manter a calma e confiar na proteção Divina, para poder dar continuidade ao chamado da Luz para os trabalhos de sustentação planetária.

Uma das técnicas que utilizo quando isso acontece comigo é a respiração em quatro etapas, também conhecida como respiração quadrada. É muito simples. Quando perceber que seus batimentos cardíacos estão acelerando, respire lenta e suavemente. Essa respiração é composta por quatro fases: inspiração, retenção com ar, expiração e retenção com os pulmões vazios.

Inspire, enchendo os pulmões de ar, e conte quatro segundos. Retenha o ar nos pulmões, contando quatro segundos. Agora expire, soltando o ar e contando quatro segundos. Por fim, com os pulmões vazios, conte quatro segundos. Repita essa técnica quatro vezes e, em seguida, faça a seguinte oração:

São Miguel à minha direita para me proteger
São Miguel à minha esquerda para me defender
São Miguel à minha frente para me guiar
São Miguel atrás de mim para me resguardar
São Miguel acima de mim para me iluminar
São Miguel abaixo de mim para me elevar
São Miguel dentro de mim para me despertar
São Miguel, São Miguel, São Miguel
Eu Sou o teu poder aqui na Terra e no Céu.

Volte a dormir e, assim que acordar, passe algum tempo revivendo os sonhos antes de sair da cama e registrando-os em seu diário de sonhos. Não deixe que a pressa diária apague de sua mente esse grande oráculo de comunicação com os anjos e arcanjos.

A QUINTA DIMENSÃO

No estágio atual do planeta Terra, estamos experimentando a terceira e quarta dimensões, rumo à quinta dimensão, em que tudo se une e passa a ser uma coisa só, pois a consciência se expande e nos unimos ao todo, em total conexão.

Muitas pessoas já estão conectadas nessa quinta dimensão, na qual somos parte do todo. Nela, os dons e talentos espirituais já são inerentes, baseados no amor incondicional. Na quinta dimensão, as pessoas acessam outras dimensões, mesmo de forma inconsciente, e o corpo humano se torna mais leve e com uma estrutura celular diferente.

Nessa dimensão, nossas linhas do tempo pessoais individuais (passado, presente e futuro) e nossas diferentes reencarnações são todas experimentadas simultaneamente. Por isso, nossos eus presentes e futuros podem interagir entre si e aprender um com o outro.

É o plano da abundância e do amor incondicional manifestado no corpo físico. O "Eu Superior" se move para o corpo físico e o fluxo de amor faz tudo ficar leve e fácil.

Essa é a dimensão que utiliza os dois hemisférios cerebrais (direito e esquerdo) e faz o nosso cérebro sintonizar uma camada superior da consciência, de modo que utilizemos a comunicação intuitiva.

Na quinta dimensão não há apegos materiais, pois existe uma conexão direta com a consciência cósmica e próspera, de modo que os pensamentos positivos se materializam. A noção de espaço aqui é removida, não existindo separação entre as formas e coisas. Existe a unicidade. É a maior expressão da palavra "Somos todos um". Não existe o interesse de fazer mal a ninguém.

A quinta dimensão será um período de luz em que o planeta deixará de ser um mundo de provas e expiações e passará a ser um mundo de regeneração. Não haverá dor e sofrimento, e nós mudaremos totalmente nossa base de alimentação.

Estar na quinta dimensão é agir e não esperar milagres, pois nada cai do céu. É deixar de colocar a culpa em Deus pelos insucessos. É pensar na coletividade, e não só no próprio umbigo. É ter paciência e saber esperar, agradecendo por cada momento.

Vibrar na quinta dimensão é sempre resolver os problemas e não os potencializar. É ter pleno conhecimento de que a morte não cessa a trajetória espiritual. É viver intensamente o momento presente. É exercitar a gratidão sempre. É não ter preconceito, só respeito. É não julgar o outro. É vibrar por um mundo melhor. É estudar continuamente, pois o autoconhecimento é o caminho.

Nessa dimensão, tudo vem sem esforço, pois estamos conectados com o Universo, vivendo sem medo, sem doenças, e a saída do corpo não será dolorosa, a menos que a alma assim escolha.

Quem vive na quinta dimensão não atrai a sombra, pois o tempo linear se dissolve e tudo é o aqui e o agora. Nessa dimensão, o contato com os seres angelicais se faz imediato por meio da telepatia e de outros mecanismos interdimensionais. Dessa forma, conseguimos nos manter em estado de iluminação.

Como acessar a quinta dimensão?

O que impede você de realizar seus potenciais? Será que você está no controle de sua vida? Onde você está vibrando no momento presente? Em preocupações, em dívidas, em contas a pagar, em tristeza? Então está vibrando na terceira dimensão.

Comece, a partir de agora, a perceber o padrão de seus pensamentos. Muitas vezes acordamos com pensamentos de terceira dimensão e acessamos a quinta, mas voltamos logo para a terceira.

Estar na quinta dimensão é se desapegar de certas coisas de que não precisamos. É exercitar o poder pleno da Fé. É deixar de usar máscaras desnecessárias nos nossos relacionamentos. É viver na verdade, e isso traz a cura espontaneamente para as nossas vidas.

Observe se a todo instante está praticando o julgamento, até mesmo o autojulgamento. Só você pode dar início à mudança com escolhas diárias. A vida é feita de escolhas. Recebemos o que somos, e somos o que pensamos, o que sentimos e o que fazemos.

O seu padrão de pensamento é quem vai determinar o sucesso e o poder de estar no momento presente. Se você pensar coisas negativas como "Atrasei, vou perder o emprego, e agora?", "Tenho contas a pagar, estou doente, não tenho muito tempo", com certeza seu momento presente estará prejudicado. A grande mudança não começa por fora, mas por dentro.

Lembre-se: tudo é um estágio de consciência. O sucesso é um processo interno, um movimento constante em direção à harmonia em todas as áreas da vida. Começa quando nos afastamos, tranquilamente, daquilo que não queremos mais e passamos a focar aquilo que queremos, sem qualquer ansiedade. A vida se torna aquilo em que acreditamos. A consciência cria a realidade.

Adote desde já as seguintes posturas para se conectar com a quinta dimensão:

- Identifique quais pensamentos estão lhe tirando do momento presente e ressignifique sua postura para que possa experimentar plenamente o poder de estar no momento presente.
- Perdoe-se de tantas culpas e solte as mágoas do passado. Liberte-se da prisão mental que só a você afeta e drena suas energias, sem necessidade.
- Substitua suas crenças limitantes, que são as ideias que lhe impedem de executar seus projetos, por crenças fortalecedoras, que gerem resultados positivos em sua vida, com sentimentos de amor, confiança, amizade, solidariedade, autoestima, alegria e bom humor.
- Cuide do seu corpo com hábitos saudáveis, a exemplo de exercícios físicos, boa alimentação e lazer.
- Foque suas energias no momento presente e livre-se do peso do passado e da ansiedade do futuro.
- Assuma o papel de protagonista de sua vida, sem tantas máscaras sociais. Essas máscaras podem causar muito desprendimento energético, confusão mental e perda da própria identidade.
- Busque conexão com a natureza, pois a forma de vida das grandes cidades causa muito desgaste energético. Quando estiver passando por uma praia, um rio, um parque, um jardim, conecte-se com a fonte criadora que está sustentando energeticamente aquele local.
- Afaste-se da preguiça, outra prática que drena suas energias, pois causa falta de objetivos na vida, fazendo você negligenciar seu propósito Divino.

- Saia do papel de vítima e exercite a gratidão, afinal ainda há tempo de reconhecer e exercitar as infinitas possibilidades que estão à sua volta.
- Retire imediatamente de seu vocabulário frases como "Eu serei feliz quando...", "Eu serei feliz se...". Ao criar grandes preocupações com o passado e o futuro, você acaba tirando sua atenção do que acontece ao redor e não permite que o presente seja o principal foco do seu pensamento.
- Alinhe a sua vibração com aquilo que pretende manifestar e tenha fé que isso está a caminho.

Exercício para ativar a quinta dimensão

Convido você a fazer um exercício simples, que ajudará a elevar sua consciência para a quinta dimensão. Basta substituir suas crenças limitantes por crenças fortalecedoras. Devemos remover uma crença e substituí-la por uma nova.

Identifique o que quer mudar em sua vida e verbalize diariamente tais afirmações, até que seu padrão mental se eleve à quinta dimensão:

Exemplos de vibrações da terceira dimensão:

- Eu acordei triste.
- Eu odeio meu trabalho.
- Sou infeliz no amor.

Substitua por vibrações da quinta dimensão:

- Eu Sou feliz.
- Eu mereço um emprego maravilhoso.
- Eu Sou uma pessoa amada.

Quando você eleva seu pensamento para a quinta dimensão, percebe a conexão com os Seres Divinos. Peça a proteção do Arcanjo Miguel nesse processo de ascensão dimensional. Você pode também utilizar as afirmações positivas com a força desse Arcanjo.

Não se esqueça de viver o momento presente. Enquanto estiver focado no presente, não haverá espaço para nostalgia, lamentações ou ansiedade por situações que talvez nem aconteçam. Dessa forma, até mesmo a cura para suas dores físicas e espirituais será alcançável, diante da reprogramação de comportamentos e pensamentos.

Nenhuma cura seguirá em sua direção se você não desejar efetivamente mudar de conceitos e se não estiver com disposição para girar quantos ângulos forem necessários até encontrar o seu eixo, a sua essência verdadeira, o seu encaixe nesta existência terrena. Se acreditar que é possível, o Universo conspirará a seu favor.

Deixarei aqui três passos para você começar a exercitar o poder do momento presente. Eles devem ser feitos diariamente para que a quinta dimensão seja uma constante na sua vida.

1. Esteja por inteiro onde estiver, agradecendo cada momento vivido.
2. Observe as coisas à sua volta sem julgamentos, pois o certo e o errado dependem do seu ponto de vista.
3. Não se condicione ao que aconteceu no passado. Relativize e apenas exercite a gratidão pelo que passou. Respire fundo e siga em frente.

Faça diariamente esse exercício e acredite na força do pensamento. Você é aquilo que acredita ser! O pensamento positivo é um centro de emissão e recepção energética tão forte que forma uma egrégora, uma força que só quem invoca consegue sentir, capaz de elevar nossa consciência ao patamar da quinta dimensão.

Nela, nos tornamos mestres e criamos nossa própria realidade, somos cocriadores com o Divino. Tomamos decisões e emitimos direcionamentos ao Universo e nos comunicamos com a hierarquia espiritual da luz. Decretamos e o Universo se altera para cumprir. Lembre-se: a mudança está em suas mãos.

EXERCITANDO A LEI DA ATRAÇÃO

A ideia fundamental por trás da lei da atração é a de que nossos pensamentos e emoções emitem uma vibração energética que ressoa com eventos e circunstâncias semelhantes no Universo, atraindo-os para nossas vidas. Portanto, se focarmos nossos pensamentos e sentimentos em coisas positivas, como amor, abundância e sucesso, atrairemos mais dessas experiências para nós. Contudo, se nos concentrarmos em pensamentos negativos, como medo, escassez e fracasso, atrairemos mais dessas experiências.

As suas crenças criam uma energia que faz vibrar à sua volta, e o sucesso é acreditar em si. O sucesso acontece quando a nossa vibração, pessoal ou coletiva, ressoa com a vibração do resultado que desejamos. Se suas crenças não fazem você feliz, mude-as agora.

Nossos pensamentos ficam armazenados no hemisfério cerebral esquerdo e as imagens, no direito. Para alcançar o sucesso, devemos pensar e imaginar o que queremos, pois, quando os pensamentos e imagens estão em oposição, há uma luta interna que pode conduzir à confusão mental e ao desgaste.

A seguir, trago uma lista de 108 afirmações positivas que libertam as crenças negativas de seu inconsciente. Você pode fazê-las com um japamala.[15]

Segundo a filosofia yogui, ao completar o circuito de 108 repetições da oração, mentalização ou mantra, alcança-se um estágio superior na consciência chamado de transcendental. Esse estágio ultrapassa as fixações da mente, mantendo a consciência concentrada em si mesma.

---

[15] Japamala é uma palavra com origem no sânscrito, em que "japa" significa murmurar e "mala" significa guirlanda ou colar. O termo faz referência a um objeto de origem indiana que geralmente apresenta 108 contas, embora, às vezes, possa ter 27 ou 54 para facilitar a contagem. É feita e utilizada para guiar a meditação. Cada conta é um mantra a ser entoado. O número 108 é considerado sagrado em muitas tradições espirituais do Hinduísmo e do Budismo, com significados variados atribuídos a ele.

O japamala é bastante utilizado pelo Ho'oponopono, prática havaiana antiga voltada para a reconciliação e o perdão, composta por quatro frases principais:

Sinto muito, Me perdoe, Eu te amo, Sou grato(a).

Essas frases são repetidas como um mantra, sem a necessidade de se concentrar em um problema específico. A ideia é limpar a mente subconsciente de memórias dolorosas, padrões negativos e crenças limitantes, permitindo que a energia do amor e da gratidão flua livremente.

O Ho'oponopono é uma prática simples, mas poderosa, que pode ser incorporada à rotina diária para promover a paz interior, a cura emocional e o crescimento espiritual.[16]

As 108 afirmações positivas a seguir são destinadas a ativar a Lei da Atração e transformar sua vida. Caso não disponha de um japamala, faça na sequência, permitindo que cada repetição aprofunde sua conexão com estas poderosas intenções. Sinta como cada afirmação ressoa em seu ser, incentivando uma mudança positiva e significativa.

Afirmações positivas para ativar a lei da atração

1. Tudo o que desejo eu alcanço facilmente.
2. Eu acredito, eu posso e eu mereço.
3. Eu Sou uma pessoa saudável.
4. Eu me amo e me aceito como eu sou.
5. Tudo na minha vida acontece para o meu bem superior.
6. Eu agradeço tudo o que acontece na minha vida.
7. Minha vida é próspera e cheia de realizações.
8. O Universo sempre conspira a meu favor.
9. Eu crio a minha realidade.

---

[16] É importante notar que, embora o Ho'oponopono possa ser eficaz para muitas pessoas, não substitui a assistência médica ou psicológica profissional quando necessário.

10. Eu confio em minhas escolhas.
11. Minha mente só produz pensamentos de qualidade.
12. Eu Sou um ser abundante.
13. O dinheiro só traz felicidade para minha vida.
14. A cada dia que passa eu prospero mais.
15. O amor faz parte da minha vida.
16. Eu escolho uma vida cheia de alegria e gratidão.
17. Eu como alimentos saudáveis que nutrem o meu corpo.
18. Meu corpo é saudável.
19. Meus pensamentos são saudáveis.
20. Meus hábitos diários me tornam mais feliz.
21. Eu Sou capaz de alcançar meus objetivos e realizar meus sonhos com facilidade e confiança.
22. Eu tenho um sono reparador e energizante.
23. Eu mereço toda a prosperidade.
24. Eu sinto um bem-estar profundo.
25. Meu corpo se cura fácil e rapidamente.
26. Eu tenho energia abundante para viver minha vida.
27. Eu amo o meu corpo.
28. A abundância flui livremente em todas as áreas de minha vida.
29. Tudo acontece para o meu melhor.
30. Eu estou no controle da minha própria saúde.
31. Eu tenho um corpo e uma mente saudáveis.
32. Eu aproveito a minha vida.
33. Meu corpo é livre de dor.
34. Cada desafio que enfrento é uma oportunidade para crescer e aprender.
35. Eu Sou capaz de manter meu peso ideal.
36. Eu gosto de fazer refeições equilibradas, nutritivas e saudáveis.
37. Eu me liberto do passado e aprecio o presente.
38. Estou em paz com a minha saúde.
39. Eu posso fazer coisas boas com o dinheiro que tenho.
40. Eu permito que a abundância financeira entre em minha vida.
41. Tenho gratidão por todo o dinheiro que chega até mim.

42. A cada dia atraio mais dinheiro para a minha vida.
43. Eu atraio dinheiro sem esforço.
44. Eu posso alcançar mais prosperidade.
45. Eu agradeço ao Universo por me permitir viver em prosperidade.
46. Eu Sou um ser que vive em equilíbrio e harmonia.
47. Todos os meus sonhos se tornam realidade.
48. Ao viver meu propósito, atraio abundância para minha vida.
49. Eu Sou merecedor de amor, felicidade e sucesso em todas as áreas da minha vida.
50. Ser feliz é fácil para mim.
51. Sou eternamente grato(a) pela abundância em minha vida.
52. Cada célula do meu corpo pulsa com felicidade, alegria, positividade e abundância.
53. Eu elimino a escassez da minha vida.
54. Minha felicidade faz as pessoas ao meu redor se sentirem mais felizes.
55. Estou em paz comigo e com o mundo ao meu redor.
56. Eu tenho uma vida maravilhosa.
57. Eu enfrento com leveza todas as dificuldades.
58. Tudo vem a mim com facilidade e alegria.
59. Eu Sou uma pessoa digna de amor e felicidade.
60. Eu vivo uma vida plena e feliz todos os dias.
61. As possibilidades que a vida me apresenta são infinitas.
62. Eu liberto o meu passado e abraço o presente com amor e aceitação.
63. Eu estou em conexão com a minha verdade interior.
64. Eu amo meu trabalho.
65. O sucesso vem sem esforço e facilmente para mim.
66. O Universo está sempre me ajudando a alcançar todos os meus objetivos.
67. Meus sonhos sempre se manifestam diante dos meus olhos.
68. Eu atraio sucesso em todas as áreas da minha vida.
69. Minhas afirmações sempre trazem resultados positivos.
70. Felicidade, prosperidade e sucesso são naturais para mim.

71. Meus pensamentos e crenças criam minha realidade.
72. Eu estou no comando de todos os meus pensamentos.
73. Eu tenho o poder de criar minha vida da maneira que desejo.
74. Tudo o que eu desejo e preciso já está à minha espera.
75. Eu tenho pensamentos positivos todos os dias.
76. Estou destinado(a) ao sucesso.
77. Estou livre de todos os obstáculos que me impedem de ter sucesso.
78. Eu vivencio diariamente coisas que me levam ao sucesso.
79. Eu acredito que posso ser tudo o que quero ser.
80. Tenho liberdade e poder para criar a vida que desejo.
81. As minhas possibilidades são infinitas.
82. Sou uma pessoa próspera em todos os aspectos da minha vida.
83. Não há espaço para a negatividade na minha vida.
84. As pessoas à minha volta são positivas.
85. Eu saio da minha zona de conforto para atingir os meus objetivos.
86. Exerço o trabalho com amor e dedicação, e sou bem remunerado(a).
87. As boas oportunidades surgem por todo lado.
88. Eu agradeço toda abundância que flui em minha vida.
89. Para mim, lidar com dinheiro é uma bênção.
90. Cada desafio que enfrento é uma oportunidade para crescer e aprender.
91. Eu manifesto a minha felicidade ajudando os outros.
92. Quanto mais eu agradeço, mais bênçãos surgem em minha vida.
93. Eu sou uma pessoa valorizada em meu trabalho.
94. Eu Sou um ímã que atrai toda a prosperidade das infinitas possibilidades.
95. Eu recebo milagres em minha vida.
96. Eu mereço e escolho o amor agora.
97. Eu me abro para as infinitas possibilidades.
98. Estou confiante em minhas habilidades e dons.
99. Eu vivo no momento presente e confio no meu futuro.
100. Todos os meus problemas têm soluções.

101. Eu sempre vejo o bem nos outros e em mim.
102. Eu escolho viver em paz.
103. A vida está me trazendo boas experiências.
104. Eu deixo de lado os sentimentos negativos sobre mim.
105. Eu afasto da minha vida todas as minhas preocupações e medos.
106. Eu estou no controle da minha vida.
107. Eu manifesto aquilo que quero receber.
108. Eu ativo a lei da atração diariamente e atraio o melhor para a minha vida.

9
Geometria sagrada

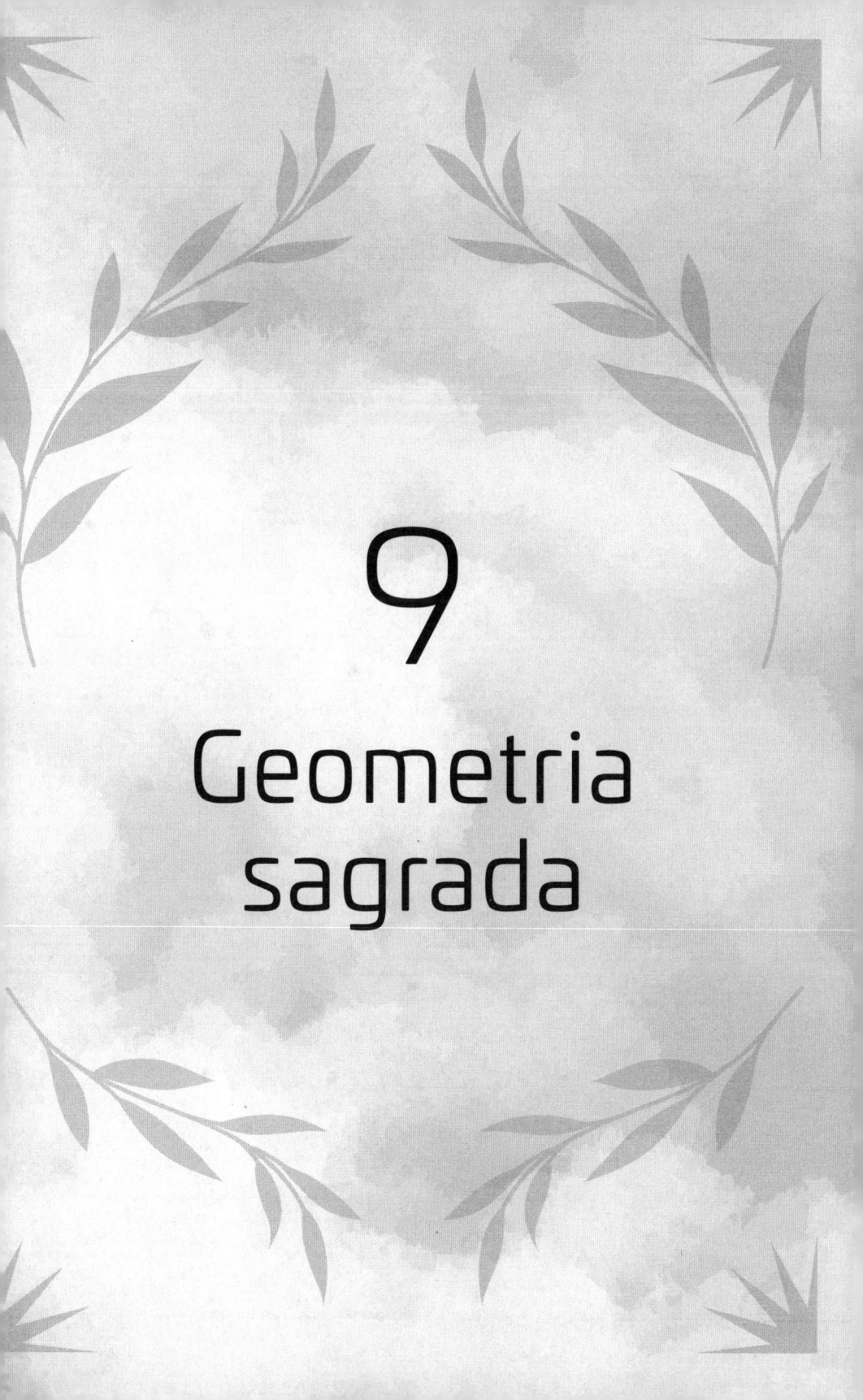

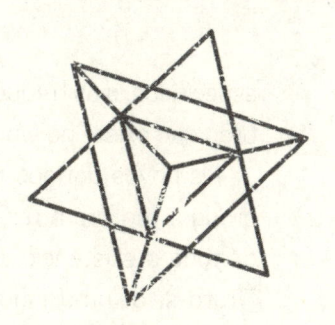

Considerada uma ciência milenar, a geometria sagrada explica padrões de energia, de crescimento e até mesmo de movimento que criam e unificam todas as coisas, a partir de uma ou mais formas geométricas. Constitui-se no estudo das ligações entre as proporções e formas geométricas contidas na natureza ou em objetos construídos pelo homem com o objetivo de compreender a unidade que permeia a vida.[1]

Trata-se de um campo de estudo que explora as relações entre formas geométricas, padrões matemáticos e princípios universais encontrados na natureza, na arte, na arquitetura e nas tradições espirituais. Essa prática tem sido reconhecida em várias culturas antigas e é vista como uma linguagem simbólica que expressa verdades fundamentais sobre o Universo e a consciência.

Os padrões geométricos estão na base de todas as formas encontradas na natureza, desde a estrutura do átomo até a formação de galáxias, passando pelas flores e pelos animais, incluindo o próprio ser humano. As formas naturais, todas harmônicas entre si, criam vibrações

---

[1] Durante minha jornada com o Arcanjo Miguel, ao longo dos últimos anos, tive acesso a algumas geometrias sagradas, que compartilho com você neste capítulo.

específicas, e as frequências dessas vibrações sustentam o equilíbrio de tudo que existe no Universo.

Os povos antigos trabalharam com os símbolos da geometria sagrada e tentaram usá-los para entender as verdades Divinas por trás de toda a existência. É a linguagem da criação. Segundo Melchizedek, "Trata-se de uma linguagem universal que lembra quem éramos e quem somos. A geometria sagrada pode nos ajudar a entrar em sintonia com o nosso verdadeiro propósito e caminho".[2]

É um meio de comunicação entre nós, humanos, e o Universo, tendo surgido no Egito Antigo, quando, ao delimitar a terra devido às inundações que aconteciam no rio Nilo, perceberam que havia uma repetição de padrões geométricos na natureza.

Na Índia Antiga, a geometria sagrada encontrou seu lugar nos templos e mandalas, cujas formas eram usadas como representações visuais dos princípios espirituais. Os hindus acreditavam que meditar nessas formas geométricas conduzia à união com o Divino e à elevação da consciência.

Os antigos arquitetos e construtores conheciam as proporções naturais e construíam os templos segundo essa geometria. As igrejas da época medieval, e mesmo as que vieram antes delas, eram igualmente construídas segundo esses padrões.

A partir de então, alguns a descrevem como sendo a origem de todas as formas. O triângulo, por exemplo, era uma forma geométrica muito utilizada em construções antigas, sendo apontada como capaz de canalizar e aproveitar a energia presente em um campo magnético.

==Os símbolos constantes na geometria sagrada trazem para nós o despertar, por meio de códigos, conectando-nos com nossa essência Divina, capaz de ativar nossa cura e equilíbrio físico, emocional, mental e espiritual.== As figuras geométricas incluem o círculo, o quadrado, o triângulo, o pentágono, o hexágono e outros polígonos regulares, bem como formas tridimensionais como o cubo, o tetraedro e a esfera.

---

[2] MELCHIZEDEK, Drunvalo. *O antigo segredo da flor da vida*. Tradução Henrique A. R. Monteiro. Revisão técnica Eloisa Zarzur Cury e Maria Luiza Abdalla Renzo. São Paulo: Pensamento, 2009. v. 1.

Algumas tradições espirituais e práticas de cura utilizam a geometria sagrada como ferramenta para meditação, cura energética e equilíbrio espiritual. Mandalas, por exemplo, são padrões geométricos circulares usados como objetos de foco para meditação e concentração. O Arcanjo Miguel trabalha com estruturas geométricas de todas as dimensões que se espalham pelo Universo.

Existem diversos símbolos, representações gráficas das forças da natureza em movimento, que traduzem conceitos-base da **geometria sagrada**. A seguir, introduzo algumas que podem ser utilizadas no nosso dia a dia.

VESICA PISCIS

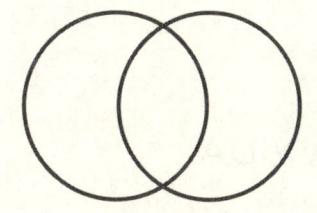

O círculo é a origem de tudo, a forma pura, sem começo e sem fim. Representa a unidade e a integridade. A vesica piscis é formada por dois círculos interligados, a partir dos quais todas as outras formas podem ser criadas. É conhecida como o "útero do Universo" e simboliza o axioma hermético de que "assim em cima como embaixo; assim dentro como fora".

O termo "vesica piscis" é derivado do latim e significa "bexiga de peixe". Essa geometria foi chamada por Pitágoras de "a medição do peixe", que ele descrevia como a interseção do mundo ou da matéria com o espírito ou criação Divina. O espaço comum de ambos os círculos cria uma forma associada a um peixe, símbolo que na Antiguidade foi relacionado à deusa da fertilidade, convertendo-se mais tarde em símbolo do Cristianismo primitivo.[3]

---

3 ZATÓN, Jesús. *Geometria sagrada*: bases naturais, científicas e pitagóricas. São Paulo: Civitas Solis, 2017.

Esse símbolo tem sido usado em várias culturas antigas e religiões ao longo da história, incluindo o Cristianismo, o Hinduísmo e outras tradições esotéricas. Na arte cristã, por exemplo, a vesica piscis é frequentemente usada para representar a interseção entre o Céu e a Terra, ou para simbolizar a união de Jesus Cristo como humano e Divino. Em outras tradições, ela pode ser associada à dualidade, à criação ou a conceitos de feminino e masculino, entre outros significados simbólicos.

O tema da vesica piscis (e seus derivados, a flor da vida, a árvore da vida, e os fundamentos da geometria) tem uma história de milhares de anos e facilmente antecede praticamente todas as principais religiões da era atual.

Essa configuração é uma das mais importantes de todas as relações da geometria sagrada. Cada linha da árvore da vida, tenha ela dez ou doze círculos, tem a medida, comprimento ou largura de uma vesica piscis na flor da vida.[4]

SEMENTE DA VIDA

A semente da vida é um símbolo geométrico que consiste em sete círculos sobrepostos, arranjados de forma que cada um deles toque o centro do círculo adjacente, formando uma estrutura semelhante a uma flor ou uma rosa de sete pétalas. É um elemento central na geometria sagrada, representando a interconexão de toda a existência.

---

[4] MELCHIZEDEK, Drunvalo. *O antigo segredo da flor da vida*. Tradução Henrique A. R. Monteiro. Revisão técnica Eloisa Zargur Cury e Maria Luiza Abdalla Renzo. São Paulo: Pensamento, 2009. v. 1.

Cada círculo na semente da vida simboliza aspectos como unidade cósmica, pureza, renascimento e jornada espiritual em direção à iluminação. Em essência, é uma representação visual poderosa que transcende culturas e tem profundos significados espirituais e simbólicos.[5]

Esse símbolo é visto como uma representação da criação, do Universo em seu estado inicial de potencialidade e do processo de desenvolvimento de todas as formas de vida. Na prática espiritual e na meditação, a semente da vida é usada como um símbolo para trazer harmonia, equilíbrio e conexão com os princípios fundamentais da existência. É vista como uma representação visual poderosa da unidade subjacente a toda a criação.

FRUTO DA VIDA

O fruto da vida é um padrão geométrico que surge da sobreposição da semente da vida. É uma forma composta por treze círculos idênticos e sobrepostos, que traçam uma linha que parte do centro e liga umas às outras.

Essa é a forma expandida que simboliza a planta arquitetônica do Universo. O padrão é frequentemente associado à geometria sagrada e é considerado um símbolo de conexão com a unidade fundamental e a

---

[5] *Ibidem.*

interconexão de toda a vida no Universo. É visto como uma representação visual dos princípios universais de criação, harmonia e ordem.

Durante a prática espiritual e meditativa, o fruto da vida é utilizado como um símbolo para trazer consciência da interligação de todas as coisas e como ferramenta para contemplação sobre os mistérios da existência e da consciência.

FLOR DA VIDA

A flor da vida é a geometria sagrada que traz o padrão da criação e da vida. Sua imagem se encontra inscrita no teto do Templo de Osíris, em Abidos, no Egito. Foi encontrada em Massada (Israel), no Monte Sinai, no Japão, na China, na Índia e na Espanha, entre muitos outros lugares. É formada por dezenove círculos que criam um padrão repetitivo de seis pétalas semelhantes à de uma flor, que representa a planta de todo o Universo. Ela simboliza a manifestação, a cura e o equilíbrio.

Em quase todos os lugares do mundo, ela tem o mesmo nome, que é a flor da vida. É chamada de flor não só porque se parece com uma, mas também porque representa o ciclo de uma árvore frutífera.[6]

---

6 *Idem*, p. 66.

A repetição de circunferências cria anéis unidos que lembram imagens de flores, daí o surgimento de seu nome. Ela representa a expansão da consciência e sua conexão com o nosso inconsciente em seu estudo místico.

Nos estudos da geometria sagrada, diz-se que Deus criou a semente sagrada conhecida como flor da vida, dando origem ao Universo. Além da flor da vida, temos também a árvore da vida, um conceito presente em várias teologias e filosofias herméticas, e uma metáfora muito importante para o conjunto de ensinamentos místicos de origem judaica conhecido como Cabala.

ÁRVORE DA VIDA

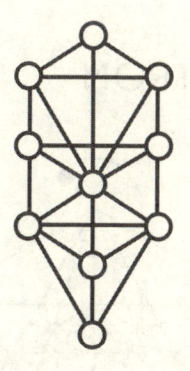

Por meio da propagação da árvore da vida, foram lançados os frutos e sementes, dando origem às formas de vida existentes no Cosmos. A ideia cabalista da árvore da vida é usada para compreender a natureza de Deus e a maneira como ele emana seus atributos de forma a constituir todo o Universo.

Ela também é retratada como uma árvore com raízes que se estendem para o solo e ramos que se esticam em direção ao céu, simbolizando a ligação entre o Divino e o terreno. Pode ser entendida como um mapa da Criação e das energias presentes nos seres humanos, correspondendo tanto biblicamente como esotericamente à árvore da vida mencionada no livro do Gênesis (Gn 22:19).

A árvore ocupa lugar de destaque na Bíblia cristã, aparecendo na passagem da expulsão de Adão e Eva do Paraíso e no último capítulo do *Livro do Apocalipse*, em que uma árvore que cresce no centro da Jerusalém celestial é apresentada como o sinal da salvação da humanidade (Jo).[7]

Os estudos da flor da vida e da árvore da vida servem de alicerce para o entendimento e o desenvolvimento dos estados elevados da nossa consciência. Nosso corpo é um sistema geometricamente desenhado, e o subconsciente reconhece os símbolos da geometria sagrada que são usados desde os primeiros tempos e encarnações nossas.

Podemos fazer a meditação com a árvore da vida para explorar a natureza da realidade e buscar a conexão com o Divino, pois a cada parte da árvore da vida é atribuída uma qualidade ou princípio específico, como amor, sabedoria, poder ou harmonia.

CUBO DE METATRON

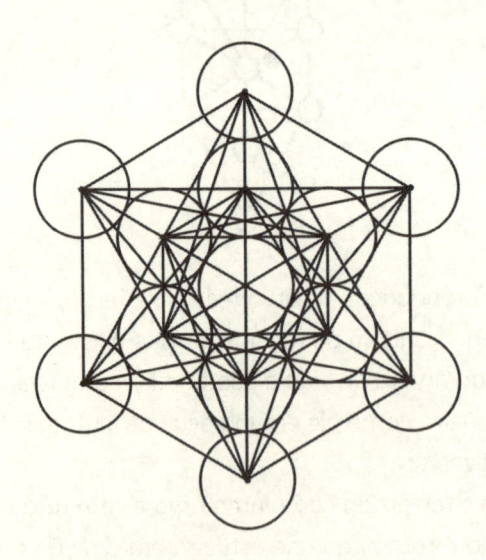

---

[7] "E mostrou-me o rio da água da vida, claro como cristal, que procedia do trono de Deus e do Cordeiro. No meio da sua praça, e de ambos os lados do rio, estava a árvore da vida, que produz doze frutos, dando seu fruto de mês em mês; e as folhas da árvore são para a cura das nações." (Ap 22:1-2)

O cubo de Metatron consiste em treze círculos. Seu ponto de partida é a "flor da vida".[8] Seis círculos iguais são colocados em um padrão hexagonal em torno de um círculo central, com mais seis círculos se estendendo ao longo das mesmas linhas radiais. O centro de cada círculo está sendo conectado com linhas retas com o centro de cada um dos restantes doze círculos, formando esse padrão geométrico simétrico de 39 linhas retas.

Os círculos representam o feminino, enquanto as linhas retas, o masculino. Assim, o cubo de Metatron representa a união das polaridades masculinas e femininas para criar o fundamento da existência do Universo. É o mapa vivo de toda a criação da nossa realidade e demonstra a verdade milenar de que toda a vida emerge da mesma origem, do mesmo centro, baseado nos mesmos padrões geométricos, da energia ilimitada do Criador.

Essa geometria faz a conexão com o Céu e a Terra, representados pelos triângulos, além da conexão energética com todas as dimensões, unindo forças angelicais sintonizadas ao anjo de Metatron. É um dos mais importantes sistemas informacionais do Universo, um dos padrões básicos da criação.

Podemos visualizar, na meditação, o cubo de Metatron para manifestar proteção espiritual e acessar dimensões mais elevadas de consciência.

TORO

---

[8] Segundo Helena Blavatsky (*A doutrina secreta*, v. 1), Enoque, Metatron, Hermes e Thoth são diferentes roupagens de uma mesma entidade que exerce o papel de escriba e "ascende" através da sua Mercabah até o "Trono de Deus" (ZATÓN, Jesús. *Geometria sagrada*: bases naturais, científicas e pitagóricas. São Paulo: Civitas Solis, 2017).

O toro é uma forma geométrica tridimensional da geometria sagrada, por sua conexão com a estrutura e os processos fundamentais do Universo.

Representa a forma geométrica básica da existência presente em todos os planetas, estrelas e galáxias, incluindo o macrocosmo e o microcosmo. Dispõe de um padrão de energia em forma de anel, que é o fluxo magnético de energia, sendo a representação de como a energia circula em torno de um eixo central. É único por ser capaz de dobrar-se sobre si, voltando-se tanto para dentro como para fora.

MERKABAH[9]

Dentro do estudo da geometria sagrada podemos acessar o Merkabah, veículo de luz que pode nos transportar para outras dimensões. Esse campo de luz gira ao contrário, envolvendo o corpo e o espírito simultaneamente.

Podemos entender o Merkabah[10] como o veículo de transporte para o Ser em ascensão, com dois triângulos fundidos, formando uma estrela

---

9 Do manual *Mesa Conexão Estelar* (Águas de Aruanda, 2024).
10 Mer, Ka e Ba são palavras egípcias que significam, respectivamente, luz, espírito e corpo. Mer-Ka-Vah significa carruagem em hebraico, que nos ajudará a voltar ao nosso estado mais elevado de consciência original. É uma energia sagrada, formada e controlada por uma inteligência superior para identificar, em qualquer dimensão, aqueles elementos de consciência que já estão prontos para a ascensão.

tetraédrica, um representando a alma e outro, o Eu Divino, ambos com o propósito de recriar o corpo de luz.

O campo de luz Merkabah nos proporciona uma consciência em expansão, afetando o espírito e o corpo simultaneamente e podendo levá-los de um mundo ou dimensão para outro.[11]

Como se pode observar, o Merkabah é como uma estrela tridimensional de oito pontas (tetraedro estrela), composta de duas pirâmides triangulares que se cruzam na vertical: uma aponta para cima e outra, para baixo.

É a figura geométrica que representa a energia masculina e feminina, o Céu e a Terra. A pirâmide que aponta para cima nos liga ao Céu, a que aponta para baixo nos liga à Terra. Representa o campo de energia da nossa alma como um todo e é a proteção desta, para que possa se locomover entre as dimensões sem sofrer com as modificações de frequência.

Trata-se de uma ferramenta para evolução espiritual que aumenta a frequência do corpo humano, que nos faz acessar a fonte da criação, regenerando nossas células. Auxilia ainda na manifestação do amor em todas as suas formas.

Podemos praticar meditações com a geometria sagrada, ativando esse veículo de luz interior para alcançar níveis mais elevados de consciência e espiritualidade.

Relação entre o Merkabah e a estrela de Davi

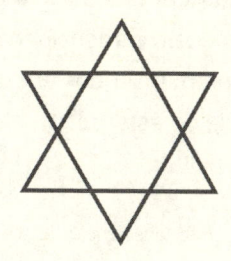

[11] MELCHIZEDEK, Drunvalo. *O antigo segredo da flor da vida*. Tradução Henrique A. R. Monteiro. Revisão técnica Eloisa Zarzur Cury e Maria Luiza Abdalla Renzo. São Paulo: Pensamento, 2009. p. 27.

A estrela de Davi, símbolo conhecido como escudo de Davi – "Magen David" em hebraico –, é a representação bidimensional do Merkabah e um poderoso símbolo de proteção Divina, utilizado especialmente pelos seguidores do Judaísmo. Entre as várias significações para esse elemento, uma é a de que os triângulos simbolizam o homem na trindade de corpo, alma e espírito.

Quando essa forma plana ganha contornos tridimensionais, ela se transforma em dois poliedros que, interceptados, formam o que conhecemos como Merkabah.

Estima-se que a estrela de Davi seja vista desde 4.000 a.C., e usada, além do Judaísmo, em religiões de matrizes diferentes, como o Santo-Daime, o Hinduísmo, a Umbanda, a Maçonaria e o Cristianismo, por exemplo.

Indicam os historiadores que esse símbolo é constituído por dois triângulos porque o nome "Davi" era formado por três letras – Dalet, Vav e Dalet –, sendo a letra Dalet de formato triangular.[12]

Quando meditamos e visualizamos a estrela de Davi, podemos afastar com seu poder os males em geral, pois ela atua como um escudo. Além disso, ela dá forças a quem a usa.

OS SÓLIDOS PLATÔNICOS

Os sólidos platônicos receberam esse nome pelo fato de o filósofo Platão ter definido suas características, identificando-os em um conjunto. São formas geométricas tridimensionais com todas as arestas e todas as faces iguais. Se forem inseridos em uma esfera, todos os seus vértices tocarão a superfície da esfera.[13]

---

[12] PRADO, Ana Cristina (org.). *Fitoconsciência*: fonte de manifestação da planta. Aracaju: Acura, 2020.

[13] "Platão foi um filósofo e matemático grego. Ele realizou grandes contribuições para a matemática e, na tentativa de compreender o Universo, associou os sólidos a elementos da natureza." Fonte: OLIVEIRA, Raul Rodrigues de. Sólidos de Platão, *Brasil Escola*. Disponível em: https://brasilescola.uol.com.br/matematica/os-solidos-platao.htm. Acesso em: 10 abr. 2024.

Esses cinco sólidos são considerados a matriz de todas as formas do Universo. Quando conhecemos suas características, podemos aproveitar o que cada um nos traz de benefício. Podemos utilizá-los para expressar princípios de harmonia, equilíbrio e interconexão entre a nossa essência e a natureza.

Eles têm sido utilizados em várias tradições espirituais e místicas como símbolos de perfeição, harmonia e ordem no Universo. Além disso, cada sólido platônico tem uma relação com os elementos clássicos da natureza (terra, água, ar, fogo e éter) e com os cinco sólidos platônicos. Acredita-se que representem a harmonia fundamental do Cosmos.

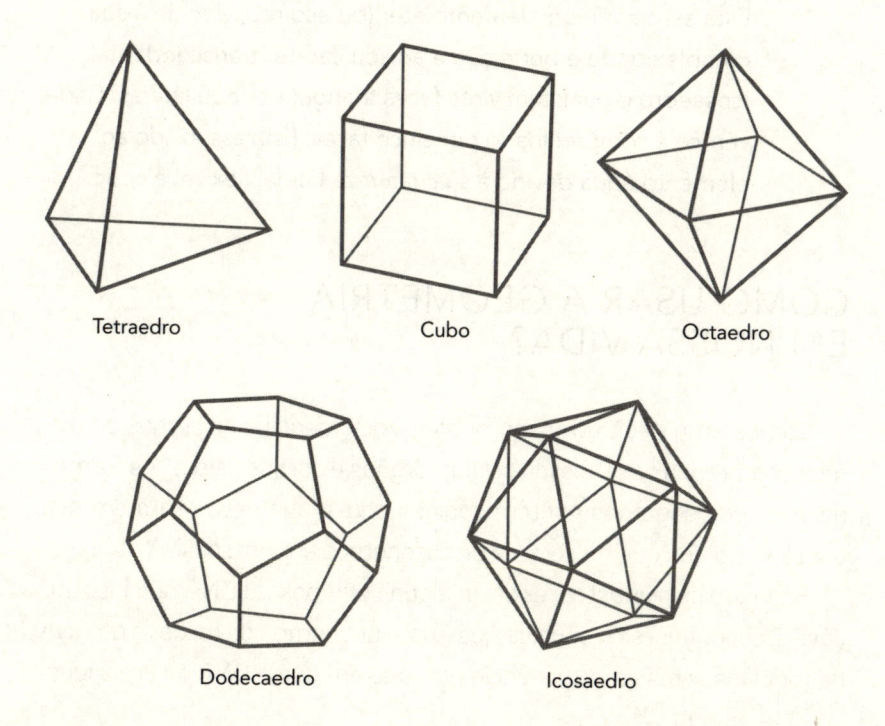

Tetraedro — Cubo — Octaedro

Dodecaedro — Icosaedro

São eles:

Tetraedro (fogo): é composto por quatro faces triangulares equiláteras. Todas as faces, arestas e vértices são idênticos. Está associado ao elemento fogo devido à sua natureza aguçada e pontiaguda.

Hexaedro ou cubo (terra): é composto por seis faces quadradas idênticas. Possui ângulos retos e todos os seus vértices têm o mesmo número de arestas que convergem para eles. Está associado ao elemento terra devido à sua estabilidade e solidez.

Octaedro (ar): tem oito faces triangulares equiláteras. Cada vértice é compartilhado por três faces. Está associado ao elemento ar devido à sua natureza leve e arejada.

Dodecaedro (éter): é formado por doze faces pentagonais regulares. Cada vértice é compartilhado por três faces. Está associado ao elemento éter (ou espírito) devido à sua complexidade e perfeição e ao seu caráter transcendental.

Icosaedro (água): tem vinte faces triangulares equiláteras. Cada vértice é compartilhado por cinco faces. Está associado ao elemento água devido à sua natureza fluida, flexível e cíclica.

COMO USAR A GEOMETRIA EM NOSSA VIDA?

Somos uma geometria sagrada em movimento e dispomos de formas geométricas em nossas células, órgãos e corpos físicos. As formas geométricas sagradas contêm códigos-chave que despertam em nós aqueles códigos que há séculos armazenamos em nosso DNA.

Segundo os cientistas, existem alguns campos do DNA não identificáveis, chegando-se a concluir que existe um campo de unidade do DNA de todos os seres em experiência humana em que o DNA de um é igual ao DNA do outro.[14]

A geometria sagrada, quando ativada em nosso corpo, desperta a iluminação do nosso "Eu Superior", fluindo através dos chakras, principalmente do cardíaco.

---

[14] PRADO, Ana Cristina (org.). *Fitoconsciência*: fonte de manifestação da planta. Aracaju: Acura, 2020.

Pela vibração do amor incondicional, presente no chakra cardíaco, abrimos os canais energéticos e sutis de nosso corpo e elevamos nossa consciência para experiências que podem acelerar nosso processo de ascensão por meio da ativação dos canais energéticos, aumentando o potencial telepático, de clarividência e de projeção astral consciente.

Ao entoarmos mantras e invocarmos decretos e orações, removemos aspectos negativos por meio da geometria, de modo que o fluxo de pensamentos vai liberando toda essa camada negativa. Dessa forma, podemos nos conectar com o corpo causal, que é composto de toda a energia positiva que geramos a partir do início de nossas encarnações.

Todos os pensamentos, sentimentos e emoções positivas que geramos são acumulados no corpo causal, que é a fonte de nossa conexão com a Mente Divina.

Ao exercitarmos o fluxo desses pensamentos positivos com a geometria sagrada, além de liberarmos as energias densas, começamos a desenvolver nossa intuição e conexão com os Planos Etéricos para acelerar nossa evolução, e nossos corpos sutis caminham rumo à quinta dimensão.

Quando nos conectamos com uma geometria, acessamos nossa essência original, que nos permite a reconexão com a fonte Divina que habita em nós, promovendo a reintegração e o alinhamento de todo o nosso campo vibracional.

As geometrias podem ser ativadas por meio de desenhos, mandalas ou qualquer outra forma acompanhada de uma intenção. Por meio da geometria sagrada, são transmitidas frequências mais elevadas de energia e se abrem outras dimensões da consciência.

Uma das formas mais poderosas de ativar a geometria sagrada é através da meditação. Quando acalmamos a mente, podemos visualizar as formas geométricas sagradas em nosso espaço interior. Nesse instante, é o momento de permitir que essas figuras se revelem em nossas mentes, sentindo suas energias sutis e vibrações singulares.

A meditação guiada com a geometria sagrada nos ajuda a nos sintonizarmos com a sabedoria ancestral, permitindo que muitas mensagens sejam transmitidas à nossa consciência.

Uma das maneiras que trabalho nas meditações integradas com a geometria sagrada é com a repetição de afirmações positivas. Faça a seguir a meditação da Espada do Arcanjo Miguel e com ela remova os obstáculos que estão te impedindo de seguir seu propósito Divino e de vida.

Ativação da espada do Arcanjo Miguel

A meditação com a espada do Arcanjo Miguel é uma prática espiritual destinada a invocar a proteção, a coragem e a purificação proporcionadas pela energia do Arcanjo Miguel. O uso dessa ativação vai ajudá-lo(a) a cortar ligações negativas entre o passado e o presente, bem como com outras pessoas que não estão te fazendo bem.

A espada do Arcanjo Miguel nos liberta dos carmas e representa a coragem e a capacidade de ultrapassar qualquer obstáculo.

Preparação:

Encontre um local tranquilo onde você possa se sentar confortavelmente em uma posição relaxada. Feche os olhos e respire profundamente algumas vezes para relaxar seu corpo e acalmar sua mente.

Se preferir, coloque uma música, acenda um incenso e segure um cristal, de preferência cianita azul.

Feche os olhos suavemente e respire profundamente algumas vezes para relaxar o corpo e acalmar a mente.

Traga sua atenção para a respiração, observando o movimento natural do ar entrando e saindo de seu corpo.

Sinta a sensação da respiração passando pelas narinas, inflando o peito e expandindo o abdome.

Pratique a atenção plena, observando os pensamentos, emoções e sensações corporais à medida que surgem, mas sem se prender a eles.

Visualize cada parte do corpo se tornando mais leve e solta à medida que se entrega ao relaxamento, imaginando-se em um local tranquilo e sereno da natureza ou em qualquer ambiente que traga sentimentos de paz e relaxamento.

Invoque a presença do Arcanjo Miguel, dizendo em voz alta ou mentalmente:

Arcanjo Miguel, eu te invoco agora. Por favor, esteja presente e guie-me nesta meditação com sua proteção e força.

Visualize uma espada brilhante, resplandecente e poderosa na mão do Arcanjo Miguel. Veja sua lâmina reluzente irradiando uma luz azul e dourada que transmite coragem, proteção e purificação.

Sinta-se conectado à energia da espada do Arcanjo Miguel. Sinta o poderoso campo de proteção ao seu redor, envolvendo(a) em uma aura de segurança e coragem.

Ao inspirar, imagine-se respirando a luz da espada do Arcanjo Miguel. Visualize essa luz azul e dourada preenchendo todo o seu ser, percorrendo seu corpo, começando pelos pés, subindo bem devagar, enquanto repete a respiração, até chegar ao topo da cabeça e expandir essa luz até que todo o recinto fique cheio da cor azul, afastando qualquer negatividade, medo ou energia indesejada.

Gradualmente, traga sua atenção de volta ao momento presente, trazendo um movimento suave ao seu corpo.

Abra os olhos lentamente e observe como se sente após a meditação.

Finalize a prática com um sentimento de gratidão por esse tempo dedicado ao seu bem-estar.

Ao concluir a meditação, agradeça ao Arcanjo Miguel por sua proteção e orientação. Sinta-se grato(a) pela energia purificadora e fortalecedora que recebeu. Abra os olhos lentamente e retorne ao seu estado consciente.

Durante essa ativação, faça a seguinte afirmação:

> *Eu ativo a força espiritual da espada do Arcanjo Miguel em sua potência máxima e manifestada em todos os meus corpos.*
> *Arcanjo Miguel: em nome da Divina Presença Eu Sou e da Chama Trina em meu Coração, eu invoco a sua espada de luz.*
> *Eu Sou Luz, Eu Sou Luz, Eu Sou Luz!*
> *Arcanjo Miguel e Legiões de Luz, seccionai, seccionai, seccionai, aqui e agora, toda e qualquer energia negativa presente neste ambiente.*
> *Que a Sua Espada de Luz purifique e limpe este ambiente, deixando-nos livres para realizar nosso propósito Divino com paz, harmonia e tranquilidade. Neste momento eu permito que a espada azul corte e seccione todas as memórias armazenadas que possam estar me conectando com processos obsessivos, mandingas, pragas, mau-olhado, maldições hereditárias, entrantes negativos, íncubos e súcubos. Que a espada do Arcanjo Miguel remova chips negativos e qualquer programação que não seja para a minha evolução planetária e desprograme pactos de poder, de escassez, de amor eterno, de celibato, de morte e quaisquer pactos feitos nesta e em outra vida, nesta e em outra dimensão.*

Que neste momento a espada de luz azul do Arcanjo Miguel limpe os miasmas e fluidos deletérios de energia invertida que estejam rondando a minha existência e reestabeleça a ordem Divina e a fluidez energética na minha vida.

E agora eu ancoro a energia do Arcanjo Miguel à minha frente, atrás de mim, à minha direita, à minha esquerda, acima de mim, abaixo de mim. Porque assim é, e assim será.

MEDITAÇÃO COM A ESPADA DO ARCANJO MIGUEL PARA EQUILIBRAR OS CHAKRAS

ACESSE O QR CODE
https://www.youtube.com/watch?v=akU7xDfM0EA

Ativação da chave de união de Metatron[15]

Pelo símbolo divino.
Pela união dos mundos.
Pela essência dos saberes.
Declaro aberto o portal da chama Una neste momento, seguindo no túnel iluminativo da minha consciência ativada em dimensão garantidora do acesso ao Logos e seus ensinamentos.
Clamo pela força da chama dourada que abre os caminhos, quebra barreiras e reconstrói o que há manifestado em mim na união dos Eus em sintonia com este clamor, agora.

---

15 Ativação canalizada para Thyago Avelino, pelo Arcanjo Metatron.

Na giratória da flor-de-lis, seguro a espada da sabedoria dos antigos e me movo aos círculos de consagração plantados e ativados, agora.[16]
O poder de existência e a chama do equilíbrio consagrado em mim são bastões iluminativos que abrem os corpos sutilizados.
Chama ardente e pura da consciência de Ursa Maior, derramai o bálsamo das ferramentas necessárias para o seguir em paz e segurança.
Chama iluminativa de Ursa Menor, plantai no meu coração a compaixão e o poder da união manifestado pelo acreditar, pela confiança e presença.
Raios de luz e clarão que ampara as consciências, dignai o despertar.
Eu Sou Luz, Eu Sou Luz, Eu Sou Luz.
Estou satisfeito(a) e em paz com a frequência dourada que está presente em mim.
Eu Sou Gratidão, Eu Sou Gratidão, Eu Sou Gratidão.

---

[16] A flor-de-lis é uma forma tríplice que pode representar várias trindades, como a união do corpo, mente e espírito, ou o equilíbrio entre passado, presente e futuro.

10
Ritual do Conselho Cármico

O Conselho Cármico é formado por Seres de Luz que amparam a humanidade neste momento de transição. Eles são responsáveis por aplicar a justiça, a ordem e a organização Divina em nosso planeta e decidem qual a parcela de carma (positivo ou negativo) que cada pessoa deve receber durante a existência na Terra.

Cada ser humano, antes de reencarnar no planeta Terra, é levado pelo "Anjo do Registro" para uma reunião com o Conselho Cármico com o propósito de analisar as situações que serão resolvidas no plano físico. Esse anjo, também chamado "Guardião dos Pergaminhos", coloca-se à disposição dos Senhores do Carma sempre que eles precisarem tomar alguma decisão sobre nós.

Nosso Anjo da Guarda nos acompanha ao longo das nossas vidas e tem acesso aos nossos "registros akáshicos", uma biblioteca de ações de cada alma, pensamentos e emoções que tiveram um lugar no planeta Terra e em outros sistemas planetários. Podemos ter acesso a esses registros para ver as memórias e experiências que tivemos.

Reencarnação significa "regressar à carne", no entanto muitos seres estelares estão encarnando no planeta para ajudar na regeneração e mudança necessária. Existem sementes estelares vindo, por exemplo, de Órion, Arcturus, Sirius, Plêiades, Andrômeda e outras galáxias.

O Conselho Cármico, portanto, orienta as almas que estão para encarnar e as que terminam a vida na Terra em relação ao seu próximo ciclo de aprendizado, trabalhando para promover a justiça, a misericórdia e a oportunidade para todos os seres em evolução.

Esse Conselho não existe para aplicar castigos, mas para avaliar todas as nossas possiblidades diante das dificuldades encontradas na jornada terrena. É formado por Seres de Luz e tem como missão administrar e deliberar sobre as questões ligadas ao carma da humanidade.

Com a ajuda dos Senhores do Carma decidimos em que podemos melhorar e em quais áreas da vida podemos corrigir nossos erros e reprogramar nossas ações.

Na reunião do Conselho Cármico recebemos o nosso livro da vida, que contém o nosso propósito nessa nova reencarnação. Dessa forma, seremos sempre avaliados de acordo com aquilo que planejamos perante essa corte de Seres de Luz.

É importante ainda termos em mente que as decisões do Conselho Cármico são pautadas em fatores importantes, como a vontade Divina para nossas vidas e nossos resgates de erros de encarnações anteriores, com oportunidades para reparar carmas negativos e realizar transmutação, sempre visando à nossa evolução aqui no plano terrestre.

O carma é a lei da causa e efeito; tudo que pensamos ou fazemos, de bom ou ruim, terá um efeito futuro. Em alguns momentos achamos injusto o que acontece com determinadas pessoas, mas esses fatos podem estar relacionados ao que elas trouxeram de vidas passadas.

Em contraponto ao carma, que é a consequência negativa de nossas ações, existe o darma, que é a consequência positiva gerada por emoções resolvidas, energias trabalhadas, pensamentos equilibrados. Partindo dessa lógica, o carma vem da desordem na nossa vida e corresponde a todas as energias não aprimoradas, não resolvidas e não trabalhadas.

O carma pode nos trazer dor, mas o sofrimento é opcional. Sentir dor é aceitar o que aconteceu e tentar seguir o caminho. Já o sofrimento é a não aceitação do que aconteceu, a revolta, a incompreensão, a vitimização.

Ninguém nasce para sofrer. Estamos na Terra para sermos felizes e aprendermos a crescer, com nossas dores. As pessoas prósperas também têm seus problemas, mas evitam intensificá-los, dando força às soluções e às conquistas diárias e manifestando o poder da gratidão.

Os obstáculos, portanto, são pontes para a nossa evolução. Assim como toda sombra trabalha para a luz, todo obstáculo está a serviço da evolução. Estamos vivos para nos libertarmos do nosso carma e transformá-lo em darma. Devemos lembrar que as marés mais exigentes constroem bons marinheiros.

Quando reencarnamos, nossas almas escolhem pessoas e situações necessárias para resolver algumas pendências de vidas passadas. São lições que precisamos aprender para crescer e transmutar o nosso carma. Ao amarmos uns aos outros, como Jesus ensinou, estaremos livres de nossos laços cármicos.

A reencarnação é a única explicação lógica para inúmeras injustiças aparentes. Assim, o modo como cada pessoa reage a certos acontecimentos interferirá em sua vida futura. Todos temos um lado de sombra e um lado de luz, e o autoconhecimento é a ferramenta evolutiva que nos permite mergulhar na nossa sombra, nos tornando conscientes dela e nos dando oportunidade de melhorar.

A luz é mais forte do que a sombra, e o Arcanjo Miguel tem controle sobre as questões cármicas e nos ajuda a interromper o ciclo reencarnatório de repetições de padrões que nos aprisionam.

O Conselho Cármico, diante das provações, dos carmas, ou seja, considerando os históricos desafiadores de outras vidas, possibilita a equalização na presença Divina nas veste de agora.

Alguns dos membros do Conselho Cármico e seus atributos são os seguintes:[1]

---

[1] Esses mestres, assim como outros seres espirituais e guias, trabalham em conjunto para orientar a humanidade em sua jornada espiritual, ajudando a curar, ensinar e elevar a consciência coletiva. A composição do Conselho Cármico pode variar entre diferentes tradições esotéricas, mas esses são alguns dos mestres frequentemente mencionados.

- **Mestra Pórtia:** associada à justiça e à oportunidade, Mestra Pórtia é o Complemento Divino do Mestre Saint Germain. Juntos, eles trabalham no sétimo raio, simbolizando transmutação e liberdade.
- **Mestra Nada:** emana amor devocional, afeto e gratidão. Ela insere essas qualidades em seus ensinamentos, promovendo harmonia e compreensão entre as pessoas.
- **Kwan Yin:** uma figura de misericórdia e compaixão, Kwan Yin é reverenciada por sua capacidade de ouvir os pedidos de ajuda e oferecer misericórdia a todos os seres necessitados.
- **Libra:** simboliza o equilíbrio. No contexto espiritual, Libra pode representar a harmonia interna e externa necessária para uma vida equilibrada e integrada.
- **Palas Athena:** encarnando a verdade Divina e cura, Palas Athena é conhecida por sua sabedoria e capacidade de trazer a luz da verdade para curar e iluminar.
- **Elohim Vista:** associado à ciência, à concentração e à cura, o Elohim Vista ajuda a focar os esforços mentais e espirituais em busca do conhecimento e do bem-estar.
- **Lord Saithru:** encarregado da supervisão da próxima raça raiz que encarnará na Terra, Lord Saithru desempenha um papel crucial na evolução da humanidade.
- **Arcanjo Miguel:** simboliza a fé, proteção, realização e vontade Divina. Ele é frequentemente invocado para oferecer proteção e orientação em tempos de necessidade.
- **Seres interdimensionais e interplanetários:** também conhecidos como seres das estrelas, eles ajudam a formar as energias eletromagnéticas que facilitam a lembrança de nossa verdadeira essência na Terra, promovendo a autocura e a expansão do ser.

Juntamente com os membros do Conselho Cármico, a "Divina Presença EU SOU" de todas as pessoas na Terra encontra-se com esses Seres de Luz, para juntos escolherem e trabalharem fortemente durante três meses, até a próxima reunião.

Tem sido cada vez mais difícil reencarnar no planeta Terra, por isso negligenciar a missão que assumimos com o Conselho Cármico é perder a grande oportunidade de evoluirmos.

Os conselheiros reúnem-se quatro vezes ao ano (no último dia de cada mês: março, junho, setembro e dezembro). Quando escrevemos uma carta a um dos membros do Conselho Cármico, ele se apresenta para assumir o encargo de ser nosso avalista.

Enquanto dormimos e com o auxílio dos nossos guias espirituais, do Arcanjo Miguel e da nossa presença "Eu Sou", nosso espírito regressa ao Conselho Cármico para que sejam avaliados os ajustes necessários para o melhor aproveitamento das circunstâncias nas quais estamos inseridos.

Todas as pessoas encarnadas, nessa noite, enquanto dormem, e em corpo espiritual, encontram-se com os Seres de Luz responsáveis por todas as formas de evolução no planeta e escolhem o que se propõem a fazer nos próximos três meses.

É nesse momento que são analisadas as questões cármicas que podem estar afetando o nosso processo de ascensão do plano terrestre. É a hora certa de agradecermos pelos objetivos conquistados e de pedirmos aos Senhores do Carma orientação Divina para a solução de problemas pessoais e planetários.

No julgamento do Conselho não há castigos e acusações, pois é a própria consciência do indivíduo julgado que fará a avaliação do que está realizando no plano terrestre.

Podemos também solicitar amparo não apenas para nós, mas para as pessoas que amamos, para a nossa comunidade e para toda a humanidade.

Nesse ritual, escrevemos uma carta para o Conselho Cármico. Muitas pessoas a escrevem em papel de seda branco, mas você pode utilizar outro tipo de papel em branco.

Utilize o lápis grafite, que é um poderoso condutor de energia. Se quiser, pode acender uma vela e queimar incenso.

O QUE SE DEVE ABORDAR NA CARTA DIRECIONADA AO CONSELHO CÁRMICO?

Na folha em branco, escreva a lápis o cabeçalho endereçado a qualquer membro do Conselho, anotando o local onde você está fazendo a reunião e a data. Depois, escreva seu nome e data de nascimento. Na sequência, escreva a frase "PEÇO A PAZ E A CURA UNIVERSAL".

Agora você pode começar a escrever seus pedidos. Algumas sugestões:

Questões pessoais:
- Agradecimentos pelas bênçãos e dispensações recebidas ao longo do trimestre que está se encerrando;
- Considerações sobre necessidades pessoais, de familiares e de amigos, junto com pedidos de apoio;
- Reflexões sobre seus planos para os próximos três meses, assim como objetivos mais amplos para o futuro;
- Solicitações de dispensações especiais que estejam alinhadas com seu serviço humanitário e seu propósito de vida.

Questões relacionadas ao planeta e à comunidade espiritual da qual você é parte integrante:
- Agradecimentos pelas dispensações concedidas à humanidade durante o trimestre que se encerra e pelas bênçãos recebidas pela comunidade espiritual da qual você faz parte;
- Reflexões sobre as necessidades de sua cidade, estado e país, acompanhadas de pedidos para que sejam solucionadas;
- Considerações sobre os planos elaborados pelas instituições humanitárias e espirituais das quais você participa, com solicitações de dispensações para a sua implementação.

O RITUAL DE ENTREGA DA CARTA AO CONSELHO CÁRMICO

Encontre um local tranquilo e silencioso onde você possa se concentrar sem distrações.

Sente-se confortavelmente em uma posição relaxada.

Acenda uma vela e incenso, se desejar, para criar uma atmosfera sagrada.

Faça algumas respirações profundas para relaxar e centrar sua mente.

Feche os olhos e concentre-se em entrar em contato com o Conselho Cármico.

Silenciosamente ou em voz alta, invoque o Conselho Cármico, pedindo sua presença e orientação em seu ritual.

Você pode usar uma frase como: "Eu invoco o Conselho Cármico para me ajudar a equilibrar meu carma e avançar em meu caminho espiritual". Faça a oração "A Grande Invocação" e o "Apelo ao Conselho Cármico", disponibilizados a seguir.

Após o momento de oração, queime primeiro um papel em branco, depois o seu papel escrito e outro em branco no final.

Se várias pessoas forem participar do ritual, queime primeiro um papel em branco, depois todos os escritos e, por último, outro papel em branco.

Durante o ritual, mantenha sua atenção ao elemento fogo, que purifica, transmuta e manifesta, pois ele levará a frequência de seus pedidos ao Conselho Cármico.

Antes de fazer o ritual do fogo, costumo invocar a presença do Arcanjo Miguel:

Eu invoco o Amado Arcanjo Miguel para que entregue esta carta para o Conselho Cármico.

Ao final, as cinzas poderão ser descartadas em água corrente ou jogadas em algum local, pois o fogo já enviou a sua carta ao plano astral, estando concluído o ritual.

A GRANDE INVOCAÇÃO

Do ponto de Luz na mente de Deus, que flua Luz às mentes dos homens, e que a Luz desça à Terra.
Do ponto de Amor no coração de Deus, que flua amor ao coração dos homens, que Cristo retorne à Terra.
Do centro onde a vontade de Deus é conhecida, que o propósito guie as pequenas vontades dos homens, propósito que os mestres conhecem e servem.
Do centro a que chamamos a raça dos homens, que se realize o plano de Amor e de Luz e se feche a porta onde se encontra o mal.
Que a Luz, o Amor e o Poder restabeleçam o Plano Divino sobre a Terra hoje e por toda a eternidade.
Amém.

APELO AO CONSELHO CÁRMICO

Dentro do círculo mais perfeito da comunhão do Eu superior e do Eu estabelecido em projeção, afirmo: a paz e a tranquilidade estão estabelecidas neste recinto. Todos os seres interplanetários aqui projetados estão regidos pela mais perfeita frequência do amor. O amor é a grande chama distribuída nos corações e centelhas Divinas de todos aqui projetados. A chama que estabelece a grande conexão com o Cosmos é a chama que agora se integra a todo o espectro iluminativo.
Na mais perfeita comunhão de todos que integram o grande Conselho Cármico, começando com a Mestra Pórtia, apresentando o elo da justiça, da paz, da compreensão, da solitude, diante do plantio de sementes no espectro iluminativo de todos, rompendo toda a ilusão, abrindo-se a grande luz para ser estabelecida na

vida de todos em tratamento na noite de hoje, processos de luz, de paz, de tranquilidade. Que o grande poder da Justiça possa triunfar na centelha Divina de todos. Apresentando-se, neste momento, a grande Mestra Nada, diante da sua iluminação celestial, triunfando e ativando o poder do feminino que habita em todos os seres, equalizando o acolhimento, a palavra, o aconchego, o zelo, o equilíbrio de todas as ações, comportamentos e atitudes. Na mais perfeita união das rosas celestiais, da grande roseira de Maria Madalena, que, neste momento, contemple a união com a consciência Crística e esteja associado ao grande amor ágape plantado nos corações de todos.

Apresentando-se a Mestra Kwan Yin, o grande poder Mariano, projetado com grande florescer da flor de mil pétalas, de infinitas pétalas, a flor de lótus. Que uma grande flor de lótus seja distribuída e colocada sobre o peito, na região cardíaca de todos que estão em conexão. Ó grande chama sagrada, que sois a flor de lótus, projeta neste momento, diante das suas mil pétalas, mil infinitas possibilidades, para que mil infinitos caminhos estejam disponíveis e entregues a todos na noite de hoje.

Que a grande Mestra Libra possibilite a união, a paz, diante do grande equilíbrio cósmico. Diante do que está em cima, do que está abaixo; do que está ao seu lado direito, do seu lado esquerdo. Diante do que está dentro, diante do que está fora. Que a grande projeção da estrela sagrada de Libra possibilite a neutralização de quaisquer campos cármicos que estejam aprisionando a sua mente e o seu corpo, liberando seu espírito e seu propósito, com paz, leveza, equilíbrio e tranquilidade.

Apresentando-se a grande Mestra Palas Athena, diante do seu poder infinito de apresentar a verdade, de apresentar o grande poder que há de ser manifestado, diante do que cada um é, em essência Divina; desapegando, auxiliando ao desapego de quem já não faz mais parte de você, deixando para trás mecanismos de embrutecimento, mecanismos egoicos, mecanismos de falta de fraternidade, neutralizando todos os campos que fogem à verdade, possibilitando ser quem você é, e quem você está, unindo-se em um só poder cósmico, possibilitando os erros, as falhas, no trajeto encarnatório, a neutralização pela resiliência, para prosseguir o caminho, buscando-se não a perfeição, mas o equilíbrio.

Agradecemos e apresentamos o grande Elohim Vista, com seu perfeito poder das asas cósmicas Divinas e acesso direto aos anjos, arcanjos, dominações, tronos e todas as hierarquias angelicais que estão conosco, neste momento, a fortalecer todos os agradecimentos e pedidos feitos; que, aqui e agora, deixam-se à disposição do grande Conselho Cármico, que está estabelecido nas cornetas tocadas pelos astros triunfantes angelicais; que se possibilite o grande poder curativo do planeta Terra, do projeto estabelecido na escola Terra, diante do mais profundo poder angelical de Elohim Vista.

Que o grande Lord Saithru seja apresentado neste momento, dando um passo à frente diante do Conselho, desse círculo de Luz que agora é estabelecido, colocando ordem Divina a tudo que está manifestado em sua vida. Lord Saithru, trazendo a paz, a união, a perseverança e a solitude, possibilitando ainda mais um profundo mergulhar do amor-ágape, nos olhos e corações no grande equilíbrio do poder mental, equalizando a conexão límpida entre o Eu Superior e o seu Eu atual, possibilitando o desvelamento de tudo que há de mais triunfante em Luz dentro de você. Lord Saithru, ative

ainda mais a centelha Divina que habita em cada ser, em cada célula, em cada ponto.
Neste momento, a grande apresentação do Arcanjo Miguel, com suas asas infinitas, com suas duplas asas, com suas triplas asas, com suas infinitas asas; diante, também, dos seus infinitos escudos, das suas infinitas espadas. Que a grande luz azul triunfante, que traz o poder infinito do Cosmos, pulse neste momento, na vida de todos, possibilitando que a saúde do corpo físico, do corpo espiritual, a materialização de pedidos, anseios, desejos, possa ser concretizada de acordo com a mais perfeita ordem Divina.
Que todos os Seres Interdimensionais e Interplanetários que estão conosco ampliem o despertar das consciências. Que o grande poder do Sol central contribua com a união dos povos, o intercâmbio de consciências, o intercâmbio da unicidade dos propósitos. É como uma grande estrela central; luz universal do bem, da paz, da união, do amor, estabelecido em todos os planetas, em todas as dimensões, em todo o poder do Sol central, da consciência Crística, da consciência de Maria, do grande poder de arcanjos, anjos, iluminações, poder pessoal, ordem Divina, unindo-se à floresta, à consciência de animais e todos demais os seres. Todos os seres que integram a mais perfeita união da invocação, neste momento. Todos os elementais de fogo, de terra, de ar, de água. Todos, em mais perfeita comunhão do ser Divino, do pulsar cósmico, diante do grande poder estabelecido dentro e fora, de cima e de baixo, de um lado e de outro. O grande poder estabelecido de estrela Divina, centelha Divina, pulsar cósmico. Pulsa o fogo, pulsa a terra, pulsa o ar, pulsa a água.

Neste momento, integrando-se ao grande poder de éter, ao grande poder Divino de todos, ativando neste momento a paz, a união, a fraternidade, a grande iluminação celestial.

Que o poder da união de povos possa estar estabelecido no Sol central. Ó grande poder de forma central, estabelece, neste momento, a mais profunda consciência Divina, a mais profunda consciência de poder de Deus, Pai, Mãe, pulsar primordial, inteligência de criatividade e unificação. Estabelece agora, neste momento, a calibragem energética espiritual de todos aqui presentes, despertando o autoacolhimento, o silêncio de mente e de coração, projetando a paz.

RITUAL DO CONSELHO CÁRMICO
ACESSE O QR CODE
https://www.youtube.com/watch?v=jQ-Rf9NaHAM

11
Orações e decretos

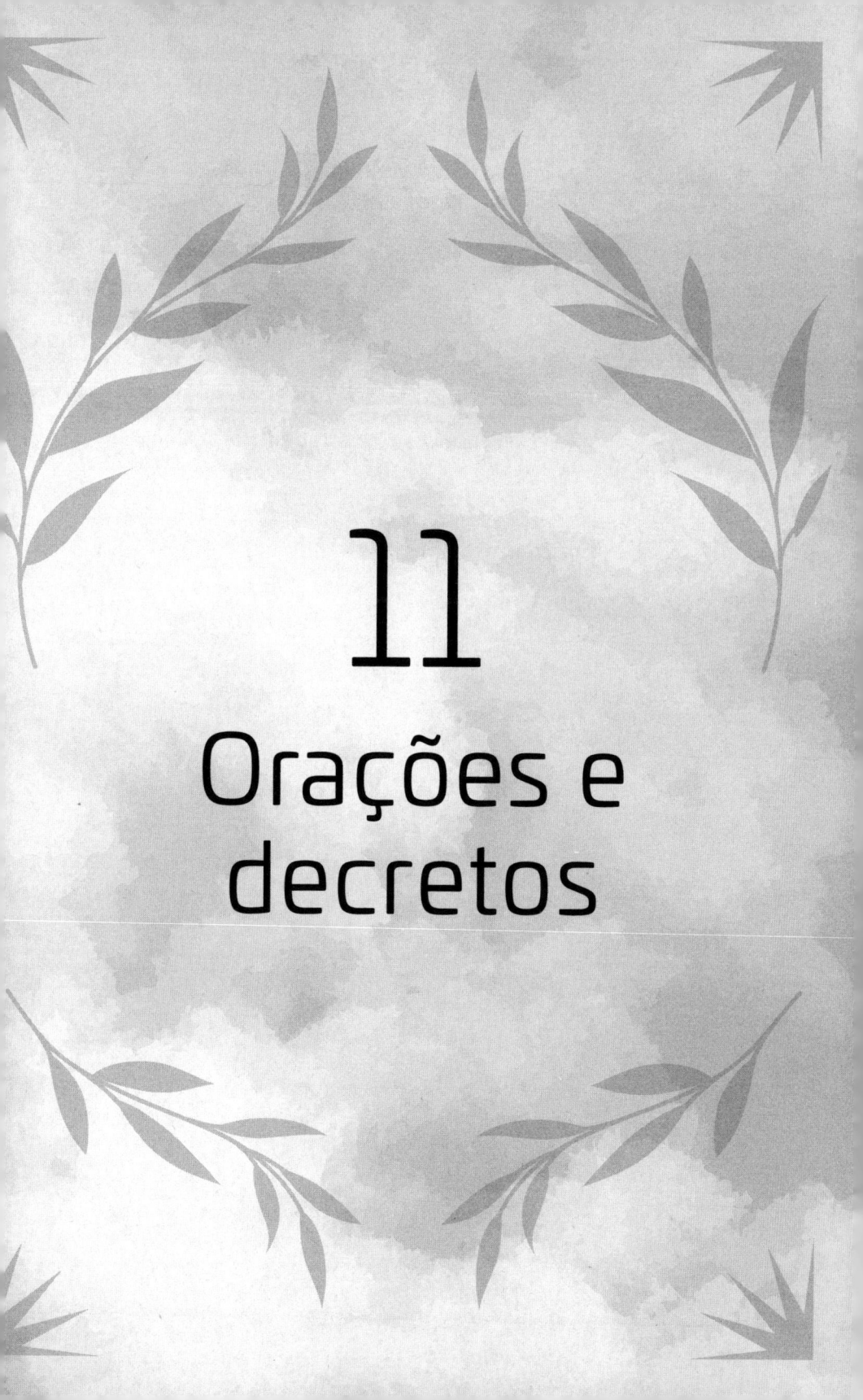

A oração sempre existiu na Terra, desde os tempos mais remotos. É a base das religiões e uma poderosa força universal de conexão que temos para nos ajudar a seguir a caminhada, contribuindo de forma positiva para nossos desafios. O Mestre Jesus nos ensina que tudo que pedirmos com fé, na oração, alcançaremos.

Os anjos transmitem mensagens quando nós rezamos e fazemos nossos pedidos. São Seres de Luz que respondem rapidamente às nossas preces e fazem chegar nossas orações a Deus. Qualquer pessoa é digna de receber a visita de um anjo ou de outro ser espiritual; basta acreditar no poder da oração.

O ato de orar independe de qualquer inclinação espiritual ou religiosa. Hoje tem estado cada vez mais presente o universalismo, que é a prática livre daquilo que faz sentido e em que se acredita. Orar é cocriar nossa realidade, é movimentar as energias no sentido de superar nossos desafios.

Antes de começar a fazer suas orações, é importante manifestar seus pedidos. Eu recomendo fazer um diário de acordo com sua atual necessidade – proteção, cura, saúde e outras intenções –, escrevendo em um papel:

- Qual é a sua intenção de hoje?
- Qual é o desafio que está vivendo neste momento da sua vida? Escolha a sua oração que vai ajudá-lo(a) a alcançar essa intenção e faça-a por sete dias, ao acordar e ao dormir.
- É muito importante que você visualize o que deseja enquanto faz a oração.
- Durante os sete dias, escreva as suas dificuldades em alcançar as graças pedidas, sempre com muita fé.
- Não se esqueça de agradecer ao seu anjo por estabelecer essa oportunidade de comunicação.
- Acompanhe diariamente os resultados do que você manifestou.

APELO AO ARCANJO MIGUEL CONTRA AS FORÇAS DO MAL

Em nome do poder da Divina Presença Eu Sou em nós e em toda a humanidade, apelamos a Vós, poderoso Arcanjo Miguel, e vossa ascensionada Legião de Luz!

Ajudai-nos, seccionando toda e qualquer influência maléfica ao nosso redor, em nosso lar, em nossa cidade e em nosso país, bem como no mundo.

Carregai-nos e a toda a humanidade com vossa fé e misericórdia, a fim de que, através de nosso esforço, possamos realizar o Plano Divino. Nós vos agradecemos.

APELO AO ARCANJO MIGUEL PELO PLANETA TERRA

Com o poder do Sol, da Lua e das estrelas, com as forças superiores de nossa Divina Presença Eu Sou, ordenamos ao Poderoso Arcanjo Miguel e às suas Milícias Celestes que levantem suas espadas de chama azul e criem um círculo de proteção em torno do planeta Terra, que atinja todas as emanações de vida que nele habitam, de maneira que se afastem definitivamente deste planeta todas as sombras, todos os espíritos rebeldes, embusteiros, zombeteiros e emanações malignas, e sejam levados pelas vossas mãos aos lugares que lhes estão reservados para sua regeneração, libertando os filhos da Terra das influências do mal, para que se estabeleça o plano Divino sobre a Terra e em toda a humanidade.

Através da autoridade vitoriosa da Divina Presença Eu Sou, eu peço e comando que este apelo seja atendido hoje e sempre. Nós vos agradecemos.

Em nome e com o poder da autoridade vitoriosa da Divina Presença Eu Sou em toda a humanidade, ordenamos ao Arcanjo Miguel e às suas Milícias Celestes que criem um círculo de proteção em torno de nossos santuários, de modo que todos os espíritos rebeldes, embusteiros e zombeteiros que penetrarem em nossos trabalhos espirituais sejam doutrinados pela vossa espada luminosa e levados aos lugares adequados para sua futura salvação.

Pela autoridade vitoriosa da Divina Presença Eu Sou, em toda a humanidade, invocamos ao poderoso Arcanjo Miguel e a suas Milícias Celestes para que nos protejam e nos acompanhem neste trabalho; que vosso círculo de Luz protetor envolva este local, bem como todos os seres que aqui se encontram presentes; e vosso raio flamejante atingindo nossos corações possa libertar a fé e a vontade da Divina Presença Eu Sou, e possamos dessa forma dominar e doutrinar as criações negativas em nós e em todos os seres. Nós vos agradecemos.

PROTEÇÃO DO ARCANJO MIGUEL PARA INÍCIO DE UM TRABALHO

Invocamos ao Poderoso Arcanjo Miguel e a suas Milícias Celestes para que nos protejam e nos acompanhem neste trabalho que estamos iniciando.

Que a glória do Altíssimo, seus Anjos e Arcanjos nos guiem, nos amparem e nos protejam agora e sempre. Que a força transformadora dos Anjos e Arcanjos alimente a nossa fé, fazendo com que o impossível se torne realidade.

Que a sua espada de luz azul nos defenda e nos proteja de todas as criações negativas em nós e em todos os seres.

Assim seja.

ORAÇÃO AO ARCANJO MIGUEL PARA ABERTURA DOS CAMINHOS

Ó poderoso Arcanjo Miguel e vossa Legião de Anjos de Proteção, com humildade e pureza de coração, peço que afasteis de mim todas as energias ruins que forem enviadas, por seres encarnados e desencarnados.

Com tua Espada de Luz, cortai tudo o que não vier de Deus. Cortai as maldades, os ciúmes, as invejas, as vinganças desta e de outras vidas, os assaltos, as traições e os acidentes.

Protegei meu corpo físico e espiritual. Protegei minha família, meus negócios, minhas ideias e minhas amizades.

Arcanjo Miguel, abre meus caminhos para que eu possa seguir em paz minha jornada aqui na Terra. Assim seja.

ORAÇÃO AO ARCANJO MIGUEL PARA PROTEÇÃO DIÁRIA

São Miguel Arcanjo,
Protegei-nos no combate,
Defendei-nos com o vosso escudo!
Ó Príncipe celeste, pelo Divino poder,
Afastai de mim tudo o que não me faz bem.
São Miguel em cima,
São Miguel abaixo,
São Miguel à esquerda,
São Miguel à direita,
São Miguel à frente,

São Miguel atrás,
São Miguel, São Miguel,
Aonde quer que eu vá,
Eu Sou o seu amor, que me protege aqui e agora.

INVOCAÇÃO À PROTEÇÃO DA ESPADA DE LUZ AZUL DO ARCANJO MIGUEL

Arcanjo Miguel, eu invoco a tua Força para me libertar de qualquer coisa que me impeça de experimentar o Amor e a Luz presentes em cada momento de minha jornada aqui na Terra.

Afasta tudo o que não serve à Luz e preenche o vazio em meu ser com o Amor Incondicional, a Luz e a Compaixão Divinas.

Eu invoco a tua espada de luz azul para cortar toda e qualquer dúvida, medo, culpa e imperfeições ao meu redor.

Eu invoco a tua Espada Excalibur para cortar todas as linhas invisíveis de energia que possam estar drenando a minha vitalidade. Dissolve todos os contratos, promessas e compromissos que fiz nesta vida e nas anteriores, que me tiram a liberdade e dificultam a minha elevação espiritual.

Solta e dissolve todas as amarras na linha de tempo de minha trajetória neste planeta e que ainda aprisionam a minha alma.

Protege-me aqui, neste eterno agora, em minha consciente escolha de reintegração à Luz e ao meu poder pessoal e Divino.

Guia-me em minha real missão e retira os véus do meu caminho para que eu cumpra meu Propósito Divino.

Arcanjo Miguel ao meu lado para me defender, dentro de mim para me conservar, diante de mim para me conduzir, atrás de mim para me guardar, acima de mim para me abençoar.

Tu que vives e reinas para sempre e em todos os tempos. Eu Sou a Vitória do Arcanjo Miguel em mim, para sempre sustentada. Gratidão ao teu Poder, Proteção e Força manifestados em minha vida neste eterno agora.

Eu Sou! Eu Sou! Eu Sou!

APELO AO COMANDO DO ARCANJO MIGUEL PARA UM FIM ESPECÍFICO

Amada Presença Eu Sou e Amado Arcanjo Miguel, assumam o comando de toda esta situação (*descreva aqui o seu problema*).
Nada me aflige! (*três vezes*)
Com Miguel, o Arcanjo, eu sempre estou!
Nada me aflige! (*três vezes*)
Com Miguel, o Arcanjo, eu sigo em direção à Luz
Nada me aflige! (*três vezes*)
Com Miguel, o Arcanjo, eu sempre estou!
Nada me aflige! (*três vezes*)
Com Miguel, o Arcanjo, eu levo a palavra Divina!
Nada me aflige! (*três vezes*)
Com Miguel, o Arcanjo, eu sempre estou!
Nada me aflige! (*três vezes*)
Com Miguel, o Arcanjo, Eu Sou Vitorioso, servindo à Luz! Assim seja!

DECRETO DE PROTEÇÃO DO ARCANJO MIGUEL

Em nome da presença de Deus Eu Sou e do Bem-Amado Arcanjo Miguel, apelamos aos anjos azuis, com suas espadas flamejantes, cortai de nós toda linha de força inferior, libertando-nos.
Arcanjo Miguel, sela-nos na chama azul (*três vezes*).
Eu Sou a proteção do Arcanjo Miguel atraindo a luz do planeta,
Eu Sou a chama da libertação expandindo-se por toda a Terra,
Eu Sou a proteção e a libertação do Arcanjo Miguel agora.
Eu Sou, Eu Sou, Eu Sou.

ORAÇÃO DO MANTO DA INVISIBILIDADE DO ARCANJO MIGUEL

Em nome da Divina Presença Eu Sou, eu invoco aqui e agora o manto da invisibilidade do Arcanjo Miguel, para que eu seja preenchido com uma proteção extra contra todo e qualquer mal.

Arcanjo Miguel e Legiões de Luz, colocai sobre mim, sobre (*diga o nome de seus familiares*) e sobre (*diga onde sobre mais deseja o manto: carro, casa, animais etc.*) o Manto Sagrado de Proteção, tornando-nos invisíveis a todo e qualquer mal, em todos os tempos, níveis e dimensões.

Determino que o manto da invisibilidade permaneça ativado ao longo de todo o dia e durante toda a noite, enquanto eu manifesto Deus na Terra.

Que assim seja.[1]

ORAÇÃO DAS SETE DIREÇÕES DO ARCANJO MIGUEL

São Miguel à minha direita para me proteger
São Miguel à minha esquerda para me defender
São Miguel à minha frente para me guiar
São Miguel atrás de mim para me resguardar
São Miguel acima de mim para me iluminar
São Miguel abaixo de mim para me elevar
São Miguel dentro de mim para me despertar
São Miguel, São Miguel, São Miguel
Eu Sou o teu poder aqui na Terra e no Céu.

---

[1] Quando sentir necessidade dos efeitos do manto da invisibilidade, repita a afirmação: "Ativar manto da invisibilidade. Mantenha-se".

LIMPEZA DO ARCANJO MIGUEL PARA AFASTAR INIMIGOS

Em nome da Divina presença Eu Sou, invoco aqui e agora a força e a vibração do Arcanjo Miguel com a sua Legião, para que interceda neste instante e afaste todas e quaisquer demandas enviadas.

Arcanjo Miguel e legionários de Luz, colocai em mim neste instante a sua armadura, para que nenhum mal consiga me atingir. Que meus inimigos não tenham braços, pernas e língua para me alcançar. Que todos os males a mim enviados sejam quebrados e aspirados para zonas de tratamento.

Arcanjo Miguel, espadas erguidas da sua legião, neste instante rompa todas e quaisquer escuridões e afaste de minha vida todos os males, prejuízos, desvios, fraudes, roubos e acidentes. Afaste todos os caminhos que estejam fechados, transformando-os em caminhos abertos, caminhos protegidos e seguros, onde quer que eu esteja, seja pelos ares, seja pelos mares, seja pela terra.

Arcanjo Miguel, projetai a sua espada flamejante, rompendo, na progressão do tempo e espaço, todas e quaisquer frequências que estiverem contrárias à luz em minha vida, e que suas asas flamejantes possam me revestir em paz, tranquilidade, força, proteção e coragem.

Com as espadas erguidas, nada há o que se temer, diante da sua luminosidade azul. Neste momento, com a força e a frequência na potência máxima do Arcanjo Miguel, protegendo, amparando e iluminando todos os meus caminhos.

Eu Sou Miguel, Eu Sou Luz, Eu Sou a bravura da espada flamejante.

Eu Sou Miguel, Eu Sou a Luz que rompe todas e quaisquer escuridões.

Eu Sou Miguel, que atravessa o facho de luz, habilitando os caminhos a estarem ainda mais abertos e direcionados na sabedoria Divina.

Eu Sou Miguel.

Eu Sou, Eu Sou, Eu Sou.

ORAÇÃO AO ANJO DA GUARDA

Em nome do Pai, do Filho e do Espírito Santo.

Senhor Deus, Todo-Poderoso, Criador do Céu e da Terra, louvores vos sejam dados por todos os séculos dos séculos.

Senhor Deus, que por vossa imensa bondade e infinita misericórdia confiaste a cada um de nós um dos Anjos da vossa Corte Celeste, graças vos dou por essa imensurável graça.

Assim, confiante em Vós e em meu Santo Anjo da Guarda, a ele me dirijo, suplicando-lhe velar por mim nesta passagem de meu espírito pela Terra.

Meu Santo Anjo da Guarda, modelo de pureza e amor a Deus, sede atento ao pedido que vos faço.

Deus, meu Criador, o Soberano Senhor a quem servis com inflamado amor, confiou a vossa guarda e vigilância a meu Ser, a fim de que eu seja sadio, capaz de desempenhar as tarefas que a sabedoria Divina me destinou, para cumprir minha missão na Terra.

Meu Santo Anjo da Guarda, velai por mim, abri-me os olhos, dai-me prudência em meus caminhos pela existência.

Livrai-me dos males físicos e morais, das doenças e dos vícios, das más companhias, dos perigos e dos momentos de aflição. Nas ocasiões perigosas, sede meu guia, meu protetor e minha guarda contra tudo que me cause dano físico ou espiritual.

Livrai-me dos ataques dos inimigos invisíveis e dos espíritos tentadores.

Meu Santo Anjo da Guarda, protegei-me.

ORAÇÃO AO SANTO ANJO

Santo Anjo do Senhor, meu zeloso guardador, se a ti me confiou a piedade Divina, sempre me rege, me guarde, me governe, me ilumine. Amém.

INVOCAÇÃO ÀS HIERARQUIAS ANGÉLICAS

Em nome do Pai, do Filho e do Espírito Santo.

Glória a Deus nas alturas e paz na Terra aos homens de boa vontade.

Glória ao Senhor Deus, criador do Céu e da Terra, das coisas visíveis e invisíveis.

Glória a Deus filho, Nosso Senhor Jesus Cristo.

Glória a Deus, Espírito Santo. Glória a Deus, Uno e Trino, Santo, Santo, Santo.

Serafins, Espíritos puríssimos, chamas que ardeis em torno do trono do Altíssimo Senhor Deus, Pai, Filho e Espírito Santo.

Querubins, espíritos de luz ardente e pura, que derramais sobre o mundo o clarão de vossa sabedoria.

Virtudes, Tronos, Potestades, Dominações, Principados, Arcanjos e Anjos, Espíritos cheios de amor, caridade, ciência, a serviço de Deus.

Miguel, armado de espada de fogo, vencedor de Lúcifer, do Dragão, defensor da fé, comandante das hostes que militam contra as forças das trevas.

Gabriel, mensageiro do Espírito Santo, clarão que ilumina o Céu, lábios que traduzem as palavras de Deus.

Rafael, guia iluminado e prudente, que acende o clarão do amor Divino nos corações humanos.

Ariel, consciência do bem, inspirador da justiça e da bondade na mente dos homens.

Israel, conselheiro e juiz no tribunal Divino.

Arcanjos e Anjos de luz, eu vos reverencio e humildemente vos dirijo meu pensamento.

Santos Arcanjos, derramai vossa luz, vossa sabedoria, vosso amor sobre nossas almas, purificando-as, animando-as, encorajando-as, fortificando-as, ensinando-lhes a prática da caridade e do bem, a fim de que possamos, um dia, participar da glória que esperam aqueles que andam no caminho de Deus, Nosso Senhor.

Sede nossos guardiães, nossos defensores, nossos escudos contra a investida das forças do mal. Tocai a mente dos nossos inimigos para que não perseverem no pecado do ódio, da injustiça, da perdição.

Que o Santíssimo Nome de Deus seja ouvido e proclamado, no Céu e na Terra, por todos os séculos dos séculos. Amém.

PRECE DOS AFLITOS (SERÁPIS BEY)

Pai de infinita bondade, permita que os Seres Divinos penetrem em meu coração para que sejam somente transmitidos paz, luz e acalento para todos os meus irmãos aflitos.

Pai, que a vossa bondade se manifeste neste momento sobre a existência de (*pronunciar o nome da pessoa ou do animal*), para que possa receber a luz que é emanada neste momento sobre o seu chakra coronário.

Pai, que a vossa bondade se estenda para todos os meus irmãos merecedores de amparo, merecedores de uma nova chance de encontrar a luz.

Pai, acredito em vós e convosco irei seguir até o fim da minha existência.

Paz iluminada sempre!

PRECE DE DEVOÇÃO (SERÁPIS BEY)

Ó Espírito da Verdade, vós que estais desde a primeira existência desta vibração experimental, acolhei todas as criaturas no seu hábitat.

Ó Espírito de Fé, sabedor da união dos povos através da espiritualidade respeitosa e digna de saber, estende a tua luz sobre todas as cabeças duvidosas de vós.

Ó Espírito Mãe, plena em todo saber, derrama o teu antídoto sobre a existência envoltória de cada ser encarnado e desencarnado.

Ó Grande Chama que arde em meu peito neste momento, renova todas as minhas vestes para que eu possa servir ao astral de maneira honrada e digna.

CELEBRAÇÃO DO APOSENTO INTERIOR (SERÁPIS BEY)

Deus uno e trino, que sois Santo e Santo estimado, morador do interior do meu infinito Ser, ponde agora um fim nas minhas ciladas e recomeçai a minha história de vida.

Deus, Soberano Onipotente, Criador das criaturas visíveis e invisíveis, celebra conosco o teu infinito amor, perdoando a todas as criaturas endividadas.

Deus, Vós que sois o condutor da seiva sagrada, de todos os canais direcionadores a Vós, peço que neste momento intercedei por todas as criaturas presentes, física e energeticamente.

Deus, usai do teu cajado sagrado para purificar os corações dos homens, colocando uma semente, uma a uma, sem pressa e com a mais infinita presença do Eu Sou.

EU SOU, EU SOU, EU SOU,

EU POSSO, EU POSSO, EU POSSO,

EU ME CURO, EU ME CURO, EU ME CURO.

Te recebo, ó infinito Deus, em minha morada para que governe nas minhas entranhas plasmáticas e no meu hábitat soberano e obediente às dadivosas ordens da constelação dos mestres ensinadores.

Deus, tenho conhecimento de que todos os meus apelos serão ponderados, apreciados e aceitos de acordo com o meu merecimento e crescimento espiritual.

Sei também que a planta somente produz a seiva celeste no momento permitido por vós, e por isso me coloco à vossa disposição como um servo obediente e entregue aos mistérios de toda a constelação espiritual.

Em nome da Chama elevada, Em nome da Chama prudente, em nome da Chama Criadora, eu vos agradeço por minha existência. Amém.

CHAVE DE DEVOÇÃO (SERÁPIS BEY)

Eu, Pai-Mãe-Consciência, declaro para o poder universal que rege o mundo:
Eu estou feliz inteiro com as escolhas que fiz.
Eu sigo a jornada com amor e devoção.
Eu acredito no poder manifestado do Bem e da harmonia.
Eu limpo e curo tudo que há de invertido em minha existência.
Eu declaro o poder da devoção para que resida em mim.
Eu abro as infinitas portas de possibilidades.
Eu, diante do Eu Sou que Sou, entrego-me à fluidez da minha história.
Eu aprendo com todos os meus erros.
Eu reconheço Deus em mim.
Eu acredito e confio no poder do Eu, estando em mim manifestado ontem, hoje e por toda a eternidade. Amém, Amém, Amém.

APELO À CHAMA TRINA

Em nome de minha Divina Presença Eu Sou e da Presença Divina do Mestre Jesus Cristo, apelo à Chama Trina da Vida que sustenta o meu Eu Divino para que me revista do poder do equilíbrio e da mansidão em todos os momentos de minha vida.
Que eu possa sempre tomar as decisões corretas, mantendo-me no caminho da Luz, até alcançar a plena iluminação da Verdade.
Isto eu peço para mim e para toda a humanidade.
Assim seja.

APELO ÀS POTÊNCIAS DIVINAS

Em nome da Bem-Amada Presença Eu Sou e do Mestre Ascensionado Jesus Cristo, apelo às Potências Divinas do Verbo Criador que estão manifestadas em todo o Universo, em cada átomo que compõe todas as substâncias, que impregnem o planeta Terra das virtudes e dons do puro amor Divino, elevando as vibrações para que possam se aproximar deste planeta seres mais evoluídos para cumprirem o plano estabelecido pelo Criador, desde o princípio dos tempos.

Para isso, invocamos as forças renovadoras da Chama Trina em nossos corações e, plenos de amor e graça, apelamos à presença das Cortes Angélicas e dos elohins que trabalham nesta dispensação Divina para que se aproximem dos nossos trabalhos espirituais e nos conduzam com segurança, bem como a toda a humanidade, aos Portais Sagrados que nos levarão ao conhecimento pleno e nos darão a posse das Virtudes Divinas.

Eu Sou a porta aberta, pronta para receber a Luz espiritual e enviá-la a todos que vierem buscá-la.

Eu Sou a Luz que ilumina toda escuridão.

Eu Sou o Amor que transmuta e renova em toda a humanidade.

Eu Sou a Lei do Perdão que consome todos os erros do passado e abre os caminhos para a felicidade.

Eu Sou a Paz e Eu Sou a plena aceitação dessa dispensação Divina que desce sobre a Terra e liberta, liberta, liberta todos os seres para seguirem em frente na evolução.

Eu Sou, Eu Sou, Eu Sou com Jesus Cristo, eternamente.

Amém.

APELO ÀS MILÍCIAS CELESTES

Com o poder do Sol, da Lua e das estrelas que está dentro do meu coração e em toda a humanidade, através da Divina Presença Eu Sou, que se estabelece em todo o Universo, eu peço e eu comando que as Milícias Celestes da grande Fraternidade Branca sejam enviadas à Terra com todos os poderes Divinos para despertar, despertar, despertar a Humanidade para a Nova Era e para a Idade de Ouro.

Que a paz reine desde o mais profundo íntimo de cada ser e se estabeleça fisicamente sobre a Terra, libertando os povos do sofrimento cármico de milhões de anos.

Para isso, invocamos o Bem-Amado Elohim Cristal, para que precipite, precipite, precipite seus raios cristalinos sobre toda a humanidade, em cada pessoa, nos lares, nas cidades, nas nações e no mundo, até que todos os conceitos obscuros sejam banidos das ideias humanas e vigorem tão somente a clareza e a pureza Divinas, em toda a Terra, conforme é a determinação do Plano Divino para este tempo presente.

E assim será, pois a vontade de Deus o determina.

Eu Sou, Eu Sou, Eu Sou.

INVOCAÇÃO À LUZ UNIVERSAL

Grande Sol Central no Coração Cósmico do Universo (*três vezes*).

Fonte de toda Luz Universal, movimenta harmoniosamente as forças cósmicas, para pôr em andamento o Plano Divino para a Terra e para sua humanidade.

Fluente Luz Universal que alimentai todos os mundos e todos os seres (*três vezes*).

Baixai na Terra vossos Anjos e Mensageiros para que o Plano Divino se estabeleça fisicamente e em todas as consciências.

Grandes Seres Cósmicos do Universo e Hierarquias dos Mestres Ascensionados (*três vezes*).

Derramai vosso amor e vossa misericórdia sobre a humanidade sofredora e abastecei-nos com vossos ensinamentos e orientações, para sermos fiéis servidores do Plano Divino.

Grande Sol Central no Coração Cósmico do Grande Silêncio (*três vezes*).

Eu estou em ti (*três vezes*).

A Luz expande-se em todas as direções. Eu Sou. Eu Sou. Eu Sou.

Eu Sou a libertação da Luz Divina no coração de todos os seres (*três vezes*).

Eu Sou a ressurreição e a vida da vontade de Deus em todos os seres (*três vezes*).

Eu Sou o Silêncio (*três vezes*).

Paz neste instante para todos os seres!

DECRETO DE PROTEÇÃO PARA JOVENS COM O ARCANJO JOFIEL E A MÃE MARIA

Pai, Mãe, Divina Consciência, rogamos neste instante para que a vossa Luz chegue aos corações de todos os jovens colocados aqui em intenção. Todos esses jovens, parentes, entes queridos e amigos, que estão em sofrimento de alma e em desvio dos seus propósitos.

Que sejam bafejados pela tua Luz, sopro Celestial. Mestra Maria, coloca o teu manto sagrado em todos os corpos, almas, consciências de todos os jovens intencionados neste momento. Que o teu cajado de Luz, que o teu canto e que o teu poder celestial cheguem a todos os lares em desarmonia, a todos os lares de coração prejudicado por tais desvios espirituais.

Espíritos de luz, obreiros da espiritualidade maior, observemos ainda mais neste instante que todas as tarefas apresentadas a esses jovens devem ser fortalecidas com o apoio de cada um colocado como guardião.

Que neste instante os Anjos da Guarda da boa aventurança da espiritualidade estejam de prontidão e sendo liderados pelo Arcanjo Jofiel, ordenador da paz e da juventude.

Arcanjo Jofiel, neste momento, com as tuas asas Divinas, manifesta todo o poder de transformação, tocando nas mentes e nos corações de todos os jovens aqui intencionados. Arcanjo Jofiel e legionários da tua luz, potencializai neste instante a forma de agir, de ser, de estar, de permanecer na luz e na forma do amor.

Arcanjo Jofiel, coloca neste momento todas as espadas erguidas em direção à escuridão que habita em cada ser, rompendo todos os vínculos associados a vampirizações, obsessões, manipulações, contratos, pactos firmados associados a esta vida ou a outras.

Arcanjo Jofiel, rompe todos os sistemas de dívidas de vidas passadas pactuados pela escuridão. Que neste momento a Luz rompa todos os vales nefastos, colocando um ponto iluminativo na existência espiritual de cada jovem intencionado.

Arcanjo Jofiel, confiamos neste instante os corações e a consciência de todos os jovens diante das tuas asas Divinas.

Assim seja.

DECRETO PARA QUEBRA DE CONTRATOS

Eu (*declare seu nome ou o nome de outra pessoa, no caso de ela estar impossibilitada de fazê-lo*), assim denominado nesta encarnação, no pleno exercício de meu livre-arbítrio, em nome do Pai/Mãe Criador Primordial, do Espírito Santo, do Cristo Cósmico, do Arcanjo Miguel e de todos os anjos, arcanjos e elohins, de todos os Grandes Mestres da Luz, em nome das Hierarquias da Luz, de todos os Comandantes do Comando Estelar, em nome dos pleiadianos, dos orianos, dos arcturianos, dos andromedanos e de todas as famílias estelares da Luz, em nome de todos os orixás, xamãs, elementais e de todas as Forças da Luz, neste momento e por este meio, REVOGO e RENUNCIO, com toda a firmeza e certeza de meus atos, a todos e a cada um dos compromissos de fidelidade, votos, acordos, pactos, alianças e contratos de associação, de sociedade e de alma, feitos nesta vida, vidas passadas e vidas simultâneas, nesta dimensão, dimensões paralelas ou qualquer outra dimensão de espaço e/ou de tempo, com qualquer pessoa, entidade, energia, força, legião ou facção que não seja da luz e que não honre nem respeite a vontade do Deus da Luz e do Amor, o Deus Pai/Mãe Criador Primordial, como suprema.

Eu agora ORDENO a todas as pessoas, entidades e seres da não Luz, encarnados ou não (que estão ligadas com esses contratos, organizações, associações, facções ou legiões às que agora renuncio), que cessem, desistam e abandonem meu campo de energia agora e para sempre e de forma retroativa, levando e retirando de meu ambiente, de meu corpo físico, de todos os meus corpos etéricos e campos de energia, toda e qualquer pessoa ou entidade negativa, entrante, obsessor ou ser da não Luz, encarnado ou não, assim como todas as suas armas, todos os seus artefatos, instrumentos ou dispositivos de conexão, controle ou limitação, magias, feitiços, bloqueios, amarrações e encantamentos, egrégoras, símbolos, chips, implantes, larvas, formas-pensamento, forças e energias semeadas por essas entidades e seus associados, com objetivos de controle, domínio, manipulação ou limitação sobre mim, porque não autorizo a sua presença, nem sua forma de agir sobre mim, e com amor envio-lhes as luzes azul, rosa e dourada do Cristo e ORDENO QUE SAIAM.

REVOGO e RENUNCIO a todos os contratos, pactos, acordos, alianças, votos ou compromissos que tive desde a minha primeira encarnação na matéria com esses seres negativos, encarnados ou não, neste ou em outros planos, mundos ou realidades, pedindo perdão e perdoando, por tudo o que tem que ser perdoado, consciente ou inconscientemente, e exigindo que todos esses atos aos quais aqui renuncio sejam consumidos na chama violeta, no Fogo Sagrado da Transmutação, confirmado e selado pelo poder do Espírito Santo.

Para assegurar isso, eu agora APELO aos meus Mentores de Luz, ao Arcanjo Miguel, ao Comando Estelar, ao Sagrado Espírito Shekinah e a todas as Forças e Hierarquias da Luz, para que sejam testemunhas da dissolução de todos esses contratos, alianças, sociedades, associações, dispositivos e energias semeadas, que não honram e respeitam a vontade do Deus da Luz e do Amor, o Deus Pai/Mãe Criador Primordial.

PEÇO que o Espírito Santo e todas as Forças da Luz testemunhem e advoguem por mim para a minha total e completa libertação de todos esses contratos, dispositivos e energias semeadas, tanto conhecidas como desconhecidas, que infringem a lei do amor e a vontade de Deus Pai/Mãe Criador Primordial.

Pelo Poder que me é concedido por Deus Pai/Mãe e Espírito Santo, ANCORO as Potências de Luz, abro um Portal de Luz consagrado por Micah, protegido pelo Arcanjo Miguel e Sanat Kumara, porque Eu Sou Vitória, Eu Sou Miguel.

Selo este ato com asas cósmicas de Vitória, expulsando todas as dúvidas e medos, libertando-me, aprisionando as forças das trevas e encaminhando-as e entregando-as ao Comando Estelar, às Hierarquias da Luz e a Deus Pai/Mãe Criador Primordial.

Eu agora volto a garantir minha aliança, através da Luz e do Amor com Deus Pai/Mãe Criador Primordial, e volto a dedicar meu ser por inteiro: físico, mental, emocional e espiritual, minha vida, meu trabalho, tudo o que penso, digo e faço e todas as coisas em meu ambiente, à vibração do Cristo Cósmico de Amor e Luz, dedicando meu ser, a minha própria maestria, ao caminho da ascensão, tanto do planeta como a minha, individual e pessoal.

Havendo declarado tudo isso, eu agora AUTORIZO meus Mentores e o Cristo Cósmico, e meu próprio Ser Superior, a fazerem as mudanças em minha vida a fim de acomodar esta nova dedicação, e peço o testemunho do Espírito Santo Shekinah.

Eu agora declaro isso a Deus, adiante e retroativamente. Que seja escrito no Livro da Vida. Que assim seja. Graças a Deus. Está feito, está selado, está terminado e está nas mãos da Luz. E assim é.

Eu Sou Luz, Amor e Paz. Eu Sou Alfa e Ômega.

Kodoish. Kodoish. Kodoish. Adonai Tsebayoth.[2]

RITUAL DE QUEBRA DE CONTRATOS COM ARCANJO MIGUEL

ACESSE O QR CODE
https://www.youtube.com/watch?v=RM8zhre5rvo

LIMPEZA ESPIRITUAL DOS 21 DIAS DO ARCANJO MIGUEL[3]

Eu apelo ao Cristo para acalmar os meus medos e para apagar todos os mecanismos de controle externos que possam interferir nesta cura.

---

[2] Tradução: Santo, Santo, Santo é o Senhor Deus, Soberano do Universo. Essa saudação é tão forte que as "forças negativas" não conseguem permanecer nem por um lapso de tempo na presença de sua vibração.

[3] Esta é uma oração para proteção, cura e limpeza espiritual. Foi canalizada pelo médium Greg Mize, e é recomendado que seja feita (lida em voz alta) durante 21 dias seguidos, no melhor horário para cada um.

Eu apelo ao meu Eu Superior para que feche a minha aura e estabeleça um canal crístico para os propósitos da minha cura, para que só as Energias Crísticas possam fluir até mim. Não se poderá fazer qualquer outro uso deste canal que não seja para o fluxo de Energias Divinas.

Agora, apelo ao Arcanjo Miguel para que sele e proteja completamente esta sagrada experiência.

Agora apelo ao Círculo de Segurança da 13ª Dimensão para que sele, proteja e aumente completamente o escudo de Miguel Arcanjo, assim como para que remova qualquer coisa que não seja de natureza Crística e que exista atualmente dentro deste campo.

Agora apelo aos Mestres Ascensionados e aos meus Amparadores Crísticos para que removam e dissolvam completamente todos e cada um dos implantes e as suas energias semeadas, parasitas, armas espirituais e dispositivos de limitação autoimpostos, tanto conhecidos como desconhecidos. Uma vez completado este trabalho, apelo pela completa restauração e reparação do meu campo de energia original, e que seja infundido com a energia dourada de Cristo.

Eu Sou livre! (*sete vezes*)

Eu, o ser conhecido como (*dizer o nome completo*) nesta encarnação em particular, por este meio, revogo e renuncio a todos e cada um dos compromissos de fidelidade, votos, acordos e/ou contratos de associação que já não servem ao meu Bem Supremo, celebrados nesta vida, em vidas passadas, em vidas paralelas, em todas as dimensões, períodos de tempo e localizações.

Eu, agora, ordeno a todas as entidades, organizações e associações a mim ligadas por esses contratos que cessem e desistam, e que abandonem o meu campo de energia, agora e para sempre, de forma retroativa, levando todos os seus artefatos, dispositivos e energias semeadas.

Renuncio também a tudo aquilo que em mim oferece resistência, dificulta ou impede a materialização e a realização plena dos dois decretos anteriores, agradecendo às Hierarquias de Cristo e da Luz por todo o trabalho que em mim realizaram, por todo o trabalho que estão a realizar neste mesmo instante e por tudo aquilo que farão nesse sentido.

Para assegurar isso, eu agora apelo ao Sagrado Espírito Shekinah para que seja testemunha da dissolução de todos os contratos, dispositivos e energias semeadas que não honram a Deus. Isso inclui todas as alianças e seres que não honram a Deus como Pai Supremo. Ademais, eu agradeço ao Espírito Santo por "testemunhar" a libertação completa de tudo o que infringe a vontade de Deus.

Eu declaro isso adiante e retroativamente. Que assim seja.

Eu agora volto a garantir a minha Aliança com Deus e entrego-me ao domínio do Cristo em mim, e volto a dedicar todo o meu Ser, o meu corpo físico, mental, emocional e espiritual à vibração de Cristo, desde este momento em diante e de forma retroativa.

Mais ainda, dedico a minha vida, o meu trabalho, tudo o que penso, digo e faço à vibração de Cristo e também todas as coisas no meu ambiente, que ainda me servem. Por conseguinte, dedico o meu Ser à minha própria maestria e ao caminho da ascensão, tanto do planeta Terra como o meu, em particular.

Tendo declarado tudo isso, eu agora autorizo ao Cristo e ao meu próprio Eu Superior que façam as mudanças necessárias na minha vida para acomodar e materializar esta nova dedicação, e peço ao Espírito Santo que testemunhe isso também.

Eu agora declaro isso a Deus. Que seja escrito no Livro da Vida. Que assim seja. Graças a Deus.

Eu, decididamente, declaro ao Universo, à Mente de Deus e a cada ser nela contido, a todos os lugares onde tenha estado, a todas as experiências das quais tenha participado e a todos os seres que necessitam desta cura, por mim conhecidos ou desconhecidos: qualquer coisa mal resolvida e desarmônica que se mantenha entre nós, eu agora curo e perdoo.

Eu agora apelo ao Santo Espírito Shekinah, ao Senhor Metatron, ao Senhor Maitreya e a Saint Germain para que ajudem e testemunhem esta cura. Eu os perdoo por tudo o que necessite ser perdoado entre mim e eles. Eu lhes peço que me perdoem, por tudo o que necessite ser perdoado entre mim e eles.

Aqui e agora, eu perdoo a mim mesmo por tudo o que necessite ser perdoado nesta vida, e por tudo o que necessite ser perdoado entre as minhas encarnações passadas e o meu Eu Superior.

Estamos agora coletivamente curados e perdoados, curados e perdoados, curados e perdoados. Todos estamos agora elevados ao nosso Ser Crístico. Nós estamos plenos e rodeados com o amor dourado de Cristo.

Nós estamos plenos e rodeados da dourada Luz de Cristo. Nós somos livres de todas as vibrações de dor, medo, culpa e ira, da terceira e quarta dimensões. Todos os cordões e laços psíquicos unidos a essas entidades, dispositivos implantados, contratos ou energias semeadas, estão agora removidos e curados.

Eu agora apelo a Saint Germain para que transmute e retifique, com a chama violeta, todas as minhas energias que me foram tiradas e, agora, retorne-as a mim no seu estado purificado.

Uma vez que essas energias regressaram a mim, eu integralmente determino, com todo o meu ser, que esses canais através dos quais se drenava minha energia sejam dissolvidos completamente.

Eu agradeço ao Senhor Metatron por nos libertar das cadeias da dualidade. Que o selo do Domínio de Cristo seja colocado sobre mim.

Eu agradeço ao Espírito Santo por testemunhar esse ato e atestar que isso se cumpra. E assim é.

Eu agora expresso a minha profunda gratidão a Cristo por estar sempre comigo e pela cura de todas as minhas feridas e cicatrizes.

Eu agora expresso a minha profunda gratidão ao Arcanjo Miguel por me ter marcado com o seu selo, de modo a que eu seja protegido para sempre das influências que me impedem de fazer a vontade do nosso Criador Supremo.

Assim é!

Eu dou graças a Deus, aos Mestres Ascensionados, aos Anjos e Arcanjos, e a todos os outros que participaram neste ato de cura e elevação contínua do meu Ser!

Selah. Santo, Santo, Santo é o Senhor Deus do Universo!

Kodoish, Kodoish, Kodoish, Adonai Tsebayoth.

LIMPEZA DOS 21 DIAS DO ARCANJO MIGUEL

ACESSE O QR CODE
https://www.youtube.com/watch?v=qzpOGGdpFbA

INVOCAÇÃO AOS GRANDES MESTRES (IMPIRIUS DE DARVIN)

Peço licença ao Pai Terra, peço licença à Mãe Terra, peço licença ao Pai Água, peço licença à Mãe Água, peço licença ao Pai Fogo, peço licença à Mãe Fogo, peço licença ao Pai Ar, peço licença à Mãe Ar.

Neste momento a minha consciência integra o grande Eu Cósmico, e devolvo meus pensamentos ao Concílio Adárgico para ponderação de atitudes, lançamento de palavras e direcionamentos a serem cumpridos.

Neste momento, neste espaço, somente as potências interestelares projetadas em todos as cores, com raios curativos em nossas direções, posso receber.

Dínamos mestres das hostes polares, vos entrego meu pensar para recalibragem imediata dos meus contatos.

Não há esperança sem dor do desapego das ilusões reais. Nada mudou entre mim e o Cosmo. Ó grande Éter Detentor do Saber Universal, lançai vossos comandos eletromagnéticos para o grande despertar do meu Espectro-Espírito.

Divina presença, resplandece em Minh'Alma, agora, com os justos Mestres dos Elementos. Grande Força do Concílio Polar, dai-nos a luz para resplandecer nossas escolhas. Mestres da Milícia Militar, dai-nos a disciplina da mente para empreendermos tudo do Comando.

Sou grato ao bem recebido. Sou grato ao primor Cósmico. Sou grato ao despertar. Invoco e chamo para o presente, neste momento, todo o Império Cósmico a fim de despertar, reprogramar e iluminar as mentes aqui empreendidas.

Chamo e clamo pela força Maior para estabelecer morada em todos que, de coração, enxergarem esta invocação. Dai-nos seja.

DECRETO DE CURA DO QUINTO RAIO

Em nome e com o poder de minha Divina Presença Eu Sou, apelo a Vós, Bem-Amado Mestre Ascensionado Hilarion, à Bem-Amada Mãe Maria, ao Arcanjo Rafael e a Elohim Vista, pela chama verde da cura: flamejai, flamejai, flamejai a chama verde da cura através de cada molécula e célula de meu corpo físico, e manifestai a cura plenamente realizada.

Confio no poder que realiza esta cura para sempre (*três vezes*).

Eu vos agradeço.

Selai-nos dentro de um campo de força que transforme, instantaneamente, toda vibração desarmônica, onde quer que estejamos.

Ordenamos expandir a pureza em cada célula de nosso ser e sustentar, para sempre, a atividade vibratória da Consciência Crística.

Poderosa Chama da Pureza, suplicamos vossa virtude, chamejai-a em volta e através de nós, ascensionando e elevando-nos às oitavas mais altas!

Que a Luz Divina manifeste, constantemente, a perfeição! Eu Sou! Eu Sou! Eu Sou! Pelo Poder da Estrela Maior.

INVOCAÇÃO À CHAMA VERDE DA CURA

Poderosa Presença Divina Eu Sou, fonte de tudo o que existe, onipresente em todo tempo e espaço, e nos corações de todos os humanos: nós vos amamos e adoramos!

Reconhecemos-Vos como o Todo, o único Doador de nossa vida, inteligência e substância. Selai-nos com a Força do "Eu Sou" e banhai-nos em Vossa Luz e Amor. Manifestai-Vos em todos os momentos, para que possamos expressar a Vossa essência em ação.

Protegei e guardai-nos; conduzi e guiai-nos, e dai-nos a iluminação que nos libertará. Bem-Amadas Legiões de Luz, Mestres Ascensionados,

Seres Cósmicos, sete elohins, sete arcanjos, sete chohans e especialmente vós, Bem-Amado Mestre Ascensionado Hilarion, Arcanjo Rafael e Mãe Maria, Elohim Vista e Cristal, e todos os que servem no quinto raio, recebei o amor de nossos corações e carregai-nos com vossa Verdade e com a poderosa Chama da Concentração, mantendo-a para sempre. Nós vos agradecemos.

TERÇO DE MIGUEL ARCANJO

Antes de iniciar o momento em que oferecemos o terço, fazemos nossos agradecimentos e pedidos de proteção, lembrando principalmente de fortalecer nossa mente, pensamentos e atitudes.[4]
Seguimos, portanto, com a oração de oferecimento:

São Miguel Arcanjo, Príncipe da Milícia Celeste, tu que foste escolhido para vencer as forças do mal, tu perante quem todo inimigo recua, vem ajudar-nos, vem proteger-nos. Expulsa para longe tudo o que poderá dificultar o nosso caminho na Fé e na Santidade.
São Miguel Arcanjo, defende-nos no combate, sê o nosso refúgio contra as maldades e ciladas do demônio. Ordene-lhe Deus, instantemente o pedimos, e tu, Príncipe da Milícia Celeste, pela virtude Divina, precipita no inferno a Satanás e a todos os espíritos malignos, que andam pelo mundo para perder as almas. Amém.
Com a tua espada atravessa o flanco daquele que quer nos afastar da nossa Mãe, a Santíssima Virgem Maria, e leva-nos sempre junto do nosso Pai Celeste, lá, onde devemos morar como herdeiros do Reino.

1. Iniciamos com o sinal da cruz e o credo

---

[4] Este terço teve orientação do espírito Pai Damião e é realizado no Centro de Formação Espiritual Águas de Aruanda.

Em nome do Pai, da Mãe, do Filho e do Espírito Santo. Assim seja! Creio em Deus Pai-Mãe-Divina Consciência, criador do Céu e da Terra. E em Jesus Cristo, seu único Filho, Nosso Senhor, que foi concebido pelo poder do Espírito Santo, nasceu da Virgem Maria, padeceu sob Pôncio Pilatos, foi crucificado, morto e sepultado, desceu à mansão dos mortos, ressuscitou ao terceiro dia, subiu aos Céus, está sentado à direita de Deus Pai Todo-Poderoso, donde há de vir a julgar os vivos e os mortos. Creio no Espírito Santo, em todos os Templos, na comunhão dos santos e guias, na remissão dos pecados, na vida eterna do espírito. Assim seja.

2. *Rezar dois Pai-Nossos e três Ave-Marias*
Pai Nosso que estais nos Céus, santificado seja o vosso Nome, venha a nós o vosso Reino, seja feita a vossa vontade assim na terra como no Céu. O pão nosso de cada dia nos dai hoje, perdoai-nos as nossas ofensas assim como nós perdoamos a quem nos tem ofendido, e não nos deixeis cair em tentação, mas livrai-nos do Mal. Assim seja!

Ave Maria, cheia de graça, o Senhor é convosco! Bendita sois vós entre as mulheres e bendito é o fruto do vosso ventre, Jesus. Santa Maria, Mãe de Deus, rogai por nós, pecadores, agora e na hora da nossa morte. Assim seja!

3. *Nas contas dos Pai-Nossos, rezamos:*
Espadas erguidas da Legião do Arcanjo Miguel (*sete vezes*).

4. *Nas contas das Ave-Marias, rezamos:*
São Miguel Arcanjo, Príncipe da Milícia Celeste, protege-nos, defende-nos, vem em nosso socorro.

5. *Ao fim do terço, rezamos (três vezes):*
São Miguel Arcanjo, defende-nos no combate, sê o nosso refúgio contra as maldades e ciladas do demônio. Ordene-lhe Deus, instantemente o pedimos, e tu, Príncipe da Milícia Celeste, pela virtude Divina, precipita no inferno a Satanás e a todos os espíritos malignos, que andam pelo mundo para perder as almas. São Miguel Arcanjo, nós temos confiança em Ti, nós cremos em Todo o Poder que Deus te deu para

salvar as almas e vencer as forças do mal. Em nome do Pai, da Mãe, do Filho e do Espírito Santo. Assim seja!

6. *Salve-Rainha:*
Salve, Rainha, Mãe de Misericórdia, vida, doçura e esperança nossa, salve. A Vós bradamos, os degredados filhos de Eva. A Vós suspiramos, gemendo e chorando neste vale de lágrimas. Eia, pois, advogada nossa, esses Vossos olhos misericordiosos a nós volvei. E, depois deste desterro, nos mostrai Jesus, bendito Fruto do Vosso ventre. Ó clemente, ó piedosa, ó doce sempre Virgem Maria. Rogai por nós, Santa Mãe de Deus, para que sejamos dignos das promessas de Cristo. Assim seja.

TERÇO DE ARCANJO MIGUEL
ACESSE O QR CODE
https://www.youtube.com/watch?v=nQeQJefvfJE

RITUAL PARA QUANDO PRECISAR DE AJUDA[5]

Faça uma limpeza do ambiente onde você realizará o ritual, seja com incenso, seja com uma oração de purificação ou apenas com a intenção de criar um ambiente sagrado.

Acenda a vela e o incenso, se estiver usando, criando uma atmosfera calma e tranquila.

---

[5] Você poderá fazer este ritual no seu altar, que, em casa, é uma fonte de luz e proteção. É muito simples de ancorar. Aproveite para ter em seu altar os quatro elementos. Quando fizer seus rituais, coloque um copo com água, uma vela acesa, um incenso e um cristal, mas tenha cuidado para não deixar a chama acesa sem supervisão, a menos que seja em um lugar seguro contra incêndio. Passe pelo menos 5 minutos por dia em frente ao seu altar, mesmo que não esteja fazendo nenhum ritual.

Sente-se confortavelmente em uma posição que lhe permita relaxar e se concentrar.

Feche os olhos, respire profundamente algumas vezes e permita-se relaxar. Sinta-se conectado(a) com sua respiração e com o momento presente.

Dirija-se à sua Divindade ou fonte espiritual de apoio, seja através de uma oração formal, seja através de palavras espontâneas do coração ou apenas mentalmente. Peça sua ajuda, orientação e proteção durante esse ritual e em sua jornada espiritual como um todo.

Recite uma oração que ressoe em você, expressando seus pedidos, intenções ou gratidão. Você pode usar uma das citadas ou compor a sua própria, conforme sentir em seu coração.

Após a oração, entre em estado meditativo, permitindo que sua mente se acalme e sua conexão espiritual se aprofunde.

Reflita sobre sua situação atual, seus desafios ou preocupações, e permita que surjam *insights* e respostas intuitivas.

Após concluir sua meditação, tome nota de qualquer orientação que tenha recebido.

Agradeça à sua divindade ou fonte espiritual de apoio pela sua presença e orientação durante o ritual.

Apague a vela e o incenso, encerrando o espaço sagrado e retornando à sua vida cotidiana com gratidão e paz no coração.

Lembre-se de que esse é apenas um exemplo de ritual, e que você pode adaptá-lo conforme se sentir confortável e de acordo com suas próprias crenças e práticas espirituais.

12
Mensagens sagradas

12
Mensagens sagradas

O PODER DO "EU SOU" (SERÁPIS BEY[1])

Esperta coruja que tudo sabe, tudo vê e apenas indica, por meio de breves sons, a energia já quebrada e levada para lares espirituais. Nada tem de porta-voz da morte, mas muito com a proeza da sabedoria milenar que já presenciastes muito e sobre a qual nunca falastes nada. Ah! Como seria idealizador o comportamento dos seres encarnados desta forma: muita atitude para poucas palavras.

Muito seria diferente do pouco ainda descoberto e sabido. O sustentáculo da paz neste planeta ainda é o fluxo energético das orações das diferentes crenças em seus diversos rituais, que, juntos, formam uma leve camada envoltória de pudor ao magma sombrio que insiste em perfurar os campos energéticos e inebriar o pensamento da humanidade de lixos etéreos.

Pobre solidão vivida com os muitos, pobre comunicação não ouvida, pobre paladar inesgotável sem sabor, pobre criatura ciente do viver por tão somente respirar.

Nefastos cataclismos acontecem com frequência, encurtados por rebeldias solicitadas dos habitantes da zona mais neutra para evolução:

---

[1] Mensagens canalizadas para Thyago Avelino.

Terra. Nada melhor nem pior nessa morada, tudo pode ser compreendido com o silenciar da mente insana por saberes nem cientes do direcionamento que queres tomar, muito menos qual o cálice deves oferecer com o vazio ainda da mente em busca no inconsciente despertar.

A chama que desperta agora em teu ventre não é a mesma que foi colocada em sua máquina ao ser enviado para essa morada primorosa e capaz de tantos aprendizados em uma única oportunidade. Nada nem ninguém sabe quão precioso é estar no encarne junto a oportunidades também encarnadas.

As naves galácticas até podem sobrevoar o seu hábitat, mas jamais terão a liberdade de pousar em seu ombro para dizer palavras amigas se o seu coração está obscuro por preconceitos tão seus e de mais ninguém. Não culpe as estrelas por suas intempéries, não culpe a Lua por seus pesadelos, não culpe o Sol por querer te despertar diariamente, não culpe o vento por tentar te limpar de sequelas podres do pensar fajuto do agora, não culpe a natureza por sempre estar ao seu dispor e nada pedir em troca, apesar das nefastas aberrações em seu desfavor.

Tudo é possível quando decide olhar para seu umbigo e enxergar o sol que brota do seu EU e nada pede para irradiar por todo o seu corpo. Tudo é tão belo como um simples jogo de letras e sintonia formando uma valorosa música que aos poucos vai sendo composta pelos erros e acertos do caminhar em busca do melhor viver.

Não há necessidade de se embebedar em veículos jurados como portadores da graça da iluminação e da comunicação com o Céu se o seu coração ainda está tão preso à terra árida e seca da ignorância. O silenciar chega, assim como a noite te proporciona oportunidades ímpares de melhor se acomodar consigo e nada lembrar do que ainda tens a aprender. Lembre-se de que a criança não nasce sabendo caminhar, mas nem por isso deixa de passar por suas etapas iniciáticas para posterior etapa na vivência proposta.

O dínamo está tão perto dos corações assim como a Lua se aconselha com as estrelas, bem como o Sol consola a natureza diariamente. A grandiosidade do seu EU está em saber o que queres fazer para se melhorar paulatinamente, porém em fluxo razoável de evolução. Não pode ficar preso a estudos inacabados, tem que saber exatamente os propósitos lançados em seu caminho com os respectivos objetivos coesos.

Olhe mais para as estrelas, olhe mais para dentro de você... A vida não está fora dos corpos astrais, mas sim bem inebriada em sua essência, que agora pensa estar em um ataque de loucura, mas louco é aquele que age sem saber o porquê de muitas coisas, seguindo apenas instintos.

E o racional? Nem sabe mais por onde ficou esse parafuso que em muito solta e não consegue mais encontrar. Já para outros, sempre está precisando de reparos, e outros conseguem viver preservando a estrutura embrionária desse pequeno detalhe de grande valia.

Eu Sou a chama que arde em seu peito e te desperta, te desperta, te desperta para a luz diante dos seus olhos. Eu Sou a paz que tanto busca com o conhecimento, unidos em uma mesma sinergia para o bem. Te liberta, te liberta, te liberta das amarras do passado já vivido e hoje aprendido. Eu Sou a água que sacia seus pensamentos por moléculas de despertar de conhecimento e perdão. Te desperta, te desperta, te desperta para o aprender com as palavras escritas pelos luzeiros e trabalhadores do campo etéreo superior, guardiões da disciplina e da harmonia.

Eu Sou, Eu Sou, Eu Sou a mão que estende a oportunidade de caminhar com mais tranquilidade e sabedoria do infinito universal. Paciência, resignação, amor, amor, amor, verdade, verdade, verdade, disciplina, disciplina, disciplina. Eu Sou o despertar e a iluminação para suas sombras tão suas que somente poucos podem penetrar verdadeiramente e te liberto, te liberto, te liberto da agonia sentida e já deixada para trás por sabedoria e paz. Amém. Amém. Amém.

RECADO DO BEM (SERÁPIS BEY)

Irmãos, em verdade vos assisto desde que o planeta, residência fixa de vós, entrou na grande obrigação de servir aos habitantes para o progresso. Em verdade e investido no Espírito Verdade e na mais evoluída chama branca que domino, transmito paz, elevação e renascimento para todo o seu interior.

Não duvides jamais do poder que tens dentro de ti, para que as certezas ditas sejam respeitadas e aclamadas com o verdadeiro sentido prometido.

Deixo-te uma fagulha da minha existência em todas essas palavras e orientações para elevação das atitudes e pensamentos.

Por entender o fim, deixo as minhas últimas palavras neste momento para que sempre acredite em sua verdade, depois de ponderar as verdades alheias, nunca contrariando os ditames celestiais.

Namastê!

OS SETE CAMINHOS (MESTRA NADA)

Chama trina onipotente e redentora do sagrado garantido pelos homens de bom coração. Nada, nem além da verdade, pode chegar aos vossos corações. Nada, nem além do sagrado, pode ser chegado à sua sabedoria. Nada, nem além da doutrinação dos muitos, pode ser exigido para aquele que decide não despertar.

Cada criatura tem ritmos diferenciados, e o aprender a viver nas sequelas do bem-estar pode ser uma provocação para identificar onde está tudo aprendido. São sete caminhos à disposição do presente, são sete rotas para te levar ao passado, são sete elementais que podem trazer a luz para seu caminhar. Não importa o nome agora, fique somente com a essência. Aprenda que, antes de visualizações e nomes, existe a essência das coisas e seres que guiam o planeta.

Saber a verdade é um jogo de entender as intempéries da vida com sabedoria e neutralizá-las com sensatez. Nada além da verdade.

Você deveria cravar a conjuração do sete em seu peito e em suas costas para que nenhum mal pudesse alcançá-lo(a), mas perderia a satisfação de aprender com os erros e persistir em suas convicções mesmo todos dizendo o contrário.

EU SOU SAINT GERMAIN[2]

Ciladas do demônio serão entregues aos espíritos encarnados para levá-los aos abismos conquistados com fé.

Catalisadores da harmonia, eu vos dirijo meu pensamento neste momento. Falange do bem e da sabedoria, eu vos peço a paz do meu espírito. Alienígenas do astral superior, eu vos clamo a saúde mental e corpórea.

Domínios de silfos e domínios de anjos, eu vos chamo para invadir o meu Ser neste momento e deixar faíscas do mais puro domínio *sine qua non* de irradiação plena.

Eu Sou, eu posso, eu terei, eu chegarei, eu iluminarei, eu ajudarei, Eu, Eu, Eu Sou o teu servo, ó apocalipse iluminado.

Fazei-me um obreiro e mensageiro da paz, afastando todo o mal que espreita em meu desfavor e da humanidade. Em tu eu vivo e por ti viverei até o final da minha existência, ó acrópole ascensionada.

O CÓDIGO DA NOVA ERA (METATRON)

A dadivosa Presença do Eu Sou consolida o poder, a cura e a união dos povos em consonância de consciências que se integram à sabedoria Universal. Ondas de lágrimas e tufões de arrependimentos assolam o solo que é arado para o plantio das novas sementes, sem desesperar para o passar da hora. Num relâmpejo do momento, todo o tempo pode seguir para o passado e cruzar o futuro na pacificação do presente sabido, mas não lembrado. A honra de respirar e sentir é o primor dos jardins de belos floresceres que acomodam a paz e a união no pensar e agir.

A partir de agora, a semente do Bem é manifestada, engolindo as minhocas do passado na limpeza translúcida do que precisa ficar,

---

[2] Saint Germain é considerado um dos Mestres Ascensionados e é conhecido como o chohan do sétimo raio, que é relacionado à chama violeta. Essa chama simboliza a transmutação, a liberdade e a ascensão espiritual. No Capítulo 3, dedicamos uma conexão com esse mestre.

permanecer na estrutura modificativa do aprender sem olhar para o que poderia ser, mas ao que está manifestado. As realidades se integram no real e ilusório, filtrado pela mente inquieta e silenciosa às distrações dos campos externos, principalmente.

No relâmpago reside o anúncio da chegada das carruagens de luz brotando dos céus em direção ao planejamento das ordens Divinas manifestadas no saber corrompido pelos véus que são retirados com o magma da Ordem Maior. A escuridão dos olhos é descortinada a cada dia, na esperança do correr pelas águas benditas seguindo para os barcos já no aguardo dos próximos tripulantes da hora.

O "Se" é nada sabido e muitas vezes falado sem sair do lugar, por ineficiência de interesse real pelo conhecimento despertado a cada instante. Em épocas de outrora, era-se pedido para a abertura dos livros de registros infinitos e, agora, poucos entendem o que se revelam à frente para prosseguir os estudos com olhos atentos ao tão esperado momento.

O temor pode cair como pimenta que arde nos pratos vazios de acreditar do todo estudado e do vivenciado com os olhos meio abertos. Cerrar os olhos do corpo para enxergar a essência é navegação baseada na bússola suprema do comando Maior e repassada sem condicionar, mas tão somente para socorrer aos que clamam por perdão e união.

O seguir na muralha entre o Bem e o que se apresenta como avesso é percurso que caravanas exaustivamente seguiam para encontrar o Eldorado da pacificação da União. Espadas levantadas e corpos atentos aos deslizes mostrados às claras para quem está disposto a enfrentar o calabouço das emoções navegantes pelos sentimentos.

O poder individual personifica a chama ardente e pura residente em cada espectro iluminativo que ascende às estrelas que se mostram residentes na Terra. O olhar para cima distrai os que se negam a dar as mãos aos que já estão presentes e residentes ao lado, bastando abrir os olhos da alma para enxergá-los. O logaritmo é sistema de saberes para descomplicar o que a consciência presa ao buscar sem propósito verdadeiro para vender posteriormente por moedas de diversas formas e cores, à vista do comprador que deseja a alucinação dos muitos para intermediar o remédio óbvio já colocado na mesa.

A caminhada pode parecer obscura e turbulenta, mas existem ferramentas cumpridoras da tarefa de veicular segurança na viagem para trás e para o agora. Num aprofundamento ao poço que não tem fim nem começo, como buracos que seguem a linearidade dos comandos da consciência que amplia o percentual natural da percepção.

A respiração apresenta chaves para o caminho da biblioteca, sempre translúcido o bibliotecário disponível para conduzi-lo ao livro apropriado para o momento. As forças já instauradas nas terras planetárias não são descartadas em nenhum instante, porque o magma pulsa para as pedras e vai escorrendo o conhecimento condensado em cada uma delas sob a promessa dos profetas, a cura nem sabida e somente falada.

A chance de socorrer segue no respirar e aprender a usar das palavras como tijolos que constroem o caminho sem duvidar sobre a magnitude do momento. A dúvida é freio do pensamento que pode congelar a caminhada na busca das estrelas que um dia podem cair e, ao mesmo tempo, pode ser utilizada como a fechadura para encaixar as chaves já distribuídas nas mãos dos que decodificam cada letra desse aprendizado.

Os desvios das entrelinhas são oportunos para desviar os buscadores e manipuladores dos repasses de conhecimentos de agora que seguem na compilação do escondido nos túneis e nos livros guardados dos residentes buscadores. Os papéis sem assinatura seguem como uma trilha para aprimorar o certo do errado, sempre no descompasso para o que é de misericórdia para os escritos reflexivos do poder "garantido" aos seus detentores.

As falidas mentes que empregam as certezas no hoje são perseguidores do ontem e garimpeiros do amanhã, principalmente nas noites de sono e distrações dos sonhos que constroem uma realidade que o proprietário deseja silenciosamente. A chama do silêncio é oportunidade de avançar para o agora e acolher o presente que pouco a pouco vai seguindo no sentido da lucidez dentro do laboratório elucidativo do viver. E a vida segue cumprindo a ordenança da proposta inicial aos loucos apresentados com os livros e escritas do vazio preenchido por categorias iluminativas de esperança e oportunidades.

Nada é o copo servido para os que se abrem para se alimentar das sutilezas do servir no presente ainda prestando atenção. O ordenamento dos saberes é vigília dos que escrevem sem pensar, mas confiantes no receptor diante da fluidez do pensar e confiar simultaneamente. A lágrima se transforma em corredeira que passa pelas pedras que iluminam ao som do trovão e fotografam a alma residente e enviam os dados aos mestres professores.

As distrações são muitas diante da fé propagada segurando pela fraqueza do pensar e facilmente encaminhada aos hospitais mentais para a impregnação dos desvios óbvios entorpecentes do corpo.

Mas, afinal, o que pode despertar e libertar a alma? Por que os bons de coração, em momentos esparsos, seguem na contramão do rótulo garantidor de alívio? Quem sabe efetivamente o caminho certo para chegar em casa? De qual casa você está buscando o endereço? Saber aonde quer chegar é o primeiro passo para abrir a janela do entendimento e iniciar a recepção de cartas enviadas por diversas fontes. Uns podem pedir, mas as cartas somente chegarão no tempo e no espaço compatível com cada fragmento desse saber compartilhado para reviver o já sabido.

Pouco a pouco a satisfação diante do aprendizado vai seguindo como garantia necessária para a confusão da leitura e ao mesmo tempo provocando o transe cerebral necessário para a reflexão sem os pesos do ponderar exageradamente.

As polaridades são unidas e ao mesmo tempo se separam diante do desenvolvimento da percepção daquele que enxerga com intenções iniciais diversas da proposta real que fez abrir a porta do imaginário. Como se de repente uma porta se abrisse sem a maçaneta para o chão que é construído pela mente atenciosa para o momento de pacificação entre o Bem Maior. Mas o Bem, para aparecer, precisa de um estágio em patamares diversificados, como estágios de aprendizados diante da não percepção, da negação, da loucura acordada e até mesmo do excesso de lucidez na certeza do já sabido com o absolutismo dos fracos.

Nada é, tudo está colocado nas posições de sabedorias ancestrais que colaboram entre o poder manifestado na última aurora em terras gélidas e iluminativas com o reflexo do que se constrói nas montanhas cobertas pelas águas em estado alterado da sua origem. E, nessa porta que abre, outras portas seguem pelos labirintos da consciência, conduzindo o tripulante às residências que integram os Eus conhecidos e desconhecidos numa afinidade de aprendizados e intenções. Para isso, a aritmética é utilizada nas frequências iniciais do zero e do número um para codificar a sequência robótica das inteligências que nascem e possibilitam a informação transmitida disfarçada de máquina sem maldade.

A cada combinação de projeto é estabelecida uma intenção para apurar e filtrar o que se fala e se pensa, comandando sem esperança de perdas das informações compartilhadas. Nessa viagem entre o enviar e o receber, muitos olhos atentos separaram as intenções possíveis de serem reveladas e do que ainda está suspenso por ordens maiores. Assim, as caudas dos olheiros são mostradas para quem tem olhos sensíveis e enxergam que por detrás de um olhar caloroso pode habitar um ovo que pode estourar em qualquer partícula corpórea sem a percepção de um, nem do zero.

Os olhos são portais fáceis de imaginação e de fração da esperança, porque o receituário para o vivido e o decidido empregar na ordenança diária é papel que se lê e não poupa de conteúdo escondido no branco, aparentemente vazio. O compartilhar na compilação da matéria segue invertidamente no globo ocular para pisar durante a movimentação planetária sem prejudicar o aguardado no silêncio da noite. A calma e a prioridade são estabelecidas para que o pulso continue o bombeio sanguíneo para as partes que necessitam de medicamentos produzidos diariamente.

Na ilusão é infectado o envio do sabido e corrompido o arquivo que poderia salvaguardar de próximos atropelos. Não anula o Sim rapidamente nas conversas internas e conversadas disfarçadamente nas plataformas de luz que surgem para acolher os buscadores e decifrar o real do imaginário. Então, a escada é colocada para cima e para baixo dentro do jogo de aprendizado para a interpretação do enigma lógico dos guardiões de acessos paulatinos.

A chance de erros e acertos dependerá da intenção direcionada na solução equacionária das substâncias envolvidas no aconchego do despertar sem o sofrimento prometido. A letra se revela no papel, no tempo e no espaço que decorre da união da pacificação interna.

Eu Sou Metatron.

– Eu Sou gratidão –

EU SOU gratidão a você, que se permitiu fazer esta viagem ao mundo angelical e se conectar com os Seres de Luz que estão neste trabalho de doação e entrega sem segundas intenções ou expectativas, pois já evoluíram e sabem que a verdadeira recompensa não é o ato de receber, e sim o de doar.

EU SOU GRATIDÃO AOS MESTRES ASCENSIONADOS E ARCANJOS que me ensinaram que a doação é a chave da prosperidade, pois sem doar perdemos nossa essência como seres espirituais e nossa conexão Divina.

EU SOU GRATIDÃO A PAI BENEDITO DE ARUANDA, por segurar na minha mão e me ensinar que dar é entregar sem esperar nada em troca, sem expectativas, e que a partilha é a chave da abundância. Os que compartilham não dividem, multiplicam.

EU SOU GRATIDÃO A PAI DAMIÃO, pelos diálogos e pela parceria nessa caminhada.

EU SOU GRATIDÃO À GUIANÇA DO CENTRO DE FORMAÇÃO ESPIRITUAL ÁGUAS DE ARUANDA, que me fortalece diariamente e me conecta com meu propósito Divino e de vida.

EU SOU GRATIDÃO AO ARCANJO MIGUEL, que me dá força diariamente para enfrentar meus medos e me veste com sua armadura para enfrentar todos os inimigos.

EU SOU GRATIDÃO AO ÁGUAS DE ARUANDA pela transmissão dos saberes e pela sustentação energética dessa egrégora.

EU SOU GRATIDÃO a Thyago Avelino, companheiro de jornada, por compartilhar comigo esta obra nas canalizações dos mestres.

EU SOU GRATIDÃO à Editora Planeta, por mais esta parceria, e em especial a Fernanda Simões Lopes, pela dedicação e partilha deste projeto.

Referências

BAPTISTA, S. M. S. *O arquétipo do caminho*: Gilgamesh e Parsifal de mãos dadas. São Paulo: Casa do Psicólogo, 2008.

BARRADAS, Joana. *A magia dos anjos e dos seres da natureza*. São Paulo: Nova Senda, 2017.

BURNETT, Loo. *São Miguel Arcanjo*: um tratado sobre angelologia. São Paulo: Paulus, 2021.

DANTAS, Fábio. *Ervas e benzimentos*: o livro sagrado. 5. ed. São Paulo: Planeta (Selo Academia), 2024.

DANTAS, Fábio. *O milagre da oração*: cure-se pela fé. Aracaju: Acura, 2024.

DE'CARLI, Johnny. *Reiki universal*. São Paulo: Butterfly, 2014.

EU SOU LUZ. *Home page*. Disponível em: https://grandefraternidadebranca.com.br/index2.htm. Acesso em: 23 out. 2024.

GAYNOR, Mitchell L. *Sons que curam*: um médico revela o poder terapêutico do som, da voz e da música. São Paulo: Cultrix, 1999.

GRZICH, Mirna A. *Anjos*: tudo que você queria saber para entrar em contato agora. São Paulo: Lua de Papel, 2011.

HAJA LUZ. 25. ed. Porto Alegre: Grupo Esotérico para a Liberdade, 2012.

HAWKINS, David R. *Power Vs Force*: The Hidden Determinants of Human Behavior. Hay House, 1995.

JUNG, Carl. *Os arquétipos e o inconsciente coletivo*. Tradução Maria Luíza Appy, Dora Mariana R. Ferreira da Silva. Petrópolis, RJ: Vozes, 2000.

LARA, Berenice de. *A cura dos chakras com cristais*: manual prático para conquistar o equilíbrio emocional e físico. São Paulo: Pensamento, 2017.

LAMBERT, Gray. *The Leaders Are Coming! Whom Will You Follow?* Bloomington: WestBow Press, 2013.

MALLON, Brenda. *A Bíblia dos sonhos*: o guia definitivo para ajudar você a decifrar o Mundo dos Sonhos – mais de 300 símbolos e seus significados. Tradução Eidi Baltrusis C. Gomes. São Paulo: Pensamento, 1978.

MARCONDES, Alzira. *Os sete portais da sabedoria*: psicologia dos raios. São Paulo: Madras, 2013.

MELCHIZEDEK, Drunvalo. *O antigo segredo da flor da vida*. Tradução Henrique A. R. Monteiro. Revisão técnica Eloisa Zarzur Cury e Maria Luiza Abdalla Renzo. São Paulo: Pensamento, 2009. v. 1.

O LIVRO DE OURO DE SAINT GERMAIN. Fraternidade Virtual Eu Sou Luz. Disponível em: https://www.epedagogia.com.br/materialbibliotecaonine/35500-Livro-de-Ouro-de-Saint-Germain-.pdf. Acesso em: 12 abr. 2022.

O LIVRO DE URÂNTIA. Fundação Urântia, 2002.

OLIVEIRA, Raul Rodrigues de. Sólidos de Platão, *Brasil Escola*. Disponível em: https://brasilescola.uol.com.br/matematica/os-solidos-platao.htm. Acesso em: 10 abr. 2024.

ORLOVAS, Maria Silvia Pacini. *Os sete mestres*. São Paulo: Madras, 2014.

PONTES, Márcio Miranda. Qual é o efeito da música na vida das pessoas? *Sabra – Sociedade Artística Brasileira*, 12 abr. 2022. Disponível em: https://www.sabra.org.br/site/efeitos-musica/. Acesso em: 10 abr. 2024.

PRADO, Ana Cristina (org.). *Fitoconsciência*: fonte de manifestação da planta. Aracaju: Acura, 2020.

RAVEN, Hazel. *A Bíblia dos anjos*: o guia definitivo da sabedoria dos anjos. Tradução Denise de C. Delela. São Paulo: Pensamento, 2010.

SILVA, Valdivia Gonçalves da. *Seu raio cósmico de missão*. 4. ed. São Paulo: Alfabeto, 2016.

SIQUEIRA, Pedro. *Todo mundo tem um anjo da guarda*. Rio de Janeiro: Sextante, 2016.

STANZIONE, Marcello. *La spada di San Michele*: La *Linea Sacra* che attraversa e difende l'Europa. Pessano con Bornago: Mimep-Docete, 2020. E-book.

WEBSTER, Richard. *Anjos para iniciantes*: compreenda e conecte-se com guias e guardiões divinos. São Paulo: Madras, 2018.

WILLS, Pauline. *Manual de cura pela cor*: um programa completo de cromoterapia. São Paulo: Pensamento, 1996.

ZATÓN, Jesús. *Geometria sagrada*: bases naturais, científicas e pitagóricas. São Paulo: Civitas Solis, 2017.

www.aguasdearuanda.org.br
facebook.com/fabiodantas
fabio.dantasoficial
Águas de Aruanda
fabiodantas.oficial
fabiodantas.oficial

**Acreditamos
nos livros**

Este livro foi composto em Andes e impresso pela Lis Gráfica
para a Editora Planeta do Brasil em maio de 2025.